Alfons von Wunschheim

St. Hubertus sei gedankt

für Hirsch und Gams, für Reh und Hahn

Mit 15 Abbildungen auf 8 Tafeln

Verlag Paul Parey · Hamburg und Berlin

CIP-Kurztitelaufnahme der Deutschen Bibliothek

Wunschheim, Alfons von:
S(ank)t Hubertus sei gedankt für Hirsch und
Gams, für Reh und Hahn / Alfons von Wunschheim.
- Hamburg, Berlin : Parey 1980.
ISBN 3-490-29511-9

 Satz: Robert Hurler GmbH, Notzingen. Printed in Germany by Schüthe-Druck, Hamburg-Harburg. Umschlag- und Einbandgestaltung: Leuthold Aulich, Wolfsburg. Das Umschlagphoto sowie die Tafelaufnahmen stellte der Verfasser zur Verfügung.

ISBN 3-490-29511-9

Als Bruch auf das Grab meines
von Haus und Hof vertriebenen,
fern der südmährischen Heimat
früh verstorbenen Schwiegervaters,
Dr. Erwin Seidl von Hohenveldern.

Inhalt

Wie ich Jäger wurde 7
Zwischen Renaissanceschloß und Ritterburg 12
Südmährische Böcke 22
Rehbrunft im Sudetenland 29
Böcke im Krieg 38
In der neuen Heimat 45
Die grüne Gans 55
Von Hirschruf, Hirschen und Hirschbrunft 68
Zauber der Karpaten 83
Diese verflixten Gams 109
Hubertus hilf, ein hauend Schwein! 125
Capra Hispanica, Elch und rotes Schaf 134
Steinböcke am Röthelstein 148
Neun glückliche Jahre 152
Patzerei und Pech 161
Wie ein Jagdmuseum entstand 168
Die Jagd in der Zukunft 178

Wie ich Jäger wurde

Meine Familie muß leider den „Stadtfräcken“ zugeordnet werden. Im 18. Jahrhundert aus dem Fichtelgebirge in die Reichsfreie Stadt Eger zugewandert, dort als dem Reichsritterstand angehörig dem städtischen Patriziat zugezählt, stellte sie durch Generationen in Eger, Karlsbad und Prag böhmische Landesadvokaten, bis mein Vater aus der Reihe tanzte und nach wissenschaftlicher Tätigkeit an der Universität Innsbruck nach Wien in die Ministerial-Karriere überschwenkte, die er als Sektionschef beendete. So wuchs ich in der Stadt auf, ohne wie meine glücklicheren Alters- und Standesgenossen auf dem Lande schon frühzeitig mit dem Luftgewehr Spatzen, mit dem Flobert Eichkatzeln und Häher, und als Sechzehnjähriger den ersten Rehbock schießen zu dürfen.

Diezels Niederjagd und die Hohe Jagd sind meine Meister gewesen. Diese klassischen, reich illustrierten Standardwerke der Jahrhundertwende in Vaters Bibliothek legten, immer wieder gelesen, den Samen, der erst unverhältnismäßig spät aufging. Es war in den späten Zwanzigerjahren, als mich der einzige Jäger in der Familie, der Bruder meiner Mutter, einen kurzen Sommer lang mein Lehrprinz – ich war damals bereits 24 Jahre alt – auf den ersten Rehbock führte.

Ich betrachte meinen jagdlichen Werdegang als Sonderfall. Es gab sonst keinen Verwandten, keinen elterlichen Freund, der mir Jungjäger jagdliche Möglichkeiten geboten hätte. Der erste kleine Hahn, der erste große Hahn, ein paar bescheidene Rehböcke, waren mit sauer erspartem Geld erkaufte Abschüsse in bäuerlichen Revieren. Aber die einmal geweckte Leidenschaft brannte weiter und hielt ein langes Jägerleben vor.

Sieht man von der ersten jagdlichen Erziehung durch den Onkel ab, so bin ich in hohem Maße durch Lektüre Autodidakt, habe viel Lehrgeld gezahlt und im Laufe der Zeit noch manches von Berufsjägern gelernt, mit denen ich zusammen jagte.

Ich kann mich noch gut erinnern, wie meine Braut, auf mährischem Großgrundbesitz aufgewachsen, Tochter und Begleiterin eines erfahrenen Jägers, mit milder Nachsicht meine bescheidenen Trophäen betrachtete, als ich sie erstmalig vorführte. Mit dieser Verbindung begann eigentlich erst mein Jägerleben handfeste Formen anzunehmen. Bis zum Verlust des Besitzes war er für mich ein jagdliches Paradies.

Mit der Heirat eröffnete sich mir auch Schlesien, das bis 1918 noch zu Österreich gehörte und wohin mich ein Freund meines Schwiegervaters durch Jahre zur Bockbrunft einlud. Es waren also Herrschaftsjagden, in denen ich bis zum bitteren Kriegsende jagen durfte. Die Jagdherren deckt längst der grüne Rasen, Besitze und Reviere gingen verloren.

Da ich als junger Mensch keine Gelegenheit hatte, ein guter Schrotschütze zu werden – während ich immer eine saubere Kugel schoß – spielte die Niederjagd mit großen Strecken in meinem Leben nie eine Rolle. Für Waldjagden und bäuerliche Treibjagden langte es.

Im Kriege habe ich einen alten Hahndrilling 9,3x72/16 mitgeführt und jede sich bietende Gelegenheit genutzt. Nach dem Kriege stand ich jagdlich vor dem Nichts. Die Waffen, darunter mein geliebter Mannlicher-Schönauer 6,5x54 und eine Bockbüchsflinte für den Hahn, waren verloren. Außerdem galt es eine neue Existenz aufzubauen. Da fand sich, als ich mich in Linz niederließ, mein alter Freund und Bundesbruder Otto Gottlieb, in dessen Revier Steyerling ich erstmals wieder Auerhahn und Hirsch bejagen durfte.

Mit dem Seßhaftwerden in Oberösterreich, das mir zur zweiten Heimat wurde, begann die zweite, ich möchte sagen bedeutendere Periode meines Jägerlebens. Es fanden sich neue Freunde, die mich in den ersten Jahren öfter einluden. Aus einer beruflichen Beziehung entstand eine Teilhaberschaft in den Hohen Tauern, über die ich im Kapitel „Neun glückliche Jahre“ berichte. Schließlich, als nach Jahren schwere, durch den Krieg verursachte finanzielle Belastungen überwunden waren, kam die Zeit, daß ich daran denken konnte, ein kleines, leicht erreichbares Rehwildrevier zu pachten und damit mein eigener Herr zu werden sowie Jagdfahrten zur Hirschbrunft in die Karpaten, Traum und Höhepunkt eines Jägerlebens, zu unternehmen. Alaska oder Kanada blieben allerdings Wunschträume.

Ernst von Salomon hat in seinem Buch „Der Fragebogen“ sehr treffend festgestellt: „Alles kommt verspätet und um eine Nummer kleiner“. Ich weiß nicht, bei wem das besser im Bezug auf die Jagd zutrifft als bei mir. Damit will ich nicht sagen, daß ich mit meinem Jägerlos unzufrieden gewesen wäre. Wer dieses Buch liest, wird mich verstehen. Ich bin zutiefst dankbar für alles, was ich erleben durfte. Um ein Beispiel herauszugreifen: Es war mir vergönnt, zwei kapitale Hirsche zu erlegen. Zum hochkapitalen, d.h. Goldmedaillenhirsch reichte es nur jeweils um wenige Punkte nicht. Das hat mich nie gekränkt. Entscheidend blieb das Erleben. Man mag es glauben oder nicht, mir macht auch heute noch ein mit viel Schweiß nach langem Bemühen erbeuteter, heimlicher Knöpfler mehr Freude als ein mühelos erlegter, unbekannter Spitzenbock, den die launische Diana mir im Vorbeigehen in den Schoß fallen läßt. Natürlich nimmt man auch die gute Krone dankbar entgegen, aber sie ist oft gewissermaßen unverdient.

Damit kommen wir aber zu einer grundlegenden Überlegung. Es ist ein großer Unterschied, ob man in einem vertrauten Revier jagt, in dem einem selbst oder dem Personal das Wild oder der Großteil des Wildes bekannt ist, wobei immer noch für Spannung und Bemühen Platz bleibt, oder ob man in einem wildfremden Revier jagt, wie z. B. in den Karpaten, in dem das Wild unbekannt ist und man plötzlich vor schnelle Entscheidung gestellt wird. Ist es hier die Überraschung, so ist es dort häufig das bewußte Reifwerdenlassen eines Trophäenträgers, bis er in der Reife fällt. Beides hat seine Reize. Irgendwie ist mir die Bemühung um einen Bekannten lieber als die Überraschung durch einen Unbekannten, es ist ein persönlicheres Verhältnis.

Ähnlich verhält es sich auch mit wohleingerichtetem Jagdhaus und bescheidener, vielleicht sogar primitiver Hütte. Gewiß ist es angenehm, als Gast mit gleichgesinnten Freunden zu Pirsch und Ansitz auszuziehen und bei der Rückkehr von einer charmanten Jagdherrin in gepflegter Atmosphäre und mit erlesenem Essen empfangen zu werden. Wer schätzte das nicht!

Dennoch ziehe ich eigentlich die Jagdhütte vor, begleitet von einem unserer tüchtigen Berufsjäger, der mir allenfalls einen Schmarrn kocht, wenn ich nicht selber bruzzle, mit dem ich bei einem Glas Wein und einer qualmenden Pfeife Erlebnisse austausche, Erfahrung sammle, bevor wir uns einschieben.

Ich gehöre auch zu jenen Käuzen, die auf jene Freizeitjäger, wie man neuerdings so schön sagt, herabsehen, die nicht in der Lage sind, ein erlegtes Stück Schalenwild ordnungsgemäß aufzubrechen. Es gehört zum jagdlich-handwerklichen Können, auch wenn der Begleiter häufig diese Arbeit übernimmt.

Wenn ein passionierter, waidgerechter Jäger von einem Nichtjäger daraufhin angesprochen wird, daß die Jagd auch nur ein „Sport" unter anderen sei, erzeugt diese Feststellung beim Angesprochenen Unbehagen. Er wird sofort erwidern, die Jagd sei kein Sport, Jagd sei etwas Besonderes. Diese Antwort wird ohne folgende Erläuterung auf Unverständnis des Gesprächspartners stoßen, denn für diesen ist das Töten von vielen Hunderten von Hasen und Fasanen zweifellos zunächst doch wohl Schießsport auf lebende Ziele. Hier also stoßen sich die Begriffe im Raum; eine sportliche Komponente kann als Nebenerscheinung in der Jagd nicht geleugnet werden, sei es die schießsportliche in der Niederjagd oder die alpinistische in der Gebirgsjagd. Warum empfindet der Jäger das Wort „Sport" aber fast als Herabsetzung? Weil er die Jagd als etwas Höheres ansieht als beispielsweise Skifahren, Tennisspielen oder Leichtathletik. Hier spielt – und das gilt wohl in allererster Linie für den deutschsprachigen Raum – der ethische Begriff der Waidgerechtigkeit die entscheidende, die unterscheidende Rolle. Waidgerechtigkeit ist die Bezeichnung für die sittliche, auf Selbstzucht beruhende Einstellung des Jägers zu Tier, Jagdausübung, Mitjäger und Gesellschaft. Das Wort ist in fremde Sprachen nicht zu übersetzen. Jagd ist immer Erbeuten von Wild, in der Urzeit Lebensunterhalt, später höfisches Vergnügen, auch heute noch ein sehr edles Vergnügen, das sich in der geschichtlichen Entwicklung seit 1848 „demokratisiert" hat. Wer heute auf die Jagd gehen will, muß sich einer strengen Prüfung über Wildkunde, Jagdbetrieb, Waffenhandhabung, Jagdrecht, Jagdhunde unterziehen, bevor er seinen ersten Jagdschein erwerben darf. Der Jungjäger wird für die Jagdausübung systematisch ausgebildet und erzogen, vor allem auch zum sauberen, treffsicheren Schießen, um dem Wild unnötige Qualen zu ersparen. Gäbe es keine Jäger, so würde sich unser Wild ins Zahllose vermehren und in Land- und Forstwirtschaft unerträgliche Schäden verursachen. Diese nach strengen Maßstäben und überlieferten, man möchte fast sagen handwerklichen Traditionen ausgeübte Ernte bzw. Regulierung der Wildbestände ist Jagd. Es ist ein sinnvolles, nützliches Tun, das gleichzeitig den uns aus grauer Vorzeit noch innewohnenden Beutetrieb befriedigt, ein herrliches, immer neues Erlebnis. José Ortega y Gasset sagt in seinen „Meditationen über die Jagd" sehr witzig: „Der Jäger ist gleichzeitig der Mensch von heute und der von vor 10 000 Jahren. Beim Jagen rollt sich der lange, lange Prozeß der Weltgeschichte auf und beißt sich in den Schwanz." Jagen ist mehr als ein Sport.

Zwischen Renaissanceschloß und Ritterburg

Unter allen Revieren, in denen ich jagen durfte, nimmt Steinitz den ersten Rang ein. Das ist begreiflich; denn ich habe dort im schwiegerväterlichen Revier vierzehn Jahre lang, von 1930 bis 1944, freie Büchse führen dürfen. Diesem verlorenen Paradies, in dem ich zum hirschgerechten Jäger wurde, sei darum besonders gedacht.

Steinitz, das tschechische Ždánice, gibt auch dem auf der Landkarte verzeichneten Wald den Namen. Es liegt in Südmähren im Dreieck Lundenburg (Břeclav) – Göding (Hodonin) – Brünn, am Fuße des Butschowitzer Berges, etwa eine gute Autostunde von der Schnellzugstation Lundenburg entfernt. Diese wiederum ist in einstündiger Bahnfahrt von Wien zu erreichen. In der Mitte des etwa dreitausend Seelen zählenden Dorfes liegt das im Jahre 1663 fertiggestellte, Ende des XVIII. Jahrhunderts renovierte, ehemals fürstlich Liechtensteinsche Renaissance-Schloß. Es ist ein mächtiger Vierkantbau mit vier Türmen, zuletzt während zweier Generationen im Besitz der Herren von Seidl-Hohenveldern. Die hauptsächlich bäuerliche Bevölkerung war mit Ausnahme des Schloßherrn und seiner Familie und einzelner Angestellter durchwegs tschechisch.

Der Steinitzer Wald zieht sich halbkreisförmig im Norden und Westen um den Ort, etwa eine halbe Stunde Fußmarsch entfernt, und reicht mit einzelnen zungenartigen Ausläufern dicht an ihn heran. Als letzter südöstlicher Ausläufer der kleinen Karpaten, Fortsetzung des Marsgebirges, erinnert er in seiner hügeligen Struktur sehr an den Wienerwald. Mit Nadelhölzern und Birken untermischt, bilden Buchen, Eichen und Linden seinen Hauptbestand. Vom Rotwild bis zum Kaninchen beherbergt er alles Wild, mit Ausnahme von Sauen und Waldhühnern.

Der starke Hochwildbestand war eher degeneriert, da das Rotwild in den nordseitig gelegenen Wäldern der Nachbarherrschaft Austerlitz damals überhegt und Quantität der Qualität vorgezogen worden war. Rudel von hundert Stück waren im ersten Jahrzehnt dieses Jahrhunderts an den winterlichen Fütterungen keine Seltenheit. Hatte auch späterhin eine radikale Hege mit der Büchse und zielbewußte Schonung der Kronenhirsche eingesetzt, so war der Erfolg dieser Maßnahmen auch zu meiner Zeit noch nicht voll zur Auswirkung gekommen, abgesehen von einer wesentlichen Verminderung des Wildbestandes.

Weil die Hauptbrunftplätze in der Hauptsache jenseits der Grenze lagen, wurde das Hochwild entweder in der Feistzeit oder noch häufiger nach der Brunft beim Pirschfahren und beim Riegeln gestreckt. Diese Riegler mit zwei bis drei Schützen und drei bis vier Treibern verliefen fast immer erfolgreich. Zwei Seiten des zu bejagenden Revierteiles wurden in der Nacht verlappt, und dieser dann beim Riegeln gegen die Schützen durchgedrückt, notfalls gehobelt. Mindestens einer der Schützen, die an den bekannten Hauptwechseln vorstanden, kam normalerweise zu Schuß. Ich stand einmal am Flügel des Treibens und konnte beobachten, wie das heranwechselnde Rudel vor den Lappen verhielt, unschlüssig herumtrat und dann langsam und vorsichtig längs der Lappen mir unmittelbar vor die Büchse lief. Nach Beschuß überfiel das zurückprallende Rudel in wilder Flucht die Lappen, es ging im wahrsten Sinne des Wortes „durch die Lappen". Zwei Stücke blieben auf der Strecke. Beim Riegeln gehen die Treiber langsam und ohne Lärm, nur manchmal hustend, durch den Bestand. Diese Jagdart bietet den Vorteil, daß das Wild ziemlich vertraut zieht und eine sorgfältige Auswahl der abzuschießenden Stücke ermöglicht. Unsere besondere Aufmerksamkeit galt den schlechten Hirschen. Streng bejagten wir die „Nasenbohrer" und „Kofferhirsche", so getauft, weil einmal das Geweih eines solchen Abschußhirsches in einem Handkoffer Platz gefunden hatte.

Der ansehnliche Rehwildbestand zeigte dagegen dank der hervorragenden Äsungsverhältnisse und einer planmäßigen Winterfütterung ausgezeichnete Gehörnbildung.

Auch das Niederwild war angesichts der zahlreichen Dickungen und infolge entsprechender Hege und Raubwildbekämpfung zahlreich. Die herbstlichen Waldjagden lieferten beachtliche Strecken von starken Waldhasen, Kaninchen und Fasanen.

Strahlend blauer Herbsthimmel lacht über Südmähren. Nach kurzer Zeit sind wir an Ort und Stelle. Personal und Treiber warten. Der Revierteil, den wir bejagen wollen, besteht aus Laubwald, raumem Stangenholz mit Unterwuchs und dazwischen eingesprengt warmen, dichten Fichtenschonungen. Auf drei Seiten grenzt er an Felder, die vierte fällt steil ab in ein schmales Waldtal. Der dreimalige Hornruf zeigt den Beginn des Treibens an, schon knallen die ersten Schüsse, fallen die ersten Hasen. Vor mir ist ziemlich dichtes Unterholz, da heißt es scharf aufpassen. Schon hoppelt ein Hase langsam und vorsichtig heran. Schuß, er liegt. Hinter ihm flüchtet ein anderer in den nächsten schützenden Busch, bevor ich einen Schuß anbringen kann. Noch ein zweiter fällt, ein dritter wird gefehlt. Heftiger knallt es jetzt auf allen Seiten, schon hört man das Klopfen der Treiber. Ich komme nicht mehr zu Schuß und sehe mit Freude den Anlauf bei meinem Nachbarn und sein sauberes Schießen. Gegen Norden und Westen ziemlich geschützt, mit günstigen Äsungsverhältnissen ist das Revier ein Schatzkästlein für den Heger. Jedes Jahr, wenn ich es wiedersah und die reizvolle Jagd mitmachen durfte, kränkte mich der Gedanke, was man in diesem kleinen Paradies alles machen könnte, wenn nicht eine ungeschützte Flanke den lieben Nachbarn zum ungewünschten Teilhaber machen würde. Nun haben die Zeitläufte auch diese Frage in bitterer Weise radikal und ungerecht gelöst.

Das erste Treiben war ein Stück Hochwald, jetzt kommt eine Fichtendickung an die Reihe, in der es Rehe und Fasane gibt. Ganz kirchenstill ist es im Wald, die Sonne brennt, obwohl wir schon Oktober zählen. Das Gold und Gelbgrün der Eichen, das Rot der Buchen, das Dunkelgrün der Fichten bildet mit dem Blau des Himmels eine herrliche herbstliche Farbensymphonie. Noch sind die Treiber so weit entfernt, daß man sie nicht hören kann, aber schon stehlen sich die ersten Hasen seitlich aus dem Treiben. Wieder die gleiche Spannung, das Warten auf den ersten Schuß, die Frage: Was kommt dir vor den Lauf? Vier Hasen sind vor mich durch, zu weit für einen sicheren Schuß. Auch Fasanen sehe ich jetzt laufen. Ich höre es rumpeln, eine Gais bricht knapp neben mir aus den Fichten. Ihr Spiegel wippt noch lange leuchtend im Stangenholz. Rehwild im Treiben ist immer ein reizvoller Anblick. Nun kommt endlich bei mir ein Hase, den ich erlege. Wieder sitze ich still und stumm. Auf einer Waldjagd kann man nicht still genug sein. Es ist das Geheimnis eines guten Anlaufes. Sobald man den Stand bezogen hat, unterlasse man Auf- und Abtreten, unnütze Bewegungen, lautes Reden. Man weiß nie, was in der Nähe ungesehen niedergetan ist, sich nun wegstiehlt, statt einem vor die Flinte zu laufen. Nun wechselt ein Kitz, munter und gesund, vor dem Geklopfe der Treiber vorbei. Jetzt aber wird es lebendig. Überall kracht es. Mein Nachbar, der auf einem Steinblock mitten in der Fichtenjugend steht, erlegt hintereinander sechs Hasen. Meine Aufmerksamkeit wird durch Rascheln im Gebüsch vor mir angespannt, aber es ist ein roter Eichkater, der sich entfernt, dann ist auch dieses Treiben vorbei. Eine kurze Frühstückspause, Schinkensemmel und Rotwein, dann geht es weiter. Im nächsten Treiben steht wieder Rehwild, ein Bock, ein braver Sechser, drückt sich seitlich aus dem Bestand. Meine Flinte bleibt diesmal stumm. Zum Schluß kommt der sogenannte „Nobeltrieb", eine besonders gepflegte Fasanenremise. Die Fasanen, die da fallen, bilden den Prunk der Strecke, sofern nicht Reineke mit seinem Balg den Höhepunkt darstellt. Auch Kaninchen sind jetzt zu erwarten. Wir stehen am Feldrain der Remise, die auf uns zugedrückt wird „Tire haut", zwei Stände weiter fällt der erste Hahn, ich schieße ein Karnickel, das vor mir auf dem Wechsel flitzt. Eine Vielzahl Fasanen und einige Hasen sind gefallen. Auf dem von herbstlichen Blättern übersäten Rasen wird die bunte Strecke gelegt: Fasanen, ein Schnepf, Hasen, Kaninchen, Nußhäher und eine Katze.

Von allen Herbstjagden mit der Flinte liebe ich die Waldjagd über alles. Sie hat im Gegensatz zur Feldjagd den Charme wechselnden Landschaftsbildes, größere Spannung, buntere Strecken. Sie bietet auch dem weniger geübten Schützen bei richtigem Verhalten manche Chance. Mir ist sie der Inbegriff aller Niederjagd. Die Waldjagd kann auch in kleinen Revieren wirkliches Vergnügen sein. Die Zeiten der großen, gut geführten Herrschaftsjagden sind wohl für immer dahin, wie auch die Zeiten des klassischen böhmischen Streifens mit breiter, vorwärts marschierender Schützenfront, den langen seitlichen Treiberwehren und den anlaufenden Hasen, vorbei die Zeiten wohlgepflegter Fasanenremisen mit den Bouquets aufstehender Hähne und die großen Strecken mit buntschillernden Vogelleibern.

Feldtreibjagden sind nach meinem Dafürhalten nur vergnüglich mit viel Wild und ausgesuchten Schützen; große Reviere, entsprechende

Hege und Organisation voraussetzt. Die landläufigen Hasenkesseltreiben mit einer Übermacht an Schützen und Hunden, zu wenig Treibern und noch weniger Wild, können mich nicht verlocken.

Angesichts der großen Ausdehnung des Revieres und seiner verhältnismäßig geringen Steigungen spielte das Pirschfahren eine große Rolle, wobei sich der alte Kutscher Thomas durch hervorragende, jahrzehntelange Ortskenntnis und scharfes Auge auszeichnete. Wenn auch ich dieser Jagdart so manchen Erfolg verdanke, die meist nur einem Stück Wild bestimmter Güte, aber nicht einem bestimmten Stück galt, hat die zielbewußte Pirsch oder der vorbedachte Ansitz auf den Träger einer bestimmten Trophäe, ich möchte fast sagen, auf eine bestimmte „Persönlichkeit", deren Eigenart und Gewohnheiten man genau ergründet hatte und kannte, für mich ungleich mehr Reiz, erfordert größere Anstrengung oder Ausdauer, und damit gewinnt Krone und Erinnerung wesentlich an Wert.

Natürlich waren manche Revierteile nur zu Fuß zu bejagen. Hier benützte man zunächst den Wagen oder Schlitten, um leicht in die entfernteren Teile zu gelangen und sich lange An- und Rückmärsche zu ersparen. Gewisse Revierteile in der Nähe von Feldern beherbergten immer starke Böcke. Die Pirsch erforderte aber außerordentliche Aufmerksamkeit und stetiges Absuchen des Geländes; denn die raumen Hölzer mit ihrem starken Unterwuchs von Stockausschlägen boten schon Anfang Juni wenig Übersicht. Man konnte leicht auf nahe Entfernung mit einem Bock zusammentreffen, was dann schnelles Ansprechen und noch schnelleres, freihändiges Schießen verlangte. Bestimmte Böcke zu erlegen war nicht leicht, da bei der Beschaffenheit des Revieres das Wild überall herumbummeln und Äsung finden konnte oder aus den Dickungen überhaupt nicht auszuziehen brauchte. Pünktlich zu bestimmter Stunde am selben Ort austretende Stücke, sogenannte „Dreiviertelsieben-Uhr-Böcke" gab es nicht, aber heimliche Plätze, wo man sich einen guten Bock um die faule Stunde ersitzen konnte.

Besonders reizvoll waren die eingesprengten Waldwiesen, die dem Landschaftsbild eine eigene Prägung gaben, wenn sie auch infolge der allgemein günstigen Äsungsverhältnisse vom Wild wenig besucht wurden. Es gab zahlreiche Pirschsteige und Hochstände, darunter eine Reihe hoher, eiserner, die nach Bedarf rasch umgestellt werden konn-

Goldmedaillenbock aus dem Allgäu

Der ungerade Achter von der Schaunburg

ten, sowie sachgemäß errichtete Fütterungen mit sogenannten Kälberställen zum Schutz des Rehwildes dort, wo auch Hochwild die Fütterung annahm. Kleine Wildäcker mit Topinambur wurden als besondere Anziehungspunkte an geeigneten Stellen angelegt.

Das jagdliche Personal war den ethnographischen Verhältnissen entsprechend tschechisch, verstand aber einigermaßen deutsch. In dem Jahr, das ich in Steinitz verlebte, habe ich die tschechische Sprache in Wort und Schrift erlernt, was sich verschiedentlich bezahlt machte.

Bevor ich das große Revier genauer kennenlernte, war ich auf die Jägerei angewiesen. Auch später, als ich nur auf Urlaub oder von Wien aus über das Wochenende hinkam, ließ ich mir berichten, wo ich mein Waidmannsheil versuchen sollte. Irgendwie waren diese mährischen Jäger verwandt mit den Typen aus Gagerns krainischer Heimat, die er immer wieder so eindrucksvoll geschildert hat.

Da war der dicke Thomas Mrkivka, zu deutsch Mohrrübchen. Rund wie ein Faß, klein, mit listigen Äuglein, hoher, in eine helle Glatze übergehender Stirn, die mit dem wettergebeizten Gesicht kontrastierte, wenn er, den Hut in der Hand, zum Rapport im Schloß erschien. Mit seinen Waden wie die Bösendorfer Klavierfüße wich er stark vom Idealbild eines ranken und schlanken Jägers ab, verbreitete einen aus Zwiebel, Knoblauch und Schweiß zusammengesetzten Wohlgeruch, war stinkfaul und nahm es mit der Jagdaufsicht nicht allzu genau. Aber er wußte stets, wo die besten Böcke standen, eine Kenntnis, die er sich meist ersaß. Und gute Böcke gab es in Steinitz, weiß Gott. Mit der Treue zu seinen Herren war es nicht weit her. So manches Stück Niederwild dürfte in seine Jagdtasche gewandert sein. Meinen Schwiegervater, der ihm wohlwollend nachsichtig gegenüberstand, hatte der dicke Thomas einmal um ein Haar vorzeitig in die ewigen Jagdgründe gebracht. Der Schwiegervater hatte einen Hirsch krank geschossen, der in eine Dickung eingezogen war. Bei der Nachsuche sah Thomas eine Bewegung vor sich im Bestand, vergaß, daß der Jagdherr vorstand und schoß ohne weitere Umstände sofort hin. Auf der Strecke lag sein Chef mit einer Schrotladung im Bauch, deren Schockwirkung nur durch den schweren Mantel gemildert wurde. Die sofortige Operation rettete dem Schwiegervater das Leben. Thomas blieb im Dienst und wurde vor allen bösen Folgen bewahrt. Durch besondere Anhänglichkeit hat er diese Wohltat nicht belohnt. Das jagdliche Brauchtum war ihm nur in geringen Dosen beizubringen, und auch dieses Minimum blieb nur schwer haften. Daß auch im Winter ein Bruch grün zu sein hat, wenn Nadelhölzer vorhanden sind, wollte er nicht einsehen. Er bevorzugte immer braune, welke Eichenblätter.

Als ihn die immer dicker werdenden Waden nicht mehr recht trugen, trat er nach vierzigjähriger Dienstzeit in den Ruhestand und wurde durch Frantisek Šulc, recte Schulz, ersetzt. Šulc war das Gegenteil von Thomas. Schlank, mittelgroß wirkte er ungleich repräsentativer. Er war ein brauchbarer Revierjäger. Sein Leben wurde überschattet durch eine böse Frau, die ihm den anstrengenden Dienst durch eine häusliche Hölle und schlechte Küche solange erschwerte, bis er sie schließlich hinauswarf und sich eine andere zulegte, die wenigstens für seine leiblichen Bedürfnisse sorgte. Ich mochte ihn gut leiden, aber ein wirklich persönliches Verhältnis zwischen mir und ihm ist nie zustandegekommen.

Nicht vergessen sei der schon einmal erwähnte Kutscher Thomas Otřel, der Treue und Anhänglichkeit in Person war. Wäre er nicht herrschaftlicher Kutscher gewesen, hätte er einen hervorragenden Revierjäger abgegeben. Er kannte sich genauso gut aus wie die Revierjäger, war geübt in schnellem, richtigen Ansprechen und hat beim Pirschfahren manchen Gast zu Schuß gebracht, die rasch einen Bock erlegen sollten.

Jahrzehntelange liebevolle Pflege hatte das Revier zu einem jagdlichen Paradies gemacht. Als ich im Mai 1944 nach einer Verwundung im Urlaub dort wieder jagen durfte, ahnte ich nicht, daß ich mein liebes Steinitz, in dessen Kirche meine Frau und ich getraut worden waren, nicht mehr wiedersehen würde, daß es meine letzten Böcke waren, die ich dort geschossen hatte. Mit Steinitz, das die Schwiegereltern mit drei Töchtern und sieben Enkeln im Pferdetreck verließen und das vom tschechischen Staat beschlagnahmt wurde, ging nicht nur ein prachtvoller Grundbesitz verloren, sondern auch die landwirtschaftliche und saatzüchterische Arbeit zweier Generationen bestbekannter südmährischer Landwirte. Mein Schwiegervater hat den zweifachen Schlag, die Bodenreform nach dem ersten Weltkrieg und dann den totalen Verlust von Hab und Gut, nicht verwunden. An der Zukunft zweifelnd, starb er am 10. 10. 1947 fern der Heimat. Ihm gelte auch hier mein dankbares Gedenken.

Erst Jahre nach dem Verlust der südmährischen Reviere kam ich in meiner neuen oberösterreichischen Heimat in den Besitz einer kleinen Pachtjagd.

Wo die Aschach, die sich in tiefem, felsigem Tal durch den Gneishöhenzug südlich der Donau durchgefressen hat, nun dieser träge zufließt, liegt auf dem rechtsufrigen, nach Osten ausbiegenden Steilhang, der gegen Eferding ausläuft, die Schaunburg, einst Oberösterreichs mächtigste Burganlage. Nie eingenommen, Ende des 16. Jahrhunderts mit des letzten Schaunbergers Schwester, die mit einem Starhemberg verheiratet war, an dieses Geschlecht gekommen, verfiel sie, seit ihre Besitzer ins Eferdinger Schloß gezogen waren. Im 19. Jahrhundert wurden bedeutende Teile einschließlich des wuchtigen Bergfrieds erhalten. Von ihm aus blickt man weithin auf die fernen Höhen des Mühlviertels nördlich der Donau, die dort die Grenze zur Tschechoslowakei bilden.

Zur Burg gehört eine etwa 600 ha große Eigenjagd, davon 500 ha Wald, in der ich lange als Gast des Grafen Ferdinand und seit vierzehn Jahren als Pächter des jungen Fürsten jage. Die Jagd hat manche Vorteile, aber auch beträchtliche Nachteile. Dreißig Kilometer westlich von meinem nahe bei Linz gelegenen Heim entfernt, bietet die in einem alten Vorwerk der Burg eingerichtete Oberförsterei gute Übernachtungsmöglichkeit bei liebevoller Betreuung durch das besonders nette Oberförsterehepaar. Landschaftlich sehr reizvoll, eröffnet die Schaunburg in ihrem vorderen Teil, der Vorderleithen, einen herrlichen Blick auf die Donau und ist dort mit eingesprengten Wiesen und Feldern ein ideales Rehrevier. Vier Fünftel aber sind Wald, teils Mischwald, Buche-Fichte, der mit seinen wechselnden Farben besonders im Frühjahr und im Herbst das Auge entzückt, teils reine Fichtenbestände, darunter 90 ha im Alter von hundert bis hundertfünfzig Jahren, mit steilen Leiten, tiefen Gräben mit kleinen Rinnsalen, spärlichen, teilweise schon sehr verwachsenen Schlägen und nahezu undurchdringlichen Dickungen. Je weiter man das Tal der Aschach aufwärts kommt, desto rauher und felsiger, düsterer und geheimnisvoller wird das Gelände: Heimat der Füchse und uralter unbekannter Rehböcke, die man vielleicht in der Brunft erwischt. Erst kürzlich wurde das Revier zur leichteren Holzbringung durch Waldstraßen aufgeschlossen. Als ich dort zu jagen begann, gab es nur einen Hauptsteig in der Schichtenlinie, und man trug den erlegten Bock drei Stunden lang im Rucksack heim.

Das Revier ist an die 15 km lang, an seiner schmalsten Stelle etwa 200 Meter, an seiner breitesten an die 2000 Meter breit, wobei es die Lehne eines Hochplateaus bildet und kaum ebene Flächen aufweist. Im Herbst drängt das Rehwild aus dem oberen und unteren Nachbarrevier in den Wald, steht bei unseren Fütterungen. Im Frühjahr zieht ein Großteil wieder hinaus in die angrenzenden fremden Wiesen und Felder.

Die Pirsch in der Schichtenlinie der Leithen, wie man die steil abfallenden Hänge hier nennt, die Vorderleithen ausgenommen, ist wegen des starken Unterwuchses von Holunder, Eberesche und Farnen schwierig und mühsam. Die geringe Zahl von Schlägen und Wiesen schränkt die Möglichkeiten des Ansitzes stark ein. Ein zusätzlicher Nachteil besteht darin, daß eine etwa 5 km lange, dem Wald vorgelagerte Wiese zu einem Zivilflugplatz für Segelfliegen eingerichtet wurde, so daß an Wochenenden ein Abendansitz dort nicht möglich ist. Früher war diese Wiese durch Busch- und Baumreihen unterteilt, was dem Rehwild sehr behagte. Der Bewuchs fiel dem Flugbetrieb zum Opfer. Das Rehwild, das dort gerne herumbummelt, zieht jetzt spät und meist eilig in die anschließenden Felder der einzigen Nachbarjagd, deren Inhaber mit Waidwerk und nachbarlicher Fairness auf schlechtem Fuße stehen.

Im vorigen Jahrhundert gab es hier noch Auerwild, das Haselhuhn kommt sporadisch vor. Jährlich werden zwei Waldtreibjagden veranstaltet, die bei dem langgestreckten Revier viele Schützen erfordern. Die spät-herbstliche Vorderleithenjagd, im Familienmund auch die „Löwenjagd" genannt, weil dem einzelnen Schützen ein Hase so selten kommt wie ein Löwe, hat eine Durchschnittsstrecke von 30–40 Hasen. Fast immer ist ein Fuchs im Treiben, wenn auch nicht immer auf der Strecke, und 4 bis 6 Fasanen kommen als Aufputz hinzu. Das ist gewissermaßen die „Nobeljagd". Wenn Ende Dezember Schnee liegt, wird hinten im Revier die Zöhrerleithenjagd abgehalten, ganz hinten, wo die Fuchsbaue sind. Es fielen bis zu sechs Füchse am Tag neben ein paar Hasen als Beigabe. Allein der Anblick des anschnürenden roten Räubers im winterlichen Wald läßt das Herz höher schlagen und lohnt die Mühe des weiten, steilen Anmarsches und das lange Warten. Einmal lag auch eine starke Überläuferbache auf der Strecke, die dann mit Strömen von Bier begossen wurde.

Die Böcke kennt man nur teilweise. Ich habe es mir zur Regel gemacht, daß abgesehen von einzelnen Ausnahmen, zum Unterschied zu den Nachbarn, alle jagdbaren Böcke erst in der Brunft geschossen werden. Die Ia Böcke sind ohnehin erst ab 1. August frei. Das Beimischen von Entwurmungsmitteln zum vorgelegten Hafer hat in den letzten Jahren zu einer wesentlichen Verbesserung der Trophäen beigetragen.

In den langen Jahren wurde aus einer manchmal an Haß-Liebe grenzenden Vernunftbeziehung eine echte Bindung, wozu „mein" Oberförster durch wertvolle Ratschläge und erleichternde Maßnahmen in der Reviereinrichtung in dankenswerter Weise maßgeblich beigetragen hat.

Südmährische Böcke

Meine ersten beiden Böcke schoß ich beim Bruder meiner Mutter im oberbayrischen Etting. Er besaß damals ein wundervolles kleines, besonders gepflegtes Rehwildrevier. Es waren natürlich geringe Böcke, wie bei Anfängern üblich, aber das erste Gehörn wurde auf einen geschnitzten Rehkopf montiert und hängt heute noch, durch die schweren Zeiten hindurch bewahrt, an meiner Wand auf einem Ehrenplatz.

Aus dem vollen schöpfen konnte ich erst nach meiner Heirat, als mir die südmährischen Reviere meines Schwiegervaters, wie schon erwähnt, offenstanden. Dort habe ich bis zum Verlust des Besitzes die meisten meiner Böcke geschossen.

Mai war es wieder geworden, man schrieb schon den 14., am 16. ging die Schußzeit an. Drei Böcke wollte ich mir holen, den „Alten", den „Schwarzen" und den „Enggestellten", einen Bock, der sein Gehörn nicht weiter vererben sollte.

Den letzten Abend der Schonzeit benützte ich zu einer Aufklärungspirsch auf den „Schwarzen". Der Revierteil, der sogenannte Palanek, war ein bewaldeter Hochrücken, der sich halbinselförmig aus dem geschlossenen Waldbestand herauszog, umgeben von Feldern, am Fuße seiner vordersten Hügelgruppe Dorf und Schloß Steinitz. Mitten in dieser weitvorgeschobenen Waldung liegt eine mäßig große Dikkung, nach zwei Seiten ungefähr dreihundert Schritt weit vom Waldrand und damit von der Feldgrenze entfernt. Auf der dritten Seite im Tal das Dorf mit den letzten Feldern, auf denen die Leute bis in die Dunkelheit arbeiten. Von hier klingt der Lärm spielender Kinder und kläffender Hunde herauf bis in die Mitte des Waldes. Er verhindert ein Austreten des Rehwildes bis spät in die Dunkelheit. Was Wunder, wenn das Rehwild lieber zur stillen Feldgrenze zieht, die leider aber auch die Grenze des Reviers ist. Durch den Wald führt mitten in der

Lehne eine von Spaziergängern gern und viel begangene Waldstraße. Man kann also diesen Revierteil nicht gerade als ruhig bezeichnen; es standen dort bisher höchstens zwei bis drei Gaisen.

Großes Erstaunen daher, als der Jäger einen Bock meldete, der hoch über Lauscher aufhabe und bisher unbekannt gewesen sei. Der Bock, wegen seines dunklen Gehörns kurz der „Schwarze" genannt, ziehe jeden Abend ins nachbarliche Feld. Ich beschloß, den noch nicht gänzlich verfärbten Bock durch abendliches Spazierengehen am frühen Ausziehen zu hindern und so das volle Verfärben abzuwarten. Dies gelang; denn nach wenigen Tagen prangte alles Rehwild im roten Sommerkleid.

Es war inzwischen jedoch so heiß und trocken geworden, daß man nun auch die verfärbten Stücke kaum zu Gesicht bekam. Früh und spät galt meine Mühe diesem Bock, aber ich bekam ihn nicht vor die Büchse. Der Bock zog abends ziemlich spät aus. Aber eines Tages – ich war am abendlichen Pirschgang verhindert – sah ihn der Jäger um schon am Nachmittag im Hochwald. Nach erfolgloser Frühpirsch war ich am nächsten Abend schon eine Stunde früher an Ort und Stelle. Ich schnitt gerade ein paar Buchenzweige für einen Schirm, den Mannlicher hatte ich an einem Baum abgestellt, da tritt hundert Schritte oberhalb ein starkes Stück aus der Dickung, trollt ein paar Gänge bergan, verhofft und äugt herunter. Ich erkenne das hohe Gehörn – die Büchse lehnt am Baum! Der Bock zieht weiter. Bis ich schußfertig bin, ist er im Stangenholz, für einen sicheren Schuß schon viel zu entfernt.

Zwei Tage später treffe ich unerwartet mit Bock und Gais zusammen. Das Paar zieht im Unterholz näher. Ich stehe im Anschlag und warte, daß beide durch eine bestimmte Lücke im Bestand durchziehen werden. Ich sehe sie anwechseln, Bock, Gais; wenn er jetzt in die Lücke tritt, knallt es. Es knallt auch, aber im Feuer lag die Gais! Wie sich das genau abspielte, weiß ich heute noch nicht. Die Stücke mußten sich – von mir unbemerkt – verschoben haben. Aufgeregt war ich auch. Das Donnerwetter des Jagdherrn war nicht von Pappe!

Tagelang sah ich den Bock dann nicht mehr; dazu kam noch hochsommerliche Hitze, das Rehwild blieb in den genügend Äsung bietenden Eichendickungen, der Wald war wie ausgestorben. Am 30. Mai kam das erlösende Gewitter mit Regen. Regen den ganzen Abend, die ganze Nacht bis tief in den nächsten Tag hinein. Die Natur war wie neu; was matt und schlaff gewesen, war wieder frisch und grün. Die Aussichten auf eine erfolgreiche Abendpirsch stiegen. Mein Urlaub ging zur Neige, so entschloß ich mich, es einmal mit dem Pirschfahren zu versuchen. Gedacht, getan: den ganzen Abend fahre ich die Waldstraße hin und her. Es wird halb acht, es wird acht, noch immer ist mein Bock nicht zu sehen, es wird halb neun, es ist schon recht dämmrig, doch im Fernrohr noch gutes Absehen. Jetzt komme ich wieder zu dem Hochholz, im dem der Bock dem Wind zufolge stehen müßte; wahrhaftig, unterhalb des Weges steht ein starkes Stück. Runter vom Wagen, Deckung hinter dem nächsten Baum und das Glas an die Augen: er ist es! Er hat aufgeworfen und äugt dem weiterfahrenden Wagen nach. Ich habe den Mannlicher längst im Anschlag, gestochen – das Fadenkreuz faßt den Wildkörper, donnernd zerreißt der Schuß die Waldesstille; im Schall stürzt der Bock schlegelnd zusammen. Im Nu bin ich bei ihm. Die Krone übertrifft alle Erwartungen, reiche Belohnung für die Mühe von fünfundzwanzig Pirschen. Das gut geperlte, starke, dunkle Gehörn, dem der Bock seinen Namen „Der Schwarze" verdankt, hat eine Stangenlänge von vierundzwanzig Zentimeter.

In einem stillen, schmalen Waldtal, rechts und links umgeben von Dickungen und engem Stangenholz, war ein Bock zu Hause, der der „Enggestellte" sein könnte. Im Talgrund auf der kleinen Wiese stand ein verfegtes Stämmchen am anderen. Am Ende verengt sich das Tal zu einem sanft ansteigenden Fußweg, der aus dem dunklen Stangenholz auf einen großen, alten Buchenschlag hinausführt.

Am Anfang des Tales gruppierte sich neben einer Quelle eine winzige Baumschule, doch groß genug, um dem ansitzenden Jäger Dekkung zu gewähren, dabei gleichzeitig vollen Ausblick in das Tal und auf die Waldwiese bietend. Dorthin setzte ich mich an und hielt Vorpaß. Zunächst einmal ohne Erfolg, abends; dann in der Früh. In stockfinsterer Nacht bin ich hinausgeschlichen, vor Tau und Tag bin ich dort gesessen, der Bock blieb aus. Hinauf zum Schlag bin ich gepirscht, der Schlag war leer. Auch zur heimlichen Mittagsstunde habe ich hinter der Baumschule gelauert, doch es war wie verhext, der Bock blieb unsichtbar!

Eines Nachmittags paßte ich dort wieder auf den Bock, der nicht kommen wollte, hörte die Vögel singen und den Eichkater schimpfen. Über zwei gute Stunden bin ich so gesessen, ohne den Heimlichen vor die Büchse zu bekommen. Nur ein schwacher, aber gut veranlagter Sechser verkürzte mir die Zeit. Der Gesuchte jedoch blieb wieder aus. Dann wurde mir die Sache zu bunt. Ich beschloß, das Waldtal hinauf zu pirschen, um auf dem großen Buchenschlag mein Waidmannsheil zu versuchen.

Es ist halb acht Uhr abends, vielleicht steht mein Bock dort oben schon draußen. Ich hänge das Gewehr über die Schulter und gehe rascher den Weg bergan; ich habe ein gutes Stück vor mir, und lange bleibt es nicht mehr licht im Wald. Ich bin nun im letzten Teil des Tales, der eng und dunkel ist, weil dort der Bestand bis an den Steig herantritt. Nur das Grün des Schlages leuchtet durch die Stämme. Plötzlich macht's neben mir einen Rumpler, ein Stück wird im Bestand hoch, und als es abspringt, sehe ich die hohen, schmalen Stangen des „Enggestellten“. Die Büchse hängt über der Schulter; bevor ich mich gefaßt habe, verhält der Bock am Weg, der ungefähr fünfzig Schritte droben zwischen Schlag und Bestand meinen Fußsteig kreuzt, und äugt auf mich herunter. Ich stehe wie ein Stock; vom Bock ist nur das Haupt zu sehen, genau kann ich das Gehörn ausmachen, den Wildkörper decken die Stämme. Wird der Bock aushalten? Minuten verrinnen! Er spielt mißtrauisch mit den Lauschern, senkt das Haupt, äst zum Schein, um sofort wieder aufzuwerfen. Es ist schon sehr dunkel im Tal, was mir ermöglicht, zentimeterweise die Hand zum Gewehrriemen zu bringen und die Büchse in die Hand zu bekommen. Der Bock ist inzwischen auf den Schlag gezogen, wo er immer wieder aufwirft und endlich zu äsen beginnt. Ich habe das Gewehr an der Backe, ein Knall, ein Hochfahren des Bockes, drei rasende Fluchten, und am Weg zwischen Schlag und Stangenholz stürzt er zusammen. Das hohe, die Lauscher handbreit überragende Gehörn wird nur durch seine enge Stellung und geringe Auslage beeinträchtigt. Lange Mühe hat ihren Lohn.

Wenn mir St. Hubertus nicht besonders gnädig gesinnt ist, reicht die mir noch zu Gebote stehende Zeit nicht mehr für den „Alten“, einen besonders vorsichtigen Bock. Dieser mindestens Siebenjährige weicht selbst im strengen Winter dem Futterschlitten aus, während das übrige Rehwild erwartungsvoll neben den Futterplätzen verhofft. Mit diesem Bock wollte ich den Frühjahrsabschuß beenden.

Zwischen zwei Dickungen liegt ein Stück Hochwald, darin eine tiefe Mulde mit dichtem Stockausschlag. Hier wechselt er hin und her.

Ich baue mir vor einem starken Stamm in der Nähe seines Wechsels einen Schirm aus Buchenzweigen. Es ist ein windiger Abend, der Wald voller Geräusche, man vernimmt schlecht. Ich mag schon eine gute Weile gesessen haben, als ich auf einmal hinter mir den Laut einer Bewegung höre. Wie ich mich vorsichtig umsehe, springt in nächster Nähe ein Schmalreh ab, und dahinter in voller Flucht – der „Alte"! Deutlich erkenne ich den kurzen, gedrungenen Träger, das zurückgesetzte, aber starke Gehörn. Von Schießen ist keine Rede, denn ich sitze mit abgedrehtem Gesicht, das Gewehr links über den Knien. Warum Bock und Gais diesen Abend den gewohnten Wechsel auch nicht annähernd hielten, ist mir bis heute nicht klar. Von hinten konnte ich die beiden nicht anwechseln sehen, das feine Geräusch ihres Näherziehens wurde durch die Unruhe im Holz übertönt. Ich bin mit dem „Alten" nicht mehr zusammengetroffen. Er ist nie zur Strecke gekommen.

Anfang August war ich rechtzeitig zur Bockbrunft gekommen. Meine Frau mit unseren vier kleinen Kindern lebte damals bei ihrem Vater, wo sie eine angenehmere Bleibe hatte als in der bereits durch Bombenangriffe bedrohten Großstadt Wien. Drei Böcke waren mir zugedacht. Die ersten zwei erlegte ich verhältnismäßig rasch und mühelos. Der dritte ließ auf sich warten. Es sprangen junge und ältere, gut veranlagte Böcke, aber der Finger blieb gerade.

Dann kam der letzte Tag. Die Frühpirsch war erfolglos. Mittags meldete der Heger, er habe ganz vorne einen starken alten Bock mit Gais gesehen, der ein gut geperltes Sechsergehörn mit schaufelartigen Enden trage. Besagter Revierteil ist ein hügeliger Ausläufer des Waldes, der in die Felder hineinreicht, mit großen Dickungen, in denen immer gute Böcke stehen.

Am frühen Nachmittag zog ich in Begleitung meiner Frau los. Wir kamen bei gutem Wind vom Feld her auf einem begangenen Weg an den Waldrand und gebärdeten uns noch wie Sommerfrischler. Wir wollten erst einmal im Holz blatten und den Bock aus seinem Einstand locken. Da sehe ich eine Bewegung, Bock und Gais, die dicht am Bestandesrand gelegen hatten, ziehen langsam in die Dickung.

Abwarten. Vergrämt sind sie nicht. Sie werden sicher bald wieder verhoffen. Nach einer Weile schleichen wir weiter. Unsere Gläser suchen immer wieder das Gelände ab. Da! Ein Lauf! Ich lasse mich auf's Knie nieder und sehe die beiden Stücke weiterziehen.

Nun suche ich mir einen guten Platz und blatte nach ein paar Minuten. Der Bock springt nicht. Also ein anderes Register: Kommst du nicht, dann kommt vielleicht die Gais auf den Kitzruf und du hinterdrein. Auch dieser Versuch mißlingt. Also wieder nachgepirscht. Da vorne sind sie wieder. Endlich kann ich den Bock genau ansprechen. Es ist der Gesuchte! Ich liege platt am Boden, der Schweiß rinnt mir vom Gesicht; es ist ein richtiger Hundstag. Hinter mir liegt brav meine Frau. Ich habe bereits gestochen, aber der Bock steht nicht frei. Jetzt hat er mich weg, äugt kurz in meine Richtung und ist verschwunden.

Ich bleibe liegen und rühre mich nicht. Links zieht die Gais über den Weg, nun sollte doch wohl der Bock folgen, und dann ist er mein! Meint man. Der Bock kommt nicht. Die Gais wechselt zurück. Ich stehe ganz vorsichtig auf. Nichts! Die Gesellschaft hat sich wahrscheinlich wieder niedergetan. Schritt für Schritt arbeiten wir uns weiter vor. Da, ein roter Fleck, die eingelagerte Gais. Nun entdecke ich auch ihn, gedeckt hinter einer Tanne. Ich will versuchen, ob ich nicht so weit herankomme, daß ich im Augenblick schießen kann, wenn er wieder hoch wird. Es ist irrsinnig trocken. Knacks, verflixt . . . und schon ist der Bock weg. Nun treibt er wieder. Es ist hartes Waidwerken, aber gerade das ist ja das Schöne. Also wieder nachgepirscht. Noch einmal sehe ich das Paar im Stangenholz, dann sind sie weg. Ich muß den Bock haben!

Mitten in der Dickung ist ein Ort, an dem man mehr Ausschuß hat und weiter sieht. Dort will ich es nochmal mit dem Ruf versuchen. Meine Frau schüttelt skeptisch den Kopf. Unter einer alten Tanne lassen wir uns nieder. Der Mannlicher liegt über den Knien. Wie die Katzen haben wir uns angeschlichen. Nun sitzen wir schon zehn Minuten, jetzt kann's losgehen. Fiep, fiep, zart und lockend tönt der Ruf durch die drückende Stille. Auge und Ohr sind gespannt. Nichts! Hat es da nicht geraschelt? Dort ist doch ein roter Fleck. Das Herz schlägt bis zum Hals. Nur Ruhe, du blödes Eichkatzl! So ein Aufsitzer! . . . Fiep, fiep. Ob er doch springt? Nein, er denkt nicht dran. Wenn du so einer bist, dann hilft nur die letzte Karte: jäh plärrt das Angstgeschrei durch den Wald. Piä, Piä, Piiiiä. Kommst du? Wieder nichts. Eine lange Weile warte ich noch, dann stehen wir auf, es mag halt nicht. Meine Frau hat sowieso von dem Geschrei nichts gehalten.

Plötzlich der Bock! Kommst du also doch! Ich hatte alles genau mit meinem Glas abgetastet, bevor ich aufstand. Bist du es wirklich? Er hat das Haupt gesenkt und äst unschlüssig. Hier war doch das Angstgeschrei gewesen, hier muß doch etwas los sein. Zwischen uns aber verdeckt ein Baum Blatt und Rumpf. Nun tut er sich wieder nieder, und ich sehe nur das Haupt. Er ist stark abgebrunftet, denn er nickt immer wieder ein.

Siebzig bis achtzig Gänge sind es. Ich muß versuchen, unbemerkt die zwei Schritte zu machen, die ich brauche, um freies Schußfeld zu haben. Zoll um Zoll hebe ich einen Fuß und setze ihn weiter. Die Büchse ist entsichert und gestochen. Nun hat er doch irgendetwas vernommen, denn er wird langsam hoch und verhofft sichernd. Ich habe sofort die Büchse im Gesicht, es knallt. Das schwere 9 mm Geschoß müßte den Bock eigentlich zusammenhauen, aber er bleibt stehen wie eine Scheibe. Blitzschnell repetiert und nochmal geschossen. Denken und handeln geht viel rascher, als es sich schildern läßt. Jetzt eine hohe Flucht mit allen vier Läufen, der Bock zeichnet, und dann ist er weg.

Ein tiefes Aufatmen, die Kugel hat er. Nach einer Zigarette gehe ich zum Anschuß. Oh weh! Da ist ein halber Baum ab, die Splitter liegen in der Gegend herum, aber kein Schweiß. Die Siegesgewißheit verraucht. Verflixte Schweinerei, wie konnte das geschehen? Ich war doch beide Male tadellos drauf. Unten im Hang leuchtet ein roter Fleck. Meine Frau sieht ihn zuerst; während ich noch nach Schweiß suche, hat sie mit dem Glas die Umgegend abgesucht. Da sitzt der Bock schwer krank im Wundbett, so schwer, daß er das Haupt nicht mehr heben kann. Ein Fangschuß auf den Träger erlöst ihn von seinem Leiden.

Es ist ein richtiger Abschußbock. Wo aber sitzt der Schuß? Vom ersten hatte er drei Splitter mitten auf dem Körper, die Leber und Pansen getroffen hatten. Der zweite saß am Blatt. Gegen alle Regel quittierte der Bock noch den zweiten Schuß.

Zweieinhalb Stunden hatte der Zweikampf gedauert. Nun schleppe ich den Bock beglückt und befriedigt schwitzend zum Treffpunkt, wo wir den Schwiegervater mit dem Pirschwagen erwarten sollen.

Schön war der letzte Abend. Morgen geht es wieder ins Ungewisse.

Rehbrunft im Sudetenland

Einem Freund meines Schwiegervaters, Baron A. Klein-Wisenberg in Hennersdorf in Schlesien, bei dem ich jahrelang jagen durfte, verdanke ich schönste Erinnerungen. Das dritte Jahr pirschte ich nun schon in den Tannenwäldern der Sudeten auf den roten Bock. Die großzügige Gastfreundschaft des Jagdherrn hatte mir in zwei Tagen zwei Böcke beschert. Der eine war ein alter Bekannter vom Vorjahr, der dank meines Fehlschusses am Leben geblieben war.

Trotz des schweren Nachwinters in Schlesien hatte der Bock ein recht gutes, gegenüber dem Vorjahr verbessertes Gehörn geschoben.

Der Revierteil, in dem ich jagen sollte, der sogenannte Teichberg, war in seiner Mitte plateauartig flach, die Felder und Wiesen zum größten Teil von Wald umgeben. Aus den Einständen zog das Rehwild in die Felder. Drei gute Böcke standen dort, darunter ein starker und heimlicher, ein Sechser, der für krank gehalten wurde, weil er in der zweiten Juniwoche noch unverfärbt und unverfegt war. Von diesen Böcken sollte ich einen auf die Decke legen, wobei man begreiflicherweise gerne gesehen hätte, wenn der „Bastbock" gestreckt würde.

Mit Tau und Tag stehe ich am Waldrand und suche mit dem Glas die Wiesen ab, doch kein Reh ist zu sehen. Langsam pirsche ich ein Kornfeld entlang. Da zieht vor mir auf zweihundert Schritt ein dunkles Stück eilig über die Wiese. Bock! Im hohen Gras für mich unsichtbar, hatte er von mir Wind bekommen und verschwand eiligst im Korn.

Ich wende mich nun dem gegenüberliegenden Walde zu, in der Hoffnung, dort auf einer kleinen, saftig-grünen Blöße vielleicht mit einem der Böcke zusammenzutreffen. Vorsichtig pirsche ich durchs Stangenholz gegen die Lichtung. Was leuchtet dort für ein roter Fleck? Ein Stück Rehwild. Es ist eine Gais, die vertraut äst. Ob der Bock auch dabei ist? Ich pirsche Schritt für Schritt weiter, immer wieder suche ich die Blöße mit dem Glas genau ab. Da ist ja noch ein zweites Stück. Der Bock! Jetzt hebt er sichernd das Haupt. Ich kann das gute Gehörn genau ansprechen. Die Entfernung beträgt hundertfünfzig Schritt. Da der moos- und nadelbedeckte Boden eine lautlose Annäherung begünstigt, schleiche ich näher. Als ich auf hundert Schritt heran bin, steht der Bock für mich verdeckt. Also schiebe ich mich etwas nach rechts und noch näher. Die Gais habe ich aus dem Blickfeld verloren, der Bock aber hat sich während meiner Schwenkung niedergetan und sitzt achtzig Schritt vor mir in einer Mulde, die nur Haupt und Träger sehen läßt. Während ich unschlüssig die Umgebung beobachte, wird der Bock plötzlich blitzartig hoch und trollt, bevor ich einen Schuß anbringen kann, spitz von mir weg hinter der Gais drein, die im Hochwald sichtbar wird. Zwischen Lipp' und Kelchesrand . . . Ich schlage den Stutzen übers Kreuz und gehe heim. Spannend war die Pirsch trotz allem.

In der Mitte des Teichberges liegt eine kleine Remise, von der aus man die Wiesen und Felder überblickt. Einen abgestellten Arbeitswagen hatte ich am Nachmittag mit Zweigen verblendet und für den Abendansitz hergerichtet. Früh bezog ich mein Versteck. Es war ein ruhiger, klarer Abend, der Wind stand günstig, nur die Leute auf den Feldern wollten nicht heimgehen. Endlich überall friedliche Stille. Schon wird da und dort Rehwild sichtbar. Wie ich so die Gegend betrachte, entdecke ich auf etwa vierhundert Schritt ein einzelnes starkes Stück, das auf einem Kleefeld äst und fortwährend aufwirft. Statur und Benehmen sprechen für einen starken Bock. Also herunter vom Wagen und in Deckung eines Kornfeldes rasch näher. Dreihundert Schritt; es ist zweifellos ein guter Bock. Der Wind ist günstig. Von einem Haferfeld gedeckt komme ich auf hundert Schritt heran. Der Bock äst noch immer und sichert ständig nach allen Seiten. Das schützende Feld ist zu Ende, der Feldweg führt nunmehr durch eine Wiese, die außer einigen hohen Grasbüscheln und vereinzelten Gruppen wildwachsender Ähren längs des Wegrandes keine Deckung bietet. Erst nach achtzig Schritten gibt es wieder ein Kornfeld, hinter dem ich gut gedeckt vorgehen kann. Es bleibt mir also nur übrig, das ungedeckte Stück kriechend zurückzulegen. Als ich mich auf dem Bauch vorwärtsbewege, höre ich plötzlich das Rasseln eines Wagens, sehe den Bock in der Richtung des Lärms sichern, vernehme Stimmen, schon flüchtet der

Bock zurück ins Korn und ist verschwunden! Die frommen Wünsche, die ich dem Wagen nachgesandt habe, kann sich jeder vorstellen. Es war nicht der Bock vom Morgen, sondern ein anderer, stärkerer, mit sehr hohen Stangen. Na, dann halt morgen früh.

Um halb drei rasselt wieder der Wecker. Eine knappe Stunde später stelle ich mit Mißvergnügen fest, daß bereits Mäher an der Arbeit sind und damit die Frühpirsch durch die Felder aussichtslos ist. Bleibt nur die Hoffnung, im angrenzenden Wald auf den vielleicht herumbummelnden Bock zu stoßen. Noch ist es zu dunkel für die Pirsch im Wald. Ich beschließe daher, nicht wie gestern gleich zu der bewußten Lichtung, sondern einige hundert Schritte weiter zu jenem Kleefeld zu gehen, in dem gestern abend der Bock steckte, und erst dort in den Bestand hineinzupirschen. Inzwischen ist es so hell, daß man im Holz die Dinge unterscheiden kann. Auf einem Steig zwischen einer Waldwiese und Hochwald strebe ich vorwärts. Immer wieder bleibe ich stehen und suche genau die Umgegend ab. Da, etwa hundert Schritt vor mir in einer Bestandeslücke von mir halb abgewendet gegen den Wind sitzt ein Bock, zwischen den Lauschern alles schwarz! Ein Kapitaler muß das sein. Das Herz beginnt vor Spannung wild zu schlagen. Wie aber dem Bock beikommen? Auf dem Weg weiter nach vorn zu pirschen, ist nicht ratsam, weil jede Bewegung vor dem hellen Hintergrund der beleuchteten Waldwiese deutlich wahrnehmbar ist. Im Bestand ist ein Anpirschen unmöglich, weil der Boden mit trockenen Ästen übersät ist. Ich versuche, auf dem Wege vorzukriechen, und eine bessere Stellung zu erreichen, muß das Vorhaben aber wieder aufgeben, weil mir die Stämme den Bock verdecken und ich nicht riskieren will, daß er mich zuerst weghat. Also zurück zum Ausgangspunkt der Rutschpartie. Doch was nun? Nach langem Überlegen entschließe ich mich, dem niedergetanen Bock die Kugel anzutragen, denn diesen Bock muß ich haben. Rums, der Schuß bricht – der Bock bleibt ruhig im Lager. Überschossen! Den Schall hat er irgendwie vertragen. Auf das metallische Geräusch des Repetierens wird er nun doch hoch, stellt sich verhoffend breit in die Lücke, der nächste Schuß sitzt im Leben. Mit einer wilden Wendung und krummem Rücken flüchtet er immer kürzer werdend hinaus in die Waldwiese, wo er hinter hohen Gräsern verschwindet. Ist er zusammengebrochen, oder hat er sich schwer krank niedergetan? Ich habe kein Schlegeln gehört. Vorsichtshalber will ich ein halbes Stündchen warten. So sitze ich am Waldesrand, rauche eine Zigarette nach der anderen und male mir im Geiste aus, wie stark und hoch die Krone sein wird; denn daß es sich um den starken, heimlichen Teichbergbock handelt, darüber kann kein Zweifel bestehen, wenn auch im düsteren Hochwald ein genaues Ansprechen nicht möglich war. Endlich nehme ich das Fernrohr vom Mannlicher und gehe mit entsicherter Büchse auf die Stelle zu, an der der Bock verschwand. Verendet liegt er vor mir, das Gehörn im Grase versteckt. Wie ich ihm in die Krone greife, fühlt meine Hand weichen Pelz, ich stehe vor einem Perückenbock! Wohl ist das Gehörn hart und vollständig vereckt, aber abnormal dick sind die Rosen und der untere Teil der Stangen, die bis hinauf mit dichtem Bast überzogen sind. Deswegen war im Dämmerlicht des Hochwaldes alles schwarz zwischen den Lauschern erschienen! Das Aufbrechen ergab das völlige Fehlen der Brunftkugeln. Ebenso besaß der Bock nur eine verkümmerte Brunftrute und Rudimente eines Pinsels. Der Bock war vollständig verfärbt, dem Gebiß nach sechsjährig und wog aufgebrochen siebzehn Kilo. Der Schuß saß knapp hinter dem Blatt, die Kugel hatte die Leber zerfetzt und war weich ausgetreten; trotz dieses schweren Schusses war der Bock noch gute hundert Schritt geflüchtet.

Die Besprechung mit dem herbeigeeilten Jäger ergab, daß der Perückenbock im Revier vollkommen unbekannt und anscheinend später zugewandert war, als die anderen Böcke verfegt hatten, und so in den Ruf des „Bastbockes“ gelangte.

Lange bin ich vor dem gestreckten Bock gesessen und habe ihn mit ehrlicher Freude betrachtet; denn war es auch nicht der erträumte Kapitale, so war mir da unverhofft eine Beute in den Schoß gefallen, die wohl nicht jedem beschieden ist. Mein Schwiegervater zum Beispiel, der in seinem langen Jägerleben weit über 500 Böcke erlegt hat, ist nie auf einen Perückenbock zu Schuß gekommen.

Das Schußverbot in den deutschsprachigen Grenzgebieten der Tschechoslowakei hatte meine alljährliche Fahrt in Schlesiens Waldberge in Frage gestellt. Da erreichte mich in den letzten Julitagen des Schicksalsjahres 1938 eine unerwartete und freudige Nachricht. In der für mich in Betracht kommenden Bezirkshauptmannschaft Jägerndorf war das Schußverbot aufgehoben worden. Ich sollte sofort kommen.

Rasch waren alle Vorbereitungen getroffen. Der Nachmittag des

1. August sah mich bereits auf der Pirsch im wohlbekannten Revier. Ganz glatt war meine Abreise nicht vonstatten gegangen; bei einem Sturz auf regennassem Lehmboden war mein Fernrohr einen Tag vor der Abfahrt zu Schaden gekommen, so daß ich gezwungen war, ohne Fernrohr loszufahren. Es war zwar unangenehm, aber in der Brunft nicht so störend, weil man damit rechnen kann, auf Entfernungen zu Schuß zu kommen, die eine sichere Kugel auch über Kimme und Korn zulassen.

Die erste Pirsch in dem mir zugewiesenen Revierteil Petersdorf verlief erfolglos. Die Böcke trieben noch nicht, es herrschte in den höheren Lagen die bekannte Ruhe vor der Brunft. Bei meiner knapp bemessenen Zeit ein wenig hoffnungsvoller Anfang.

Den nächsten Tag verlegte ich meine Tätigkeit in das tiefer gelegene Revier Erdmannsgrund, in dem schon voller Brunftbetrieb herrschte. Hier war mir die Aufgabe gestellt, bestimmte Böcke zu strecken.

Heiß brennt die Augustsonne hernieder, kein Lüftchen regt sich, echtes Hundstagswetter, und dennoch haben mein Pirschgang und mein Blatten keinen Erfolg. Inzwischen hat sich ein schweres Wetter zusammengebraut. Ein Hagelschauer braust nieder. Blitz auf Blitz schlägt in die hundertjährigen Tannenbestände. Der begleitende Jäger und ich suchen Zuflucht unter einem Holzstoß, dessen oberste Lage wir als Dach herausziehen, um uns darunter zu drücken. Eine halbe Stunde dauert das Toben, dann lacht wieder die Sonne. Die guten Aussichten einer Tropfpirsch lassen mich vergessen, daß ich durch und durch naß bin. Bald sehen wir auch Wild auf den Läufen; ein guter Bock, der uns in den Wind bekommen hat, wird mit der Gais flüchtig. Immerhin, der Bann scheint gebrochen. Aber der Tag geht zu Ende.

Wir beschließen daher, uns an einem Schlag, der kalten Hause, anzusetzen, auf dem einer der zum Abschuß vorgesehenen Böcke, ein älterer Sechser, ausziehen soll. Als wir uns dem Schlagrand nähern, wird vor uns eine Gais aus einer Mulde flüchtig und setzt zum Schrecken an. Doch ein rascher Fiepton aus dem Blatter läßt sie unschlüssig werden. Nach einer Weile Sicherns zieht sie im Troll in die nahe Dickung. Ich bleibe an Ort und Stelle, um nicht etwa noch ein Stück, das ungesehen von uns im zerrissenen Schlag äst, zu vertreten, und mache es mir hinter einem Baumstumpf bequem. Es dauert nicht lange, da hören wir Keuchen und Fiepen, ein Bock treibt eine Gais aus dem Graben herauf.

Auf etwa hundertachtzig Schritt kommt das Paar auf einen Riegel, die Gais bleibt stehen und fiept, der Bock stößt sie vor sich her, dann verschwinden sie wieder hinter dem Riegel.

Es ist der gesuchte Bock. Doch hundertachtzig Schritt sind über Kimme und Korn verflixt weit. Er muß also mit dem Ruf näher herangebracht werden. Fiep, fiep, der Kitzruf soll die Gais locken und hinter ihr den Bock. Ein Stück springt auch schon den Riegel herauf und verhofft in der Richtung des Schalles: Das ist schon der Bock, hundertfünfzig Schritt, spitz von vorn. Nun zieht er noch näher, hundertzwanzig Schritt, stellt sich breit, es muß gehen. Im Schuß bricht er zusammen, wird hoch, bleibt schwer krank stehen, ein zweiter Schuß wird ohne Zeichen mit einer Flucht quittiert, nach der er zusammenbricht. Der mir zugedachte Abschußbock ist gestreckt.

Ein als heimlich und kapital bekannter Bock ist angeblich nur in der Brunft zu kriegen. Auf ihn darf ich mein Waidmannsheil versuchen. Schon dreimal habe ich vergeblich auf ihn geblattet; das Angstgeschrei habe ich mir allerdings als ultima ratio aufgehoben. Vielleicht waren auch die Plätze, an denen ich ihn betören wollte, weniger geeignet. Eine genaue Besichtigung des Geländes ergibt einen neuen Plan. Zwischen einer dichten Fichtendickung und einem Weichholzbestand liegt ein kleiner Schlag mit einem Wildacker, an den Längsseiten von Hochwald umrahmt. In einer von den beiden Dickungen steht unser Freund. Am Rande der Fichtendickung, an der Ecke zum Hochwald, bezieh ich hinter einem Fichtenbusch mit halbem Wind meinen Stand. Eine Fiepserie, eine zweite, nichts; ich werde noch eine Serie blatten, dann greife ich zum Angstgeschrei. Pii, Pii, – war da nicht Bewegung? Doch, ein Stück Rehwild zieht gedeckt aus der Dickung, das kann nur ein Bock sein. Er ist's! Einen Augenblick verhofft er im Hochwald, hoch und hell leuchten die Enden über den Lauschern; dann ist er wieder weg. Gemach, wir kennen diese Schliche. Ein leiser Fiepton, der Bock ist nicht mehr weiter als achtzig Schritte, aber immer gedeckt, man ahnt mehr, wo er gerade ist, als daß man ihn sieht. Ich liege im Anschlag, vorne ist eine Lücke, dort muß er kommen. Nein, auch diese vermeidet er und tritt nun fünfundzwanzig Schritte halbspitz von vorn hinter einem Busch heraus. Schon bricht mein Schuß, der Bock fährt mit den Hinterläufen in die Luft, die Vorderläufe schlagen übereinander, und mit einer Riesenflucht ist er in der schützenden Dickung. Ich bin meiner Kugel sicher. Der Jäger behauptet, er habe es schlegeln hören. Dennoch warten wir noch eine Weile, dann gehe ich zum Anschuß: Leberschweiß! Wenige Schritte in der Dickung liegt der Bock, in der Flucht zusammengebrochen unter einer kleinen Fichte. Das Expansivgeschoß hatte das Schulterblatt zertrümmert, die Leber zerstört. Der sogenannte „Kapitale" war erlegt, ein sehr guter Bock, wenn er auch „kapital" wohl nur im Morgentau und bei gewisser Beleuchtung seiner blanken Enden scheinen konnte. Die Art seiner Erlegung, verbunden mit dem Umstand, daß er ein Jubiläumsbock war, der Fünfzigste, zählt zu meinen schönsten Erinnerungen.

Die Morgenpirsch des nächsten Tages verlief erfolglos. Es sprang kein Bock. Die Nachmittagspirsch fing so an wie am Morgen. Erst spät sah ich an der Pittarner Grenze auf dem Weg zu einem Platz, an dem wir blatten wollten, einen Bock seine Gais in einem Haferfeld und aus diesem heraus in eine kleine Dickung treiben. Der Wind erlaubte mir, nur eine Stellung am Rande der Wiese hinter dem einzigen vorhandenen Busch zu beziehen. Es schien fraglich, ob der Bock in die Wiese springen würde. Ich hatte aber keine andere Wahl und begann zu blatten. Und siehe da, der Bock kommt bereits auf die ersten Töne flüchtig auf die Wiese heraus, steht aber spitz hinter hohen Gräsern, so daß ich weder ansprechen noch schießen kann. Nach langem Sichern stellt er sich schließlich breit und bricht im Feuer zusammen. Mit ein paar langen Sprüngen bin ich bei ihm. Das Gehörn zeigt starke Dachrosen und zurückgesetzte Stangen, bestätigt den reifen Bock, als den ich ihn angesprochen habe. Nachdem der Bock aufgebrochen und versorgt ist, wollen wir einen bereits mehrmals erfolglos beschossenen Bock suchen, der eine Viertelstunde weiter in einer Feldsenke seinen Einstand hat und nach den gemachten Erfahrungen sehr vorsichtig ist. Dieser Revierteil, eine glückliche Mischung von Wald und Feldern, ist geradezu ideal für Rehwild.

Wir beziehen eine geeignete Stellung auf einem Hügel hinter einem Stoß Kleereiter. Unten im Kleefeld am Rande eines von dichten Büschen umsäumten Baches hat der Gesuchte seinen Einstand. Als wir behutsam hinter den Kleereitern hervorlugen, sehen wir eine Gais im Klee, die fortwährend nach rückwärts äugt. Da ist wohl der Bock nicht weit! Und doch vergeht eine geraume Zeit, ohne daß der Bock austritt. Der Stapel Kleereiter ist allerdings so breit und hoch, daß man nicht beobachten kann, was auf der anderen Seite vorgeht. Als ich nun zur Sicherheit um die andere Ecke luge, steht der Bock mit zwei Ricken und einem Kitz bereits mitten im Klee. Hat der auf! Im ersten Augenblick schlägt mir das Herz bis in den Hals. Mit freiem Auge sehe ich auf 150 Gänge die Stärke des Gehörns.

Nur Ruhe, wir haben Zeit. Der Bock äst auf uns zu. Mit großer Vorfreude betrachte ich den hochjagdbaren Bock. Jetzt steht er breit, rot leuchtet sein Blatt in der Abendsonne, langsam senkt sich mein Korn hinein und . . . Der Bock ist scheinbar kugelfest! Auch ich habe in aller Ruhe vermutlich überschossen. Ich war der dritte, der den Bock in diesem Sommer fehlte!

Die ganze Gesellschaft wird flüchtig, der Bock immer gedeckt von seinem Harem, kein Schuß ist anzubringen, der rasch ergriffene Blatter läßt wohl den Bock einen Augenblick verhoffen, leider aber ist gerade ein Busch im Wege, dann folgt er den flüchtenden Gaisen. Nur ich bleibe belämmert zurück, der ich doch das Gehörn schon an meiner Wand gesehen habe. Das war eine feine Patzerei!

Nun bleibt mir noch die Hoffnung, auf einen annähernd gleich guten Bock zu warten, der zwanzig Minuten weiter bei der Damaskoscheuer aus einem Haferfeld auf einen Kleeschlag wechseln soll. Allerdings ist ihm mangels Deckung kaum beizukommen. Aber es muß der Versuch gewagt werden. Beim Anmarsch erweist sich bereits seine Anwesenheit im Klee. In Eilmärschen umgehen wir wegen des Windes das benachbarte Haferfeld, pirschen gebückt an die an den Klee anschließende Kante. Noch immer ist der Bock sehr weit und der Wind nicht günstig. Also zurück, noch einen Bogen geschlagen und einen Wiesengraben, der zum oberen Rand des Kleefeldes führt, heraufgeschlichen. Ein Haufen Steine bietet Schutz, hinter dem ich vorsichtig meinen Kopf hervorschiebe. Der Bock äst vertraut auf zweihundert Schritt im Klee. Ohne Fernrohr kriege ich ihn so nicht. Vielleicht steht er aufs Blatten näher zu? Doch die süßen Töne lassen ihn unberührt. Nun tut er sich auch noch nieder und ist im hohen Klee völlig verschwunden. Es ist zum Verzweifeln, das Büchsenlicht wird rasch schwinden, der Hintergrund ist dunkel, ich muß jetzt irgend etwas unternehmen, wenn ich noch zu Schuß kommen will.

Zwischen Klee und Hafer ist ein Streifen gemäht, so daß man platt am Boden ziemlich gedeckt ist. Ich beschließe, alles auf eine Karte zu setzen und den Bock anzukriechen. Der Hut wird abgelegt, das Glas im Rock verstaut, dann gleite ich schlangenartig, die Büchse vor mir herschiebend, den Klee entlang, etwa sechzig Schritt weit. Ein paar Augenblicke bleibe ich liegen und verschnaufe, dann spähe ich über den Kleerand. Der Bock ist inzwischen wieder hoch geworden und äst halbspitz von mir weg. Das Glas zeigt ein ausnehmend gutes Gehörn mit weißen Enden. Rasch bin ich im Anschlag, der Bock stürzt im Feuer, wird nochmals hoch, flüchtet hinaus auf eine Stoppel, die im letzten Licht leuchtet, und bricht dort zusammen. Ich freue mich über die gelungene Pirsch und das dunkle, gutgeperlte Gehörn. Mit zwei Brüchen geht es heimwärts.

Ein glückliches Ende von vier köstlichen Jagdtagen. Auch dieses jagdliche Paradies ging verloren, ich habe es nicht mehr wiedergesehen.

Böcke im Krieg

Als Soldat im Kriege hat man selbstverständlich zunächst andere Sorgen, aber irgendwo bleibt – besonders wenn man zeitweilig in der Heimat Dienst macht – doch für den Wunsch Platz, wieder einmal den alten schäbigen Lodenrock anzuziehen, den in jeder Beziehung schweißbedeckten Hut aufzusetzen und die Büchse umhängen zu dürfen. Wenn man dann noch ein bißchen Glück hat, daß eine Einladung winkt, man gerade zur rechten Zeit abkommt, dann kann allerhand passieren.

Als besondere Überraschung erhielt ich eine großzügige Einladung zur Bockbrunft im August 1940 ins Waldviertel. Drei Tage Urlaub! Davon brauche ich zwei halbe Tage für Hin- und Rückfahrt, doch es bleibt immer noch Zeit genug, falls die Böcke springen.

Aus der Mitte der Wachau führt mich der Autobus in zweistündiger Fahrt nordwärts an den Bestimmungsort. Diesen Teil des Waldviertels kenne ich noch nicht. So wird die Fahrt zunächst zu einer kleinen jagdlichen Entdeckungsreise. Aber das Wetter! Der Wind pfeift aus Nordwest, er bringt eine Regenböe nach der anderen mit, es ist saukalt. Ich sehe mich schon ohne Bruch heimfahren. Sei's drum! Es ist schön, in einer landschaftlich reizenden Gegend zu pirschen und wieder die Spannung des Waidwerkens zu erleben.

Durch dunklen Forst, über weite Schläge mit hohem roten Riedgras, in dem das Rehwild unsichtbar wird, an hohen Kanzeln vorbei, führt mich der Weg zur Jagdhütte, die versteckt im Wald liegt. Dort finde ich eine Reihe bekannter Waidgenossen fröhlich versammelt vor. Es ist doch etwas Schönes, auf einer Jagdhütte mit Gleichgesinnten gemütlich um den Tisch zu sitzen und bei Wein und Tabak Erlebnisse zu besprechen und auszutauschen.

Der liebenswürdige Jagdherr weist mir einen Revierteil zu, in dem ich unbehindert pirschen und die freigegebenen Böcke nach eigenem Gutdünken strecken darf. Ein alter Heger, fast ein Waldschratt, mit listigen Äuglein, die scharf die Umgebung prüfen, wird mir zur Einweisung mitgegeben.

Die erste Halbtagspirsch verläuft ohne Anblick. Am nächsten Tag ziehe ich erst um sieben Uhr früh los. Der Morgen ist so eisig, daß es keinen Sinn hat, früher aufzubrechen. Ich blatte mich von Platz zu Platz, ohne außer einem treibenden Paar auch nur ein weiteres Stück zu sehen. Kein Wunder bei diesem Sauwetter! Es wird Abend, das Wetter war entschieden besser geworden, der Wind legte sich, die Sonne war sogar hervorgekommen, und es wurde merklich wärmer.

Im Kirchwald war ein heimlicher Platz, der mir gefiel. Eine winzige Lichtung in einem Stück Hochwald, an zwei Seiten dichte Fichtenjugend. Ganz still und feierlich war's dort. Hier wollte ich mein Heil versuchen. Ich hatte mich gerade eingerichtet und zum Blatten bereit gemacht, als ein Bock suchend aus der Dichtung auf etwa siebzig Schritt breit vor mir über die Lichtung zieht. Ein prachtvolles Bild: das rote Reh vor dem hellgrünen, sonnenbeschienenen Grund. Ich kann sein Gehörn gut ausnehmen: rechts ein nach hinten gebogener Spieß, links eine schwache, kleine Sechserstange, enggestellt, kaum lauscherhoch, das ganze Stück schwach, ein typischer Hegeabschuß. Als der Bock wieder zwischen zwei Stämmen frei wird, wirft ihn mein Schuß nieder.

Er wird nochmals hoch, flüchtet zur Dickung zurück, bricht zusammen, wird nochmals hoch, dann stürzt er endlich in die grünen Farne, und alles ist vorbei.

Nachdem der Bock versorgt ist, beschließe ich, den Rest des Abends auf einen Bock zu passen, der als stark gilt. In der Früh hatte ich schon mein Waidmannsheil auf ihn versucht. Er war nicht gesprungen; vielleicht würde er jetzt geneigter sein.

Der Bock hatte seinen Einstand in einem Gehölz, an einem sanft ansteigenden Hang, der Ausläufer eines zusammenhängenden Waldbestandes war. In der Tiefe eine Dickung, in der Mitte eine Blöße, verfilzt von Himbeer- und Brombeergesträuch, an zwei Seiten von Wiesen und Kleefeldern umrahmt. Steht er mir also nicht im Holz zu, bleibt noch die Möglichkeit, daß er vor Büchsenlicht in den Klee zieht.

An Ort und Stelle wähle ich mir einen Platz, der bei guter Deckung hinter einer kleinen Fichte im Dunkel des Holzes guten Ausblick gibt, denn auf der Blöße erwarte ich den Bock. Ganz leise habe ich mich niedergelassen. Nach einer Weile fiepe ich dreimal ganz zart. Nichts. In der Nähe ist er wohl nicht. Nun fünf Laute. Da, in den Stauden vor mir eine Bewegung – mit einer unbeschreiblich lässigen, federnden Flucht verhofft der Bock am Rande der Dickung. Mit freiem Auge erkenne ich hohe, weit über die Lauscher aufragende Stangen und starke Enden. Die Büchse geht langsam ins Gesicht. Noch ein Blick des Ansprechens durch das Fernrohr, dann hat der Bock die Kugel auf fünfzig Schritt. Ein Aufbäumen, Herumreißen, eine Flucht zurück in die grünen Stauden, ein dumpfer Fall, ein letztes Schwanken der Blätterwand. Dann ist wieder alles still wie zuvor.

Eigentlich schade. Da plagt man sich viele Stunden lang, und dann ist alles in wenigen Minuten vorbei. Die Zigarette ist aus, ich gehe der Schweißfährte nach und finde den Bock nach wenigen Schritten. Als ich sein Haupt aus den Stauden hebe, bleibt mir fast das Herz stehen. Ist das ein Bock! Wie ein Sibirier wirkt er mit der Höhe und Auslage seines Gehörns. Nachträgliche Messung ergibt 32 cm Höhe und 21 cm Auslage bei 19 cm Rosenumfang. Damit ist und bleibt er wohl für lange Zeit mein bisher bester Bock.

Spät komme ich auf die Hütte. Als man die zwei Brüche bemerkt, gibt es großes Hallo. Dann muß ich erzählen. Als der Bock eingehend begutachtet wird, wird das Staunen noch größer. Die herzliche und neidlose Freude des Jagdherrn über diesen unbekannten Kapitalbock ist der schönste Abschluß dieser Jagdfahrt.

Im Hüttenbuch steht der Satz: „Mögen soll's!" Es hat gemocht!

Als meine Frau mit den kleinen Kindern vor den Bombenangriffen auf Wien zu ihrem Vater nach Steinitz flüchtete, wurde dieses Gehörn mit in Sicherheit gebracht. Dort ist es dann zurückgeblieben und verlorengegangen, während die Wiener Wohnung verschont blieb.

Als ich im November 1941 nach Nikolajew versetzt wurde, spitzte ich die Ohren. Sollte es nicht auch in der Steppe jagdliche Möglichkeiten geben? Ich bin damals nicht auf meine Rechnung gekommen. Weite, winterliche Fahrten im Kraftfahrzeug durch Galizien und die Ukraine, von Lemberg über Tarnopol, Uman bis Cherson und Odessa zeigten mir gelegentlich vereinzelte Hasen und Greifvögel. Sonst war das weite Land wildleer. Dabei darf man sich die Südukraine nicht brettleben vorstellen. Es sind flache Hügel, kaum merkliche Steigungen, aber sie genügen, um den Blick in die Ferne zu begrenzen. Trotzdem ist der Blick weit, aber er geht nicht ins Uferlose, sondern wird am Horizont von einer Bodenwelle aufgefangen.

Ein Wild aber war reichlich vorhanden: Trappen! Ich hatte mich mit einem landwirtschaftlichen Sonderführer angefreundet, der mir Jagd auf Trappen versprach. Das war nun eine feine Aussicht. Aber wie so oft und speziell im Kriege, ist mit des Geschickes Mächten kein ew'ger Bund zu flechten und kein Plan zu machen. Anfang Februar kam ich nach Dnjepropetrowsk, und aus war es mit der Trappenbalz!

Ich hatte nie etwas von Rehwildvorkommen im westlichen Rußland gehört. Doch ich habe Photographien und Gehörne von Böcken gesehen, die gar nicht weit von Dnjepropetrowsk erlegt worden waren, Gehörne, die sich sehen lassen konnten. Darunter das eines kapitalen Dreistangenbockes.

Es gab dschungelartig verfilzte Auwaldungen am Dnjepr, in denen das Rehwild seine Einstände hatte, und der Unzugänglichkeit der Wälder verdankte es wohl noch sein Dasein. Ich hätte mich an der Jagd beteiligen dürfen, denn der Entdecker war ein engerer Landsmann und sofort bereit, mich mitzunehmen. Ich hatte aber keine Gelegenheit mehr, der Einladung zu folgen, denn meine Tage in Rußland waren gezählt. Ich war in die Banlieue von Paris versetzt worden. Man stelle sich den Kontrast vor: aus dem berüchtigten russischen Winter 1941/42 in den Frühling der Ile de France! Bei dieser Aussicht habe ich auch die entgangenen russischen Böcke verschmerzt.

Mit meinem 16/9, 9x72 Drilling machte ich mich auf den Weg nach Westen. Bei meiner neuen Einheit eröffnete sich mir, sozusagen dienstlich, sofort jagdliche Betätigung.

Der Forêt von Beaumont-le-Roger, dem Duc de Magenta gehörig, den man in dreistündiger Schnellzugsfahrt von Paris auf der Strecke nach Cherbourg erreicht, war meiner Abteilung als Jagdrevier zugewiesen worden. Natürlich war ich am 1. August schon an Ort und Stelle, um das Revier kennenzulernen und festzustellen, wie es mit der Rehbrunft aussah. Für die Jagd auf den Bock mißfielen mir zwei Dinge in dem sonst herrlichen Revier. Im raumen Holz bestand der Unterwuchs entweder aus hohem roten Schmielgras oder aus fast mannshohem Adlerfarn. Darin verschwand das Rehwild völlig, und man entdeckte es erst, wenn es flüchtete, außer man begegnete ihm auf den Gestellen oder seltenen Blößen. Das Rehwildvorkommen war angesichts der starken Bestände an Rotwild und Sauen gering. Doch warum sollte ich keinen Versuch wagen? Ich fing also an geeigneter Stelle zu blatten an. Die Brunft war im Gang, denn ich hatte Rehwild treiben gesehen. Trotz einer Reihe von Versuchen sprang mir kein Bock. Auf einer Blöße, an deren Rand ich mich gerade niedergelassen hatte, erschien ein suchender, mittelstarker Bock, der sich durch mein Fiepen absolut nicht aus der eingeschlagenen Richtung ablenken ließ und den ich mit dem Drilling schandbar fehlte. Weil die Patronen schon uralt waren, nahm ich am nächsten Tag der Sicherheit halber einen exakt schießenden Karabiner. Als ich zwischen Dickung und raumem Holz ein Gestell entlangpirschte, schreckte eine im hohen Gras unsichtbare Ricke, in deren Alt der Baß eines Bockes einstimmte. Das Schrecken gab mir auch die Richtung an, in der der Bock stehen mußte. Ich versuchte, ungesehen in seine Nähe zu kommen. Auf allen Vieren kroch ich in das hohe Gras hinein. Fünfzig Schritt weiter stand ein alter Eichenüberständer, hinter dessen dickem Stamm ich gedeckt hoch wurde und die Umgebung vorsichtig absuchte. Der Bock schreckte noch immer und verriet mir so genau seinen Standort. Zentimeterweise lugte ich hinter meinem Baum hervor und sah ihn vor mir auf einer kleinen Lichtung in dem Gras- und Farnmeer. Wenig später brach er im Knall am Fleck zusammen. Ein alter, zweifellos zurückgesetzter Bock mit ziemlich starken, hohen und reich geperlten, weißendigen Spießen lag vor mir. Ich schärfte ihm den Äser auf und befühlte den Unterkiefer, alles glatt, ein uralter Herr, dabei bemerkenswert stark im Wildpret und dunkel in der Färbung.

In der Brunft 1943 machte ich in einem Revier bei Montdidier in der Somme dieselben Beobachtungen. Auch dort war das Geschlechterverhältnis an und für sich günstig. Auf den Ruf aber reagierten die Böcke nicht. Beide Jahre herrschte bestes Brunftwetter. Ein vom Hochsitz erlegter mittlerer Sechser, der torkelnd dahergezogen kam, ehe ihn die Kugel faßte, interessierte sich überhaupt nicht für die zarten Töne, mit denen ich ihn zu verlocken suchte. Dieser Bock, dessen Schalen Deformationen aufwiesen, hätte doch, wie meist abnorme Stücke, meiner Erfahrung nach am ehesten auf den Ruf zustehen müssen.

Auch in der Brunft 1944 im Tardenois, Dep. Marne, zeigten die

Böcke keine Neigung, auf das Blatt zu springen. Ein Erlebnisaustausch mit anderen Jägern ergab ähnliche Feststellungen auch für andere Jagdgebiete Frankreichs.

Wir waren nach dem Rückzug aus Frankreich in Kroppach im Oberwesterwald gelandet, wo meine Kompagnie zur Auffüllung und Ergänzung einquartiert wurde. Es war Anfang September. Ich hatte bald heraus, daß in dem gut besetzten Revier der Bockabschuß noch nicht erfüllt war. In liebenswürdigem Entgegenkommen gab mir der zuständige Förster auf mein Vorfühlen hin einen Bock zum Abschuß frei. Zunächst ging er mit mir auf die Pirsch und begann möglichst unauffällig meinen jagdlichen Kenntnissen und Fähigkeiten auf den Zahn zu fühlen. Ich fand das durchaus richtig, und es hat mich sehr unterhalten. Als wir nach dem ersten gemeinsamen Pirschgang heimgingen, meinte er, ich könnte in Zukunft allein gehen, und besprach mit mir, welche Böcke er geschont wissen wollte. In erster Linie waren da ein alter, zurückgesetzter und ein abschußnotwendiger Bock, denen ich meine Aufmerksamkeit schenken sollte. Beide Böcke standen in einem Waldtal, das unmittelbar hinter dem Dorf begann und mir ohne langen Anmarsch die Jagdausübung ermöglichte.

Mitten in diesem Waldtal war eine hügelige Erhebung, dicht bestanden mit hohen Brombeerstauden und Schmielgras, durchzogen von kleinen Gräben, in denen das Rehwild gerne Einstand zu nehmen pflegte. Auch ein geschickt angelegter Hochstand, der einen guten Einblick in die langgestreckte Wiese des Talgrundes gewährte, war vorhanden.

Am ersten Abend sahen wir den alten Bock, aber es war unmöglich, ihm die Kugel anzutragen. Mir war es lieber so, denn damit wäre ja das Vergnügen zu rasch beendet gewesen, während wir doch noch lange in Kroppach zu bleiben hofften.

Ich bin dann fast jeden Abend draußen gewesen, aber es wollte nicht klappen. Der Alte war seit der ersten Begegnung verschwunden, und den anderen hatte ich auch noch nicht zu Gesicht bekommen. Da es abends nicht passen wollte, ging ich eines Morgens hinaus, und siehe da, auf einem der beiden Köpfe des Brombeerhügels äste ein Bock. Der Beschreibung nach mußte es der „Andere“ sein. Ich hatte nur den Karabiner mit und war gut vierhundert Schritte weit weg, mußte also versuchen, auf hundertfünfzig Schritt heranzukommen. Aufrecht näher zu pirschen, war wegen des Geländes ausgeschlossen. Es blieb mir nichts anderes übrig, als in dem vom Morgentau triefend nassen Gras vorzukriechen, um zumindest auf den gegenüberliegenden Kopf zu gelangen.

Nach wenigen Längen war ich bereits bis auf die Haut naß, aber das störte mich wenig. Endlich war ich auf zweihundert Schritt heran. Doch weiter ging es nicht. Verflixt klein ist so ein Bock auf diese Distanz über Kimme und Korn, aber ich wollte es versuchen. Ein Baumstumpf und die Mütze gaben eine Unterlage. Rums, daneben! Repetiert, wieder daneben. Den Schall vertrug der Bock, denn er ließ sich nicht stören. Höher angefaßt, anscheinend immer noch zu kurz. Doch jetzt wurde es dem Bock zu bunt, er verschwand langsam im Brombeergebüsch. Ich aber lag mit naßem Bauch mißvergnügt hinter meinem Holzstock und überlegte, was ich nun machen sollte. Daß der Bock noch im Gestrüpp stecken würde, hielt ich für ziemlich sicher. Die Gais äste friedlich zwischen den Brombeersträuchern. Deshalb konnte er auch nicht weit sein.

Inzwischen war auf die Schießerei abredegemäß einer meiner Männer erschienen, um mir den Bock nach Hause tragen zu helfen. Ich schickte ihn in einem Umgehungsmanöver auf die andere Seite des Brombeerhügels mit dem Auftrag, mir die Rehe zuzudrücken. Ich postierte mich in der Zwischenzeit gedeckt hundert Schritt weiter vorn in der Erwartung, daß die Rehe den dortigen Wechsel annehmen würden. Bald erschien zuerst die Gais, dann der Bock dahinter in einer Lücke. Es knallte nochmals, ich schoß stehend freihändig, und diesmal lag der Bock. Das Gehörn war nicht besonders, aber die Umstände der Erlegung, die Möglichkeit, überhaupt jagen zu dürfen, die schöne Landschaft, alles zusammen hat mir Freude bereitet. Den alten Bock habe ich nicht erwischt.

In der neuen Heimat

Ich war nach der Entlassung aus britischer Kriegsgefangenschaft im Dezember 1945 in Oberösterreich gelandet, wohin meine Familie aus Südmähren geflüchtet war. Eine Rückkehr nach Wien kam nicht in Frage, und so baute ich mir in Linz eine neue Existenz auf.

Langsam spielten sich die Dinge wieder ein, die Verhältnisse normalisierten sich. Auch Jagdgelegenheit bahnte sich an. So war mir als Gegenleistung für eine bestimmte Menge Schrotpatronen eine Einladung auf einen Rehbock zur Brunft 1947 ins Mühlviertel (damals russische Besatzungszone) zugegangen. Ein typisches Zeichen der Zeit: manus manum lavat.

Die Brunft stand vor ihrem Höhepunkt. Drückend heiß brannte die Sonne auf den überfüllten Zug der Mühlkreisbahn, der mich dem unbekannten Revier entgegenführte.

Was für ein herrliches Revier! Eine bucklige Welt von unzähligen größeren und kleineren Hölzeln zwischen Feldern, kühle, schmale Wiesengründe. Die guten Gehörne in der Stube zeugten für die Qualität der Böcke. Wohl war der Wildbestand durch die Ereignisse der Nachkriegszeit stark angeschlagen, und der harte Winter hatte die Güte der Gehörne dieses Jahr fühlbar beeinträchtigt. Dennoch gab es gute Böcke!

Ich führte einen zerlegten Kipplaufstutzen im Rucksack mit, denn in der russischen Zone war das Führen von Kugelgewehren verboten.

Der erste Abend brachte schon lebhaften Brunftbetrieb. Sechs Böcke „bevölkerten" den Schauplatz. Der Jagdbare unter ihnen trieb heftig und ließ sich durch den Ruf nicht ablenken.

Der nächste Morgen war wieder voll von Erlebnissen. Ein Bock mit guten Stangen trieb eine Gais, der es gelang, sich in den Büschen längs eines Baches zu verstecken. Den Suchenden blattete ich an, worauf er sich gedeckt entfernte. Anscheinend kannte er den Zauber. Die drükkende Hitze brachte es mit sich, daß das Rehwild nur in der Früh bis etwa halb acht Uhr (Sommerzeit) und ebenso ab sieben Uhr abends in Bewegung war. Tagsüber sprang kein Bock.

Nach einer Reihe von Pirschen begegnete ich endlich einem Bock, den ich unbedingt erlegen wollte.

Der Jäger und ich pirschten längs eines Holzes gegen einen Wiesengrund. Wir bogen um eine Ecke und sahen einen Bock samt Gais am Dickungsrand äsen. Sofort gingen wir zu Boden. Das Glas zeigte selbst auf die große Entfernung das hoch über die Lauscher ragende Gehörn. Wir rutschten in bessere Deckung, und ich begann zu blatten. Auf den dritten Fieper stand der Bock in voller Flucht zu, hatte aber die Richtung nicht richtig erfaßt und nahm eine kleine Blöße an, die für uns überriegelt war. Nach einer Weile trollte er zurück, verhoffte auf einen neuerlichen Ruf, stand aber nicht mehr zu und zog sichtbar beunruhigt ein, zumal seine Liebste nicht mehr in der Wiese äste. Zum Schuß war es viel zu weit.

Wir pirschten nun näher und gingen gegenüber der Wiesenmulde, in der das Paar geäst hatte, hinter einem Holzstoß in Deckung. In der sicheren Annahme, daß die beiden nicht allzulange auf sich warten ließen, machten wir es uns bequem und beobachteten. Nach einer halben Stunde zogen Bock und Gais wieder aus, aber gut zweihundert Schritt weit. Im Zielfernrohr erschien der Bock verflixt klein. Ich mußte es erneut mit dem Blatt versuchen. Der Bock warf auf, zog ein paar Gänge auf uns zu, verhoffte unschlüssig äsend, und war keinen Schritt näher zu kriegen.

Da ich auf dem Holzstoß auflegen konnte, beschloß ich zu schießen. Klick! Versager? Nein, ich hatte beim Laden die fremde Büchse nicht richtig gespannt. Der Stutzen wurde vorsichtig zurückgenommen, der Lauf erneut ganz abgekippt und wieder verschlossen. Rum! Neben dem Bock spritzte der Dreck. Beide Stücke gingen flüchtig ab. Eine feine Bescherung! Der einzige Trost war, daß ich gefehlt hatte und die Gais nicht mitbekam, was gespielt wurde. Nun, Ausreden gibt es ja immer: fremde Gewehre, ungewohntes Zielstachelabkommen (ich schwöre auf das Fadenkreuz), aus Patronenersparnis kein Probeschuß, den ich nur zu gerne gemacht hätte, die Entfernung, usw.

Es war früh am Nachmittag, und seit der Abkühlung durch das

nächtliche Gewitter geriet das Wild viel mehr in Bewegung. Nach einem Kriegsrat beschlossen wir, weiter zu pirschen und uns anderwärts umzusehen, in der Absicht, abends von der anderen Seite neuerlich das Waidmannsheil auf den Erwählten zu versuchen.

Als wir nach verschiedenem guten Anblick um sieben wieder zu jener Wiese kamen und von oben in den Grund spähten, stand der Bock schon draußen. Ich mußte aber noch ein gutes Stück näher, sollte ich ihm mit Aussicht auf Erfolg die Kugel antragen können. Die Wiese bildete eine Mulde, so daß wir stehend nur den Ziemer und das Haupt des Bockes ausmachen konnten. Kriechend sollte man noch näher kommen können. Ich begann also längs des Waldsaumes eine mühselige Kriecherei, die mich bei der noch immer herrschenden Temperatur im Nu so in Schweiß brachte, daß die Bächlein nur so flossen. Von Zeit zu Zeit hielt ich an und peilte, wie sich der Bock verhielt. Er äste friedlich und schien durchaus vertraut. Also noch weiter, noch näher. Hinter einem dichten Busch konnte ich mich gut zusammenrichten. Das letzte Stück war besonders sauer: kleine Disteln und junge Brombeerranken zerstachen mir Hände und Knie, das Herz schlug mir bis zum Hals, denn ich hatte schon gut hundertfünfzig Schritt hinter mich gebracht. Jetzt äste der Bock vor mir auf hundert Schritt in der Mulde. Nun erst mal verschnaufen und dann in aller Ruhe die Kugel losschicken. Noch sitze ich tiefatmend und beobachte, als der Bock ohne vorheriges Zeichen der Beunruhigung abgeht. Zum Teufel! Was ist denn jetzt wieder schiefgegangen? Da haben wir's! Nun spüre auch ich das Lüftchen, das gewisse, berühmte, so oft entscheidende Lüftchen im verschwitzten Nacken. Der Wind küselt, und der Bock, dessen Krone ich schon an meiner Wand prangen sah, hat sich zum zweiten Mal in Sicherheit bringen können.

Ein Blick auf die Uhr zeigt mir, daß noch eineinhalb Stunden Büchsenlicht zur Verfügung stehen. Wie soll ich die Sache anpacken? Hier kann ich nicht sitzenbleiben. Innerhalb der noch zu Gebote stehenden Zeit ist doch zu hoffen, daß der Bock bei reiner Luft noch einmal auszieht. Also nichts wie fort von hier. Ich muß es wieder von unten versuchen. Ich schlage einen großen Bogen und lege mich, alles auf eine Karte setzend, am unteren Ende der Wiesenmulde unter einem kleinen überhängenden Baum hinter dünnen, hohen Gräsern auf die Lauer. Die Stellung ist gut, vielleicht dem Wechsel etwas zu nahe, und wenn

Gelsen kommen sollten, werden sie mich auffressen, denn ich habe kein Feuer mehr und kann nicht rauchen. Gottlob, Gelsen gibt es keine. So sitze ich regungslos und warte Viertelstunde um Viertelstunde auf den Bock.

Wenn er jetzt nicht bald kommt, ist meine letzte Chance verspielt. Ein Schmalreh steht plötzlich draußen. Wie doch der Puls schneller schlägt. Jetzt noch eine Gais und dann „Er"! Im Glas ist er noch gut anzusprechen. Ich habe entsichert und hebe die Büchse, als er zu treiben beginnt. Wieder vergehen kostbare Minuten. Er meint es aber nicht ernsthaft mit dem Treiben, denn er ist schon wieder da. Nun fährt er herum und vertreibt ein viertes Stück, das ich nicht ansprechen kann. Endlich steht er breit auf siebzig Schritt vor mir, und es knallt. Im starken Mündungsfeuer sehe ich den Bock nicht zeichnen. Dann aber erkenne ich, wie er mit krummem Rücken inmitten der übrigen Gesellschaft flüchtig abgeht. Brechen, ein Stöhnen, ein Schlegeln, dann tiefe Stille.

Was ich gesehen habe, deutet auf Waidwundschuß hin. Zum Anschuß kann ich nicht mehr gehen, es ist viel zu dunkel, ich würde nur alles vertrampeln. Deshalb markiere ich die Richtung mit einem Papier und teile dem Jäger meine Beobachtungen mit. Morgen früh Nachsuche. Auf dem Heimweg und beim Abendessen mit den Jagdfreunden wird alles haarklein durchgesprochen. Spät gehen wir zu Bett, der Heimweg war weit und lang die Beratung. Ich kann nicht einschlafen. Immer wieder muß ich den Ablauf des Geschehens durchdenken, meine eigenen Zweifel widerlegen. Mitten in der Nacht wache ich auf; draußen rauscht der Regen. Das hat noch gefehlt. Wenn nur der Bock liegt!

Zeitig brechen wir auf, meine Freunde, der totverweisende Griffon und ich. Nach längerem Anmarsch kommen wir zum Schauplatz von gestern. Schon von weitem sehen wir zwei Stücke draußen stehen. Das eine scheint ein Bock zu sein. Das Herz fällt einen Stock tiefer. Die Stücke sind sehr unruhig und halten nicht aus, obwohl wir gut sechshundert Schritt weit weg sind. Das eine ist schwächer, Bock und Gais von gestern waren gleich stark. Das Hoffnungsbarometer steigt wieder!

Endlich haben wir gegenüber der Mulde Stellung bezogen, meine Gastgeber höher oben im Hang, ich hinter jenem Holzstoß, von dem

Grorud Jakthus, Südnorwegen

Gjest, Südnorwegens berühmtester Elchhund

aus ich zuerst fehlte. Wir wollen erst beobachten, bevor wir die Nachsuche beginnen. Die Wiese ist leer, die Spannung steigt gewaltig. Was werden die nächsten Viertelstunden bringen? Wir wollen zuerst wissen, was das vorhin für Stücke waren.

Jetzt ziehen Schmalreh und Spießer aus der Dickung, sie beginnt sofort, neckisch zu werben, bis er sie wild zu treiben anfängt und eifrig den Beschlag ausübt. Zurück geht die Jagd in die Dickung. Der Spießer benimmt sich, als ob er der Herr im Hause wäre. Und damit steigt bei mir befreiend die Gewißheit: Der Bock liegt, lebend wäre er hier der Herrscher! Über das Beobachten ist es halb acht Uhr geworden. Wir gehen los. Da ist meine Marke am Anschuß, jetzt noch zwanzig Schritt in der Richtung. Im Gras finden wir ein gut meterlanges Stück Gescheide. Der Bock liegt also. Zeichnen, Stöhnen, Schlegeln, alles war richtig wahrgenommen.

Nun wird dem Hund das Bringsel angelegt. Flüchtig bricht er weg, dann erklingt Hetzlaut – er muß auf das Kitz gestoßen sein, das wir vorhin auf einem freien Fleck der Dickung entdeckt haben. Dann erscheint er wieder, das Bringsel im Fang. Wieder am Riemen soll er führen, faselt aber sichtbar, wird abgetragen und nochmals geschnallt. Ich bleibe in der Dichtung stehen, beobachte den Hund und sehe, wie er plötzlich zwischen zwei Stämmen stehenbleibt und etwas beutelt. Das kann nur der Bock sein. Mit dem Glas kann ich ihn nun auch liegen sehen. Die Kugel, die knapp hinter dem Blatt angetragen war, saß zu tief, Ein- und Ausschuß in einem. Ich schleife den Bock auf die Wiese und breche ihn auf. Die Kugel hatte die halbe Arbeit schon getan. Bald ist er geschränkt und im Rucksack verstaut. Mit dem Bruch am Hut und dem Bock am Rücken ziehe ich beglückt heimwärts.

Meine Frau tauschte eines Tages ihre Leica rührenderweise gegen einen Mannlicher-Schönauer Jagdstutzen 6.5 x 54 samt Fernrohr ein. Ein alter Linzer Freund hatte mir in seinem Pachtrevier im Toten Gebirge einen bestimmten Revierteil, den Meisenberg, zugewiesen, in dem ich auch den mir zugedachten Brunftbock schießen sollte. Das ausgezeichnete Hochwild- und Gamsrevier hatte, den hohen Lagen entsprechend, nur einen geringen Bestand an Rehwild. Die Böcke waren dünn gesät und nicht leicht zu kriegen. Einer der besten stand am Meisenberg. Auf ihn sollte ich waidwerken. Ich hatte schon verschiedentlich gepirscht, angesessen und geblattet, ohne ein Haar zu Gesicht zu bekommen. Vor allem auf den Schlägen war wider Erwarten nichts zu holen. Da kam mir eine Eingebung. Ich wußte in einer der Lehnen eine heimliche Mulde mit anschließendem, kleinem, verfilztem Schlag, umgeben von Hoch- und Stangenholz. Dort wollte ich es einmal versuchen. Unterhalb führte der Pirschsteig vorbei, von dem aus man die Mulde ziemlich gut einsehen konnte. Es war ein richtiger Hundstag-Vormittag, als ich nach schweißtreibendem Aufstieg der Senke entgegenpirschte. Ich halte viel von der sogenannten faulen Stunde, auch in der Brunft. Es war heiß und kirchenstill. Die Jagdfreunde waren vor Tau und Tag aufgebrochen, während ich mich mit Wohlbehagen im Bett auf die andere Seite drehte. Sie waren ohne guten Anblick und erst recht ohne Bruch am frühen Vormittag grantig zurückgekommen und gossen nun ihren ganzen Spott auf mich aus, als ich, mit einem frugalen Imbiß im Rucksack, in brennender Hochsommerglut auszog, statt wie sie nach dem Mittagessen an der Matratze zu horchen. Wer zuletzt lacht, lacht am besten!

Nun saß ich an einen dicken Baum gelehnt. Es sollte wieder die vollkommene Ruhe eintreten, die durch meine Annäherung trotz vorsichtigstem Pirschen bei der herrschenden Trockenheit doch irgendwie gestört sein mochte. Langsam und bedächtig verzehrte ich mein Brot und den durchwachsenen Speck, setzte einen ordentlichen Schluck Schnaps drauf, so einen richtigen Unbloachten, dann eine Zitrone mit Würfelzucker gegen den Durst, stopfte mir eine Pfeife mit meiner schmackhaften Sparmischung, hälftig amerikanischer Tabak, hälftig Eigenbau, und besah mir nochmals genau die Umgebung. Sprang mir der Bock hier in die Mulde herein, dann hatte ich ihn recht nahe vor mir. Von hinten konnte er kaum kommen, denn da waren Bach und Felsen.

Die Pfeife ist aus, auch der Wind paßt wie zuvor. Das Zauberzeug neben mir ausgebreitet, den entsicherten Stutzen über den Knien, mache ich mich fertig. Zart lasse ich die beiden ersten Fieper ertönen. Nichts rührt sich. In unmittelbarer Nähe steht also nichts. Nun drei etwas lautere Töne. Kaum sind sie verklungen, huscht es rot von rechts in die Mulde, und der Gesuchte, ein guter Sechser, steht lauschend und sichernd genau dort, wo ich ihn erhofft habe. Im Knall schlägt er um, verschwindet hinter den Büschen, aus denen er hervorkam, ein Rumpler, und wieder tiefe Stille.

Ich bin meiner Sache sicher. Nach der Zigarettenpause gehe ich zum

Anschuß, der voller Schweiß ist, folge der starken Schweißfährte, die plötzlich steil bergauf führt, aber nach ein paar Fluchten wieder bergunter zieht – und da liegt er! Ich schleife ihn zu meinem Lagerplatz. Für Gebirgsverhältnisse ist es ein braver Sechserbock. Sieht man von den vorausgegangenen Fehlpirschen ab, ist seine Erlegung fast zu rasch und leicht gegangen. Der schönere Teil ist eigentlich das Ausziehen zur Jagd, das Bewußtsein des Erlegendürfens, die Spannung und die Hoffnung, und doch ist die Besitzerfreude, das Gehörn an der Wand, verbunden mit der Erinnerung, wo und wie es war, das Bleibende.

Über den erlegten Bock weg schweifen die Gedanken an die anderen, deren Trophäen im Kriegsgeschehen und Bombenhagel zum Teil sogar erhalten blieben, die ersten aus Oberbayern unter Führung meines längst verstorbenen Onkels erlegten und unter seiner Anleitung aufgebrochenen, die Niederösterreicher aus dem Waldviertel und den Donauleiten, aus der Donau-Au bei Zwentendorf, die Südmährer aus Steinitz, die Schlesier aus den Sudeten, den Bock vom Westerwald, aus dem Mühlviertel, aus Holstein, die Franzosen aus der Normandie und der Somme, an die Böcke, die mir nicht bestimmt waren, an den besten, meinen Lebensbock, den „Sibirer“ aus dem nördlichen Waldviertel, dessen kostbares Gehörn verloren ging; nur die Fotografie war mir verblieben.

Die Zigarette ist aus, die rote Arbeit beginnt, sofort umschwirren mich Bremsen und Fliegen in Wolken. Gottlob, daß der Bach gleich daneben fließt. Auch der Abstieg in der Mittagsglut ist sauer. Drunten beim Jägerhaus erfrischt mich eine Dusche aus dem Bottich der Quelle und ein Nachmittagsschläfchen. Die Freunde, die vom Jagdhaus zur Abendpirsch kommen, werden zunächst zum besten gehalten und hänseln mich wegen meines Mißerfolges, bis ich das bereits ausgekochte Gehörn hervorhole und es ihnen unter die Nase halte!

Einmal saß ich hochoben im Hang einer Donauleiten, mit wundervollem Blick auf das Silberband des dahinfließenden Stromes und auf die gegenüberliegenden waldigen Hänge. Nach langem Ansitz, der wegen der Schönheit des Anblicks zu keiner Zeit langweilig wurde, zeigte sich endlich der Bock, dem mein Vorpaß galt. Ich war etwas zu weit hinterm Blatt abgekommen, der Bock stürzte den Steilhang hinunter, brach sich dabei noch einen Lauf und blieb todwund in einem Loch des Schlages liegen. Der nach dem Schuß herbeigeeilte Revierjäger stieg hinunter. Nun erlebte ich die schauerlichste Metzgerei meines Jägerlebens. Statt dem Bock einen rasch erlösenden Fangschuß zu geben, kniete sich dieser Barbar auf den armen Bock und massakrierte, man kann es nicht anders nennen, ihn unter dessen jämmerlicher markerschütternder Klage mit dem Knicker. Ich bin überhaupt ein überzeugter Feind des Abnicken; denn es ist mit unmittelbarer körperlicher Berührung verbunden, die üble menschliche Witterung steigert die Todesangst, stümperhafte Klingenführung verursacht unnütze Qual; wer das erlebt hat, kann der blanken Waffe nie mehr das Wort reden. Der Fangschuß – vorsichtig von hinten abgegeben – ist die raschere, schmerzlose, humanere Lösung. Auf die zusätzlich verschossene Patrone darf es nicht ankommen.

Im obersten Mühlviertel, nahe der tschechischen Grenze, hatte ich besonderes Waidmannsheil. Unser oberösterreichisches Mühlviertel ist so recht ein ideales riesiges Rehrevier. Die vielen in die Felder eingesprengten Hölzer, heimliche Wiesengründe, von Dickungen begrenzt, bieten einen einmaligen Biotop. Trotz harter Winter wachsen hier starke Böcke. In Waldenfels, Helfenberg und Rohrbach habe ich manchen Bock strecken dürfen. Auf der Schaunburg, in diesem sehr schwer zu bejagenden Revier schenkte mir Diana in ihrer unberechenbaren Laune auch einen ungeraden Achter. Der Oberförster und ich fuhren eine Waldstraße entlang. Plötzlich sagte er: „Unten im Stangenholz steht ein guter Bock.“ Auto anhalten, Motor abstellen, auf der linken Seite, schon durch meinen Sitz hinter dem Lenkrad vorgegeben, aussteigen, hinter dem Auto zurückschleichen, all das geht blitzschnell. Der Bock verhofft, äugt herauf, schon sitzt ihm die Kugel im Leben. In rasenden Fluchten fährt er bergab und stürzt nach wenigen Gängen im Gestrüpp zusammen. Der Oberförster ist vor mir unten und ruft, indem er das Haupt hochhebt: „Wissen Sie, was Sie geschossen haben?“

„Na ja, einen guten Sechser.“

„Nein, es ist ein ungerader Achter. Waidmannsheil!“ Der Bock hatte ein daumenlanges, nach rückwärts gerichtetes Ende an der rechten Stange knapp oberhalb der Rose, das von vorn nicht zu sehen war. Es war ein unbekannter Bock. So geht es. Unbekannte Böcke fallen einem oft mühelos in den Schoß, andere, bekannte, heißbegehrte kriegt man nie, es klappt nicht, nur das Forstpersonal begegnet ihnen, während man sich Schwielen sitzt oder erfolglos pirscht. Es ist, als wären einem diese Böcke trotz intensiver Bemühung nicht bestimmt. Man nimmt diese Zufallsgeschenke dankbar an, aber die mit Mühe erworbene Krone hat doch den größeren Reiz. Von einer solchen will ich erzählen.

Ich war Ende Juni ins hinterste Pielachtal gefahren, um künstlich ausgebrütete Auerhuhnküken anzusehen. Man hatte ein halb zerstörtes und verlassenes Gelege gefunden und die restlichen vier heilen Eier unter einer Brutglocke ausgebracht. Jetzt pickten die Küken eifrig Ameiseneier und Mehlwürmer und befanden sich sichtlich wohl. Die Jagdherrin gab mir anläßlich des Besuches einen Bock frei. Bei der Abendpirsch sahen wir zwar einige Gaisen und sogar zwei Kolbenhirsche, aber ein Bock zeigte sich nicht. Mir war es recht, ich wollte gerne auf der Frühpirsch, an meinem Geburtstag, den Bock erlegen.

Ich pirschte mit dem Jäger am Fuße eines felsigen Steilabfalles, der halbkreisförmig einen Almboden abschloß, in dem Wiesen mit Jungmais abwechselten. Wir schauten in Gräben und Schläge, ohne Anblick. Als wir schließlich die Deckung des Hochwaldes verließen, stand mitten in den Wiesen unter uns ein guter Bock. Wir gingen am Steig zu Boden und begannen zu spekulieren. Eine weitere Annäherung war zunächst undenkbar; der Bock hätte uns unweigerlich wahrgenommen. Also entschlossen wir uns, erst einmal abzuwarten. Inzwischen hatte sich der Bock niedergetan, saß hocherhobenen Hauptes im Lager und äugte umher. Unter uns lag ein lockerer Bestand aus jungen Lärchen und Fichten, untermischt mit hohen Farnen. Es war anzunehmen, daß der Bock gelegentlich gegen den Wind heraufziehen könnte. Ich hatte die Bergstöcke zusammengebunden, den Mantel dazwischengeklemmt und mir so eine gute Auflage geschaffen, denn ich vermutete, es würde ein sehr weiter Schuß werden. Endlich wurde der Bock hoch und begann heraufzubummeln. Er war schätzungsweise zweihundert Meter entfernt, als ich am Widerrist anhielt und schoß. Der Bock ging flüchtig in den beschriebenen Einstand ab. Schußzeichen hatte ich keines wahrnehmen können. Dauerndes Schrecken aus dem Jungmais zeigte, daß er gefehlt war. Wir sahen immer wieder einen roten Fleck, wenn der Bock schreckend hin und her trat. Dann tat er sich nieder und war nicht mehr sichtbar.

Um den Bock erlegen zu können, mußte ich unbedingt näher heran.

Ich ließ meinen Begleiter zur Beobachtung zurück und stieg vorsichtig in der Lehne oberhalb des Steiges hoch, um von dort besseren Einblick zu gewinnen. Doch war von dort aus kein sicherer Schuß abzugeben. Daher pirschte ich nun vorsichtig am Steig in der Lehne weiter nach unten, um, soweit es der Wind erlaubte, möglichst nahe heranzukommen. Der zurückgebliebene Jäger deutete mir jedesmal an, wenn die Stellung des Bockes ein weiteres Vorpirschen gestattete.

Für eine Strecke von etwa zweihundert Metern brauchte ich eine Dreiviertelstunde. Es war keine Eile nötig; denn der Bock würde den schützenden Einstand kaum verlassen. Endlich war ich in günstiger Stellung über dem Einstand, konnte aber den Bock nicht sehen. Ich nahm einen dürren Ast und begann ihn zu zerbrechen, damit der Bock hoch würde. Ein roter Fleck. Der Bock war hoch geworden, aber zu sehr von Farnen verdeckt. Der Fleck versank wieder, tauchte erneut auf. Dann sah ich zur Abwechslung das Haupt mit einer sehr braven Krone, dann nichts mehr. Ich kniete am Stock im Anschlag, Entfernung zum Bock etwa hundert Meter. Es vergingen noch spannende Minuten, in denen er wohl sichtbar wurde, aber nicht frei genug war für einen sauberen Schuß. Endlich! Jetzt wechselte er gegen mich herauf und bot mir den freien Vorschlag. Im Schuß brach er zusammen. Der Jäger, der von der Seite her alles beobachten konnte, winkte mit beiden Armen. Nun stieg ich hinunter und hob das Haupt aus den Farnen und freute mich über den guten Bock und über die gelungene mühevolle Pirsch. Lange saß ich dankbar neben dem Gestreckten in der frühen Morgensonne.

Die grüne Gans

In der Bibliothek meines Vaters hing, gekrönt von einem miserabel ausgestopften Auerhahn, dem einzigen, den er je schoß, von meiner Mutter verächtlich „diese grüne Gans“ genannt, in breitem, grobem Holzrahmen ein großes Ölbild. Es stellte einen schütter mit Kiefern bewachsenen Berghang dar, gegen einen schon brennend roten Morgenhimmel. Die braunen Stämme, der braune Waldboden noch im Dämmerlicht, ließen braun in braun zunächst nicht erkennen, ob hier nur eine Morgenstimmung wiedergegeben sein sollte. Bei genauerem Hinsehen entdeckte das Auge im Vordergrund einen an einen Stamm gedrückten Jäger mit einem Gewehr in halbem Anschlag. Sah man noch genauer hin, dann erkannte man draußen im Bestand auf einem waagerechten Ast ganz klein die Silhouette eines schleifenden Auerhahnes gegen den Morgenhimmel. Das also war es: Hahnbalz!

Vater erklärte mir die Situation, was bisher geschah und was nun geschehen würde. Wahrscheinlich würde der Jäger beim nächsten Schleifen die Büchse in Anschlag bringen und den Schuß abgeben. Die Stimmung war, wie ich später selbst feststellen konnte, wundervoll getroffen.

Immer wieder habe ich das Bild betrachtet und mir sehnsüchtig gewünscht, auch einmal einen großen Hahn schießen zu dürfen. Meinen ersten großen Hahn habe ich, lang, lang ist's her, nach Abschluß meiner Hochschulstudien im niederösterreichischen Wechselgebiet geschossen. Es war ein Abschuß in einer kleinen bäuerlichen Eigenjagd. Ich hatte vorher alle einschlägige Literatur gelesen, und fast auswendig gelernt, wie die Balz vor sich geht und wie man sich benimmt. Gestützt auf dieses Wissen, verschweigend, daß ich zum ersten Mal den Hahn bejagen sollte, ließ ich mich zum Balzplatz führen, bedeutete dem Begleiter zurückzubleiben und sprang los, sobald der Hahn zu hören war: schön brav immer zwei große Schritte während des Schleifens. Ich mußte schon ganz nahe sein, so klar und laut tönte das Glöckeln und der Hauptschlag. Er konnte nur auf der Fichte stehen, unter der ich mich befand. Aber ich war nicht imstand, ihn in dem dichten Wipfel auszumachen. Endlich entdeckte ich den zitternden Fächer. Ganz an den Stamm gedrückt sang er im dichten Wipfel sein Liebeslied. Beim nächsten Schleifen warf ihn mir der Schrotschuß fast auf den Kopf. Man kann sich vorstellen, wie stolz und glücklich ich war.

Ich habe in meinem Leben nur wenige Auerhahnen geschossen, dazu in großen zeitlichen Abständen, in Birkfeld in der Oststeiermark im salzburgischen Gasteinertal, wo ich das Glück hatte, neun Jahre lang Mitpächter eines traumhaft schönen Hochwildreviers zu sein. Eine im Krieg erworbene Gehörschädigung vergällte mir bald die Freude an der Hahnbalz. Oft verdarb Schneefall das Unternehmen. Einmal balzten gleichzeitig drei große Hahnen in einem hohen Fichtenholz. In den Wipfeln waren sie kaum zu sehen, und der Jäger und ich sprangen zwischen den Bäumen hin und her, bis wir endlich einen entdeckt hatten.

Einmal noch habe ich auf der Hebalpe in der Steiermark einen Hahn beim Abendeinfall erlegt. Der Platz war bekannt, wir setzten uns beizeiten gedeckt in der Nähe an und warteten nun auf den Einfall. Es war schon dämmerig. Plötzlich fällt ein schwarzer Patzen mit einem Plumpser ein, rüttelt sich auf seinem Ast zurecht, worgt zwei-, dreimal. Dann wirft ihn mein Schuß vom Baum. Am nächsten Morgen habe ich unbewaffnet mit dem Jäger einen Hahn bis unter seine Fichte angesprungen und – hörte ihn nicht. Dann erlebte ich etwas einmaliges. Der Hahn überstellte auf eine Lärche, die, wie die Hauptdekoration hinter Kulissen, in einer Gasse von Fichten stand. Auf dem untersten, weithinausreichenden Ast sang nun der Hahn sein Lied. Man sah im Glas den Hauptschlag, das Schleifen mit freiem Auge, er trippelte balzend in voller Erregung im hellen Morgenlicht hin und her. Ein zauberhafter Anblick; nur die Töne mußte ich mir dazudenken. Das war der Abschied vom *Urogallus*.

Meine große Liebe gilt jedoch dem kleinen Hahn. Für mich beginnt das Jagdjahr erst richtig mit seiner Balz. Gewiß fängt es eigentlich mit dem Schnepfenstrich an. Ich habe aber keine tiefere Beziehung zum Vogel mit dem langen Gesicht, wenn ich auch die Stimmung eines Vorfrühlingsabends mit dem vielstimmigen Konzert der Singvögel, dem Aufblinken des Schnepfensternes, der Spannung des ersten Quorren und Puizen zu schätzen weiß. Aber es macht mir nichts aus, wenn ich beim Schnepfenstrich nicht dabei bin.

Wenn aber die Zeit kommt, daß der Birkhahn im Hochmoor oder auf den Böden der Hochalmen zu rodeln und zu blasen anfängt, dann überfällt mich die große Unruhe, als wäre ich selber ein Spielhahn und müßte mich aus meinem Wintereinstand auf den Balzplatz überstellen. Ich zähle die Tage, bis die Nachricht mich ruft, und kann es kaum erwarten, den Rucksack zu packen und loszufahren.

Viele Jahre habe ich an der böhmisch-niederösterreichischen Grenze bei Gmünd Jahr für Jahr meine Hahnen geschossen, bis eines Tages der gutbesetzte Balzplatz, auf dem sonst immer zehn bis zwanzig Hahnen balzten, nur mehr vereinzelt Kämpen aufwies und schließlich vollständig verlassen blieb. Das Birkwild wanderte aus unbekannten Gründen ab. Warum und wohin, wußte man nicht. Im berühmt hahnenreichen oberösterreichischen Mühlviertel gab es nach dem zweiten Kriege dieselbe Erscheinung, doch hier ist sie zu erklären. Die Hahnen zogen sich ins verwilderte Niemandsland zwischen Staatsgrenze und Sperrzäune zurück, wo sie ungestört waren. Dort konnte man sie von weitem beobachten; in letzter Zeit sind sie aus unerfindlichen Gründen auch von dort abgewandert.

Es hieß also, sich nach einem anderen Abschuß umzusehen. Es war schon Anfang Mai, als ich mich um eine neue Möglichkeit kümmern mußte. Von überall bekam ich ablehnende Antworten auf meine Anfragen. Schon sah ich die Balz zu Ende gehen, ohne daß ich einen Schritt aus der Großstadt getan hätte, und wurde von Tag zu Tag unruhiger. Dann aber in letzter Stunde gelang es mir, wenn auch zu ungünstigen Bedingungen, einen Abschuß sicherzustellen.

Am 10. Mai war ich in Groß-Schönau. Der Balzplatz entsprach der typischen Landschaftsform des Waldviertels. Auf einer moorigen Wiese, von Bauernwald und Heide umgeben, stand der Schirm. Noch am Nachmittag besah ich mir die Umgebung und schritt die Entfernungen zu kleinen markanten Bodenerhebungen ab. Es ist dies eine gute Hilfe zur Entfernungsbestimmung in der Morgendämmerung. In stockdunkler Nacht bezog ich den Schirm. Nun saß ich, den Kragen hochgeschlagen, und wartete und lauschte.

Noch ist es totenstill, nur drüben im Wald lacht der Kauz. Doch jetzt ruft der Kiebitz, das erste Trillern der Lerche erreicht mein Ohr. Der zweite, der dritte Gesang der Lerche erklingt, noch ist es vollkommen finster, nur ein schwacher grauer Schimmer im Osten deutet den kommenden Tag an. Dann ein Sausen in der Luft, ein dumpfer Plumpser. Der erste Hahn ist eingefallen! Jetzt kommen sie, einer nach dem anderen. Nun ist es zunächst wieder still. Ich rühre mich nicht, denn ich weiß, jetzt sichern die Hahnen mit allen Sinnen. Tschuhui, der erste zaghafte Blaser da und dort, dann ein schüchternes kurzes Rodeln. Mählich wird es grau, ich kann versuchen, den Balzplatz nach den eingefallenen Hahnen abzusuchen. Dort, der dunkle Fleck, ist es ein Maulwurfhügel, ein Grasbuschen oder ein Hahn? Tschuhui, jetzt hupft der Fleck in die Höhe, und im Spreizen des Spiels zeigt er die weißen Federn. Noch ist es zu dunkel, um die Entfernung abschätzen zu können. Aber es wird immer schummriger, bald kann man das Rot der Rosen erkennen. Um mich herum bläst und zischt und rodelt es, daß mir das Herz lacht. Birkhahnbalz! Allein die Farben sind unbeschreiblich schön, die leuchtenden Rosen in tiefem Rot, die stahlblau schimmernden Leiber, der schwarz-weiß gefächerte Stoß hell übergossen vom Licht der aufgehenden Sonne. Rundum glitzert das Moor im morgendlichen Reif, silbriger Hintergrund für die Farbenpracht der Gefieder.

Die stärksten Hahnen sitzen am weitesten entfernt, sogar für einen guten Kugelschuß zu weit. Nach einem Fehlschuß reiten die Hahnen natürlich ab. Bleibt man aber im Schirm sitzen und zeigt sich nicht, werden sie nach einer Weile wieder einfallen, und das Spiel beginnt von neuem. Vorsichtig schiebe ich meinen Drilling durch das Guckloch, Zoll für Zoll. Dann irgendeine Störung, ich kann sie nicht entdecken, aber die Hahnen sind abgeritten! Es ist bitter kalt, mich beutelt die Kälte, jetzt, wo die Spannung wieder vorbei ist und ich auf die neuerliche Rückkehr der Hahnen warte. Ein kräftiger Zug aus der Schnapsflasche tut wohl. Endlich sind sie wieder da, der Tanz beginnt von neuem. Und nun steigt der Sonnenball glühend herauf. Die Hahnen verschweigen und drücken sich ins nasse Gras zum „Morgengebet“.

Erst als die Sonne aufgegangen ist, beginnt erneut und verstärkt das Liebeslied der schwarzen Gesellen. Es ist ein Zischen und Blasen und Rodeln, ein Springen und Tanzen und Trippeln, als hätte erst die Sonne ihre ganze Hingabe entfacht. Auf über hundert Schritt sitzt ein starker Hahn, der trotz meines Reizens nicht zustehen will. Gerade ihn möchte ich haben. Lange darf ich mir nicht mehr Zeit lassen, die Hahnen werden bald zur Sonnenbalz aufbaumen. Fehlen darf ich auch nicht, denn es ist spät geworden, und die Hahnen würden nicht mehr zur Bodenbalz zurückkehren. Da drüben wird einer stumm, macht einen langen Kragen, den gewissen Flaschenhals; wenn er abreitet, nimmt er die anderen mit. Der Hahn ist verflixt klein, aber es muß gehen. Im Knall liegt er schwingenschlagend am Fleck und verendet. Ich bin glücklich.

Die Jagd aus dem Schirm ist, wenn man sich ruhig verhält und sich nur vorsichtig bewegt, weder beschwerlich noch schwierig. Mehr als einen meiner kleinen Hahnen habe ich mir durch Anreizen in schußbare Entfernung herangeärgert oder durch das nachgeahmte Gocken der Henne herbeigelockt. Letzteres ist nicht schwer zu imitieren. Wie beim „Mahnen" des Rottieres wird der Ton, eine Reihe von nasalen Ä-Lauten, durch die zugehaltene Nase moduliert. Ich glaube die Beobachtung gemacht zu haben, daß der Spielhahn im Hochgebirge, auch auf Balzplätzen, auf denen mehrere Hahnen versammelt sind, reizbarer und kampflustiger ist als seine schwächeren Brüder in den Hochmooren des Wald- und Mühlviertels. Hingegen ist die Pirsch auf den kleinen Hahn, der bekanntlich auf jeder Feder ein Auge hat und nicht wie sein großer Vetter zwischendurch balzblind und -taub ist, eine Angelegenheit, die höchste Geländeausnützung und Pirschkunst erfordert. Selbst dann wird es nur selten gelingen, auf Kugelschußweite heranzukommen. Ein auf der Pirsch erlegter Hahn zählt drum auch zehnfach mehr als einer, der aus dem Schirm gestreckt wurde.

Noch schöner als die Balz im Hochmoor, die vor allem den Reiz stark besetzter Balzplätze mit den wechselvollen Bildern bietet, ist die im Hochgebirge. Hier sind zwar die Balzplätze schwächer besetzt, oft nur von einem Hahn, aber die grandiose Szenerie überbietet alles andere. Die Hochgebirgshahnen sind im übrigen wesentlich stärker und wollen auch wesentlich schwerer verdient sein. Allein stundenlanger Anstieg, meist noch schwierige Schneeverhältnisse sind im Vergleich zum bequemen und häufig kurzen Anmarsch im Moor bedeutende Erschwernisse. Aber gerade deshalb sind mir die Hochgebirgs-Hahnen noch lieber als ihre Vettern aus Wald- und Mühlviertel. Wer aus Eis und Schnee mit einem guten Hahn am Rucksack heruntersteigt in den Frühling im Tal, den Blick auf die im Sonnenglanz funkelnde Bergwelt gerichtet, der tauscht mit niemandem.

Auf der Hebalpe schoß ich damals auch einen kleinen Hahn. Seit vielen Jahren schon hat man die früher übliche Schußzeit für die Tetraonen vom 16. April auf den 1. Mai verkürzt, um den durch die Veränderung des Biotops gefährdeten Waldhühnern größeren Schutz zu bieten. Man hielt sich zwar schon ehedem an den alten Spruch „Schießt du den Hahn vor St. Georgen (23.4.) mußt du das Treten selbst besorgen", aber eine gesetzliche Regelung ist besser als alte Sprüche.

Am Morgen hatte es nicht geklappt. Da es ein sonniger, windstiller Tag war, beschloß ich, meine Chance auf der nachmittäglichen Sonnenbalz zu suchen, obwohl diese nur selten zum Erfolg führt. Ich setzte mich also sehr früh in den Schirm und besah mir die Umgebung. Da entdeckte ich im Wipfel einer etwa hundert Meter entfernten hohen Fichte etwas Schwarzes, was vorher nicht dort war. Sichtlich ein größerer Vogel. Krähe oder Hahn? Es war weder Kopf noch Stingel, noch Stoß auszunehmen. Kein Laut war zu hören. Der schwarze Fleck rührte sich nicht. Nach einer Weile entdeckte ich eine einzelne wegstehende Feder, die sich in dem leise wehenden Lüfterl bewegte. Das ist doch eine Krumme! Kein Zweifel, es ist die verraufte Stoßfeder eines Birkhahnes. Einmal, so kommt es mir vor, sehe ich auch im Wipfel eine Rose leuchten. Am Bergstock bringe ich meine Büchsflinte in Anschlag, und die Kugel holt den Hahn herunter. Er hatte ein völlig zerzaustes Spiel.

Wahrscheinlich den stärksten Hahn meines Lebens verlor ich auf tragische Weise. Zwei Jahre hatte ich ihn schon vergeblich beschlichen und belauert, immer wieder rettete er seinen begehrten Stoß.

Er balzte auf den obersten Hängen der Stöcklalm im Gasteinertal, weswegen er auch der Stöckler hieß. In der Mitte der Alm gab es einen Steilhang, unter dem sich ein alter Windbruch befand. Am Rande des Hanges befand sich eine Fichtengruppe, in die hinein der Schirm gebaut war. Von dort hatte man einen weiten Überblick auf den Balzplatz, nicht aber nach hinten. Der Hahn fiel pünktlich ein, blieb aber trotz allen Reizens und Lockens immer auf gut hundert Schritt entfernt und wollte nicht zustehen. Er blies und rodelte, daß es eine Freude war.

Lange sah ich ihm zu. Diesmal sollte es klappen, denn mit der Kugel mußte ich ihn kriegen. Es war schon ganz hell, die Farbenpracht des Hahnes kam voll zur Geltung, als ich mich zum Schuß entschloß. Die Kugel bannte ihn am Fleck, eine Unmenge Federn stoben in die Luft. Da noch zwei andere Hahnen in der Nähe balzten, die der Schuß nicht gestört hatte, blieb ich sitzen, zündete mir eine Pfeife an und genoß den herrlichen Balzmorgen im Bewußtsein meines Waidmannsheils.

Plötzlich kommt Leben in meinen Hahn. Er reitet wie ein gesunder über mich hinweg ab. Völlig verdattert trete ich aus dem Schirm auf die Schneedecke hinaus. Was ist denn das? Ein Schweißtropfen! Während ich zum Anschuß hinaufsteige, reiht sich Tropfen an Tropfen, eine Schweißspur des abgerittenen Hahnes. Am Anschuß viel Schweiß und ein Haufen Federn. Unverständlich, daß der Hahn noch einmal auf die Schwingen kam. War die kleinkalibrige Patrone zu schwach, saß der Schuß nicht im Leben? Wieso blieb der Hahn minutenlang wie tot liegen? Ich eile bestürzt zur Hütte und mobilisiere die Jäger und einen Jagdgast, wir ziehen mit zwei Hunden zur Nachsuche. Da der Hahn über meinen Schirm strich, konnte ich nach hinten seine Flugbahn nicht beobachten, nahm aber an, daß er irgendwo in einem tieferliegenden Windbruch liegen müßte. Wir haben drei Stunden erfolglos gesucht. Der Windbruch war schon aper, also fanden wir keine Schweißtropfen mehr. Verloren!

Im Herbst fand der Jäger tief unten am Hauptsteig einen Birkhahnfuß. Er habe nie in seinem Leben einen so starken in der Hand gehabt, meinte er. Leider hob er ihn nicht auf. Es besteht alle Annahme, daß er vom Stöckler stammte.

Vetter Fritz und ich waren in den Hohen Tauern auf den kleinen Hahn eingeladen. Christi Himmelfahrt trafen wir uns auf der Jagdhütte im Mühlbachl. Trotz des milden Winters waren gut drei Meter Schnee gefallen, und auf siebzehnhundert Meter Höhe lag noch allerhand davon.

Herrlich war der Weg zur Hütte. Im Tal blühten Äpfel und Flieder, höher oben die Kirschen. Auf vierzehnhundert Meter waren die Lärchen schon ganz grün, auf fünfzehnhundert hatten sie eben den ersten gelben Schimmer. Im Walde blühte noch der Seidelbast, und in den ausgeaperten Lawinenbahnen brachen die weißen und violetten Becher der Krokusse wie kleine Kerzen aus dem Boden. Es war ein herrliches

Steigen durch das Tal mit dem Blick auf die noch tief verschneiten Bergspitzen.

Nach zweieinhalb Stunden Anstieg war die Hütte erreicht. Sogleich berichtete der Jäger über die Balzplätze. Auf dem Farneck balzte ein guter Hahn, und auf der Seppinger Hochalm waren mehrere bestätigt. Vetter Fritz kam erst spät in der Nacht und bekam deshalb für den ersten Morgen den in einer Stunde zu erreichenden Schirm zugeteilt, während ich mit dem Jäger auf die drei Stunden entfernte Hochalm steigen wollte. Für den nächsten Tag war ein Tausch der Rollen vorgesehen.

Die beiden ersten Tage verliefen ergebnislos. Infolge der großen, noch zusammenhängenden Schneebretter balzten die Hahnen bald hier, bald dort und standen auch auf Reizen nicht zu. Versuche, sie anzupirschen, mißlangen. Ein Hahn, der sich zur Sonnenbalz auf einer Lärche eingeschwungen hatte und den ich mühsam angepirscht hatte, ritt ab, als ich gerade gestochen hatte.

Da unsere Zeit beschränkt war, verlegten wir unser Standquartier auf eine vorgelagerte Hochalm, die durch eine größere Anzahl guter Balzplätze mehr Aussicht auf Erfolg versprach. In steilem Anstieg klommen wir schwitzend empor, die schweren Rucksäcke drückten merklich, und die Sonne meinte es zu gut. Schließlich war die kleine Hütte erreicht. Es bot sich uns der prächtigste Ausblick. Unter uns das Pinzgauer Tal in voller Blüte, dahinter die schneebedeckte Kette der Kitzbühler Alpen, im Hintergrund die Leoganger Steinberge, das Steinerne Meer, die übergossene Alm und der Hochkönig. Da Fritz nur noch einen Morgen zur Verfügung hatte, wurde er auf den besten Balzplatz eingewiesen, wo am Rande eines großen Schneebrettes unter zwei Lärchen ein Schirm eingerichtet war. Mit seiner Büchsflinte war er für alle Entfernungen gerüstet.

Ich ging mit dem Jäger auf einen entfernteren Balzplatz, von dem aus die ganze Umgegend einschließlich Fritzens Schirm einzusehen war. Schon um vier Uhr, als der erste helle Schimmer im Osten über dem Hochkönig dämmerte, begannen die Hahnen zu blasen. Unser Hahn überstellte sich frühzeitig, so daß ich nicht zu Schuß kam und mich ganz der Beobachtung der Vorgänge bei Fritz widmen konnte. Auf Kugelschußweite vor ihm hatte ein Hahn auf einer Lärche aufgebaumt, wo er, nachdem die Sonne aufgegangen war, unentwegt rodelte. Nun würde es wohl bald knallen. Peng! Der Hahn balzte ungestört weiter. Vielleicht hatte Fritz auf einen anderen Hahn geschossen, den wir nicht sehen konnten. Nach einer kleinen Weile knallte es wieder, der Hahn fällt vom Wipfel ab, fängt sich in der Luft und reitet ab. Also hatten die Schüsse doch ihm gegolten. Schade, nun war es doch mehr als fraglich, ob Fritz noch zu Schuß kommen würde. Die Sonne stand schon hoch am Himmel. Eine Zeitlang war alles still.

Da kommen zwei Hahnen von weit her auf uns zugestrichen und fallen auf Schrotschußweite ein. Als ich vorsichtig die Flinte hochnehme, hat der eine Hahn die Bewegung eräugt, und schon sind beide wieder abgeritten. Der eine zieht im großen Bogen zurück, wendet sich gegen Fritzens Schirm und schwingt sich – ich halte unwillkürlich den Atem an – auf der einen Lärche über dem Schirm ein. Wir lassen die Gläser nicht mehr von den Augen, denn jetzt könnte es doch noch klappen. Mir ist, als säße ich selbst dort drüben, innerlich fiebernd, äußerlich zum Stock erstarrt. Bange Minuten vergehen. Es ist klar, daß der Schütze unter dem Baum sich nur millimeterweise rühren kann. Der Hahn beginnt zu nadeln, äugt plötzlich hinunter und überstellt sich auf die zweite Lärche. Wir können uns ausmalen, wie Fritz in Hochspannung Stück um Stück seine Büchse hochbringt, bis der Schuß brechen kann. Da kracht es endlich, und der Hahn fällt auf das Schneebrett. Wir rufen dem glücklichen Erleger ein donnerndes Waidmannsheil hinüber, das er kräftig beantwortet. Ich freue mich mit ihm. Nun hat es im allerletzten Augenblick doch noch geklappt.

Glückstrahlend steigt Fritz zu Tal, während ich noch einen Tag zugebe, um auch zu Schuß zu kommen. Nach seinen Beobachtungen bauen wir einen neuen Schirm mitten auf einem von Balzlosung und Federn übersäten Schneebrett.

Am nächsten Morgen rodeln noch im Dunkeln vier Hahnen dicht um mich herum. Als es Licht genug ist, schieße ich, und der Hahn verschwindet im Schuß, da er am Rande einer überhängenden Schneewächte gebalzt hatte. Am Anschuß finde ich nur Federn, aber weit und breit keinen Hahn. Der steile Abfall hat es wohl mit sich gebracht, daß der rodelnde, von hinten beschossene Hahn noch Luft unter die gespreizten Schwingen bekommen hat und schwer krank abstreichen konnte. Alle Nachsuche ist vergebens, wer weiß, wo der Hahn todwund einfiel und nun dem Fuchs zur Beute wird. Ich bin recht niedergedrückt, denn auch ich muß zu Tal. Der Abstieg von der Hochalm in die blühende Niederung ist eine wahre Pracht. Wolkenlos blaut der Himmel über den schneebedeckten Gipfeln.

Auf Zureden meiner Jagdfreunde und nach einem Anruf zuhause entschließe ich mich, noch einen weiteren Tag zu bleiben, und steige mit leichtem Gepäck wieder den steilen Anstieg zur Hütte hinauf. Diese Hütte ist nach meinem Geschmack. Ganz versteckt liegt sie abseits im Holz, ohne eigentlichen Zugang, gerade bequem für zwei Mann. Außerdem ist sie ein Unikum. Dach und Wände sind innen mit alten Zeitungen beklebt, weil der Bewurf abbröckelt. Mit alten Illustrierten, Jagd- und Tageszeitungen hat der Jäger die Wände verkleistert, wie sie ihm gerade untergekommen sind. Neben Abbildungen von Hunden und Hirschen kann man die Geschichte der letzten zehn Jahre verfolgen. Hindenburg neben Schuschnigg, Vereidigung von Rekruten des Bundesheeres vor der Innsbrucker Hofburg neben dem Panzerkreuzer Deutschland. Man liegt auf einer Pritsche, liest Wandzeitung und wird nachdenklich. Nur hier oben in der Bergeinsamkeit ist Frieden.

Der strahlende Himmel hat sich eingetrübt, und ein unangenehmer Wind bläst vom Tauernkamm. Wenn nur das Wetter bis morgen hält!

Wir haben dort wieder einen neuen Schirm gebaut, wo wir zwei Tage lang zwei starke Hahnen rodeln und raufen sahen. An eine niedrige, buschige Fichte haben wir einen Kreis abgeschlagener Zweige hinzugefügt, rund um ein Schneeloch, in dem man gut gedeckt sitzen kann. Wenn die Hahnen wieder einfallen, muß es klappen.

Abends regnet es, in der Nacht bläst starker Wind, pfeift durch die Hüttenwand, daß ich mir die Decke über den Kopf ziehe. Das Hoffnungsbarometer sinkt immer tiefer. Doch der Morgen ist windstill, der Himmel bedeckt, nur vereinzelt blinzelt da und dort ein schüchterner Stern. Spät fallen die Hahnen ein, aber die zwei von gestern sind wieder zur Stelle. Fünfundvierzig Schritt vor mir, bei einem ausgeaperten Moosfleck, zwischen Heidekraut und Blaubeerenkraut, fallen sie ein. Mit dem Glas kann ich sie gut ausnehmen. Und schon geht der Tanz los. Die Hahnen sind gleich stark, und die Federn fliegen. Endlich ist es hell, daß ich ans Schießen denken kann. Ich darf nicht allzulange zusehen, denn es ist unwiderruflich die letzte Chance. Vorsichtig bringe ich die Büchsflinte in Anschlag. Auf den Schuß rückt der Hahn zusammen

Starker Spielhahn aus dem Hochschwabgebiet

Der Vierzehnender von Dobiegniew–Woldenberg/Neumark, 23. 9. 1967

und läuft schwer krank über den Schnee gegen meinen Schirm. Rasch habe ich wieder geladen, ein zweiter Schuß wirft ihn nieder. Nun rollt er, sich überschlagend, die steile Lehne tief hinunter in die Mulde. Der Schnee ist übersät mit Federn. Tief einbrechend steige ich die Lehne hinab und finde den Hahn weit unten auf einem ausgeaperten Rain, der seiner Talfahrt Halt gebot. Mit tiefem Glücksgefühl hebe ich ihn auf, eben als die Sonne die Wolken durchbricht; stahlblau leuchtet sein Gefieder, blutrot die Rosen. Wieder wird es ein strahlender Morgen mit herrlichster Fernsicht. Auf der Hütte bereite ich mir zur Feier ein kräftiges Frühstück, dann steige ich mit einem Bruch am Hut, den Hahn mit einem letzten Bissen im Schnabel am Rucksack, langsam und glücklich zu Tal.

Ein andermal fuhr ich in die Mariazeller Staritzen. Es war sehr spät im Mai; denn es hatte lange viel Schnee gelegen. Jetzt aber stieg man durch ein Meer von Schneerosen, weißen Krokussen, gelbem Petergstamm und zartlila Seidelbast den Berg hinan. Die Sonne schien, der Himmel war blau, man kam hier noch einmal in den frühen Frühling. Voller Hoffnung bezogen meine Frau und ich eine von Erzherzog Johann 1859 erbaute Hütte. Eine echte, gemütliche, solide Jagdhütte. Am Abend sah das Wetter nicht mehr so hoffnungsvoll aus. In der Frühe, als uns der Oberjäger weckte, blies ein Schneesturm um die Hütte. Am liebsten wäre ich wieder in mein warmes Bett gekrochen, aber der Mattl war mitleidslos. So zogen wir denn los, den Schnee im Gesicht, ich innerlich murrend, aber es half nichts, wir waren unterwegs, und es blieb abzuwarten, was sich ereignen würde. Auch als ich endlich im Schirm saß, fest im gefütterten Anorak verpackt, beruhigten sich meine rebellischen Gedanken nicht, bis ich es vorzog, vor mich hinzudösen.

Ein Rippenstoß meiner Frau ruft mich ins Geschehen zurück. Man hält es nicht für möglich: Die Hahnen sind pünktlich eingefallen und kurze Zeit später rodeln sieben Hahnen trotz Schnee- und Graupelgestöber wie verrückt um uns herum. Mit zunehmendem Licht sind vier davon als stark anzusprechen. Nur eines können wir uns heute nicht leisten: allzulang dem Spiel der Hahnen zuzusehen. Bei Schlechtwetter vergeht ihre Balzlust doch früher. So suchen wir uns einen guten aus, der hingebungsvoll auf etwa sechzig Schritt vor uns rodelt. Zoll um Zoll schiebe ich meine Büchsflinte zum Guckloch hinaus. Dann liegt er im Moos, während die anderen abreiten. Alles Ungemach ist ausgelöscht, freudig hebe ich den starken Hahn auf. Er wird auf den Rucksack des Oberjägers gebunden, damit ich, hinterdreinschreitend, den ganzen Heimweg seine Pracht vor Augen habe.

Nun sind wir wieder hier oben, zum dritten Mal. Im feinen Nieselregen sind wir spät am Nachmittag den vertrauten Weg zur Hütte aufgestiegen. Zu Pfingsten hatte noch so viel Schnee gelegen, daß ein Aufstieg sinnlos war, aber dann hatten das hochsommerliche Wetter und nachfolgende Gewitter mit dem Schnee aufgeräumt. Wir konnten am 23. Mai losfahren. Der nächste Morgen war mild und windstill, aber trüb. Auf dem Balzplatz, der Türalm, fiel ein einziger Hahn ein. In der Dunkelheit war er ganz nah beim Schirm, vor Büchsenlicht überstellte er sich so weit weg, daß er auch vor einem Kugelschuß sicher war. Dort balzte er wie närrisch, ließ sich aber weder durch Blasen noch durch Hennenlocken zum Zustehen bewegen.

Nun, es blieb noch ein zweiter Morgen. In der Früh regnet es, während wir eineinhalb Stunden zu einem anderen Balzplatz stapfen, wo vier Hahnen melden. Zum Regen gesellt sich Nebel. Die Hahnen fallen zwar ein, aber schon im ersten Büchsenlicht drängt der Jäger zum Schuß. Ich fehle einen guten Hahn mit der Kugel, wo ein Schrotschuß ausgereicht hätte, weil ich die Entfernung im Nebel überschätzte. Im strömenden Regen geht es drei Stunden ins Tal; nach insgesamt sieben Stunden Berieselung habe ich keinen trockenen Faden mehr am Leib, als wir unten ankommen.

Eine Woche später bin ich für einen einzigen Morgen noch einmal heraufgestiegen. Wieder Regen in der Nacht, aber in der Früh hat er aufgehört. Oben im Himmel segeln Wolken am Mond vorbei, der in den Schmelzwasserpfützen und auf den Wächten glitzert. In der Woche meiner Abwesenheit ist wieder viel Schnee weggetaut. Im Osten wird es allmählich licht, zwischen den ziehenden Wolken immer heller. Zwei Hahnen sind eingefallen, nach kurzem Tschuschen aber wieder abgeritten, rodeln irgendwo. Die Situation ist wenig hoffnungsvoll. Als ein Adler schrie, verdrückten sich die Hahnen. Es ist erst vier Uhr, als wir uns entschließen, im Eilmarsch zum anderen Balzplatz zu streben. Vielleicht balzt der einzelne Hahn wieder dort und wir können ihn anpirschen. Tatsächlich, wir sehen und hören ihn. Schnell verschwinden wir in einer Mulde, aus der wir, gedeckt durch eine Almhütte, näher kommen können. Der Hahn balzt heftig hinter einer Bodenwelle, und wenn er tschuscht, sieht man ihn hochflattern. Wir stehen an die Hüttenwand gedrückt, ich schußfertig, während der Jäger reizt und lockt. Minuten höchster Spannung, der Hahn antwortet immer gereizter. Auf einmal flattert er hoch und baumt auf dem Schirm auf. Dann hebt ihn der Schrotschuß hoch und wirft ihn ins Gras. Im strahlenden Morgen, bei fast wolkenlos gewordenem Himmel freuen wir uns über unseren Entschluß und die im letzten Moment gewonnene Beute. Über einen Teppich von Schneerosen und Soldanellen kehren wir heim.

Auf den großen Almböden, die heute zum Teil verwachsen sind, sollen zu Erzherzog Johanns Zeiten an die hundert kleine Hahnen gebalzt haben. Im Laufe unseres Jahrhunderts hat die Biotopveränderung zu einem bedrohlichen Rückgang unserer Waldhühner geführt. Trotz aller verstärkten Schutzmaßnahmen ist kein wesentlicher Erfolg erzielt worden. Solange es uns nicht gelingt, den Biotop einigermaßen wieder herzustellen, wird die Zeit nicht mehr ferne sein, daß wir auf diese zaubervolle Jagd verzichten müssen.

Von Hirschruf, Hirschen und Hirschbrunft

Ich habe nicht die Absicht, so vermessen zu sein, mich hier über die Anwendung des Hirschrufes auszulassen. Das haben Berufenere bereits getan. Aber eines möchte ich doch feststellen: Hirschbrunft ohne Hirschruf ist nur halbe Hirschbrunft!

Ich hätte manchen Hirsch erlegt, wenn ich meine bescheidenen Kenntnisse mit dem Hirschruf früher erworben hätte. Als ich in Steinitz das erste Mal auf Hochwild pirschen durfte, war die Anwendung des Hirschrufes sonderbarerweise unbekannt. Weder der Jagdherr, obwohl sonst ein erfahrener und hirschgerechter Jäger, noch die Jägerei beherrschten ihn. Der dicke Thomas lehnte ihn mit Überzeugung und den bezeichnenden Worten ab: „Jeleni tomu nejsou cvikli", „die Hirsche sind das nicht gewöhnt"! Da kannst halt nix machen.

Ich beschloß dennoch, den Ruf zu erlernen. Den Anfang machte das instruktive Buch des Grafen Münster und seine Grammophonplatte. Meine ersten zaghaften häuslichen Versuche erregten das Gespött der Familie. Eine weitere Anregung fand ich in einem ausgezeichneten Aufsatz von Snethlage in ‚Wild und Hund'. Meine Fahrt in die berühmte Marmaros im Jahre 1936, von der ich noch erzählen werde, gab mir Gelegenheit, die praktische Anwendung des Hirschrufes kennenzulernen. Das dortige Personal verstand sich vorzüglich auf seine Handhabung. Ich habe dann mit einem Heracleumrohr solange und selbstverständlich mit einigen Mißerfolgen herumprobiert, bis ich das Gröbste erfaßt hatte. In der Hirschbrunft 1940 schoß ich erstmalig mit Hilfe des Hirschrufes zwei von insgesamt drei gestreckten Hirschen. Die beiden Hirsche verdankte ich nur meiner geringen Kunst.

Mir war es mehrfach passiert, daß ich hilflos auf dem Pirschsteig gebannt zuhören mußte, wie die Hirsche in der Dickung aus vollem Hals röhrten, weil ich ohne Ruf nicht wagen konnte, in die Dickung einzudringen. Deshalb habe ich nicht geruht, bis ich wenigstens die Mindestkenntnisse beherrschte, um einen Hirsch bei Stimme zu halten oder gar zum Melden zu veranlassen. Das Entscheidende blieb das Bewußtsein, daß ich in der Lage war, gewissermaßen „mitzureden".

Dasselbe gilt vom Mahnen der Tiere, das denkbar leicht nachzuahmen ist. Bei zugehaltener Nase und geschlossenem Mund wird der Konsonant „m" mit voller Kraft durch die Nase gepreßt. Mein stolzester Erfolg war die Erlegung eines uralten Kronenachters. So merkwürdig es auch klingen mag, er war ein Kronenachter, denn es fehlte ihm das Mittelende, den ich ohne Hirschruf und Mahnen nie zur Strecke gebracht hätte. Die näheren Umstände werde ich später schildern. Will man die Hirschbrunft, die Krone aller Jagd mit vollen Zügen genießen und nicht sklavisch an Pirschsteige und Hochsitze gebunden sein, dann lerne man selbst zu röhren, ob mit Muschel, Rohr, Horn oder Lampenzylinder, chaqu'un à son gout.

Spricht man von Hirschruf und Blatten, von Brunft und Balz, so wird damit zugleich der Disput lebendig, ob man das Wild in seiner hohen Zeit unter Ausnützung seiner eigenen Laute überlisten dürfe.

Wenn ich auch den Standpunkt eines Friedrich v. Gagern zu würdigen verstehe, so möchte ich ihn nicht zu meinem eigenen machen. Die Brunft und die Balz sind für den Jäger die schönsten, aufregendsten Zeiten, die er jedes Jahr neu herbeisehnt. Wer richtig jagt und hegt, läßt dem Wild die erste Hälfte seiner Minnezeit zur Fortpflanzung. Dann aber soll die Büchse sprechen und der Jäger das Wild mit allen waidgerechten Mitteln überlisten dürfen.

Jahre hindurch hatte ich weder Zeit noch Gelegenheit, zur Hirschbrunft zu fahren, hatte keinen Hirsch mehr röhren gehört. Im September 1939 hinderte mich zuletzt die Teilnahme am polnischen Feldzug daran, und auch im Jahr darauf schien es das Los der Soldaten zu sein, auf des Jägers schönste Zeit verzichten zu müssen. Doch es sollte anders kommen.

Günstige Umstände verhalfen mir Ende September zu einem Resturlaub. Diese Frage war also geklärt. Viel schwieriger aber war die Antwort auf die Frage: wo nehme ich in letzter Stunde einen Abschuß her? Ende August würde es trotz Krieg nicht leicht sein, noch einen passenden und letzten Endes erschwinglichen Abschuß zu bekommen. Jedenfalls wurden sofort nach allen Seiten Fühler ausgestreckt, Briefe geschrieben, Telefongespräche geführt. Zunächst ohne Erfolg. Die guten Abschüsse waren alle vergeben oder unbezahlbar, die billigen jagdlich uninteressant. Ich sah mich schon zur Zeit der Brunft tatenlos in Wien sitzen. Da kam von gänzlich unerwarteter Seite, die von meinen Nöten allerdings Kenntnis hatte, am 19. September die Freudenbotschaft: „Habe einen Abschuß im Mars-Gebirge. Es kommen sechs bis acht Hirsche zum Abschuß, Preise sehr günstig. Dein Schwager Peter hält auch mit, komm, wenn möglich am 22. nach Steinitz". Ich habe einen wahren Indianertanz aufgeführt!

Am 22. war ich in Steinitz, das zum Treffpunkt für einen alten Jagdfreund der Familie, meinem Schwager Peter und mir, und als Ausgangsort unserer Unternehmung ausersehen war. Wenige Stunden später standen wir vor dem Forsthaus, das für die nächste Zeit unser Standquartier sein sollte. Rasch ist unser Gepäck untergebracht und der Weg ins Revier angetreten.

Nach längerem Anmarsch werde ich auf einen Hochsitz an einem riesigen Schlag abgesetzt. Die nördliche und südliche Begrenzung bilden dichte Fichtendickungen, die östliche und westliche Buchenhochwald bzw. Stangenholz. Der Schlag selbst ist zum Großteil von hohem Schmielgras und einzelnen Eichenüberständern bestockt. Es ist ein stiller, klarer Abend, leider etwas zu warm, so daß ich nicht allzuviel Brunftbetrieb erwarte. Um 18 Uhr meldet jedoch der erste Hirsch, wenig später röhren um mich sieben Hirsche. Da lacht mir das Herz. Sehr bald kann ich mich mit einem jungen Gabler unterhalten, der sehr mißtrauisch und sichtlich in der Furcht des Herrn auf den Schlag zieht. Gegen 19 Uhr tritt aus der südlichen Dickung tief unten ein Hirsch aus, nach der Figur ein mittlerer Hirsch mit hohen Stangen, der dunkle Hintergrund läßt ein genaues Ansprechen nicht zu. Er zieht in einem Graben nach rechts. Knapp vor Ende des Büchsenlichtes zeigt sich noch ein roter Hirsch mit zwei Tieren auf weite Entfernung. Röhrend bietet er ein schönes Bild, aber ich kann nicht mehr ausmachen, was er aufhat, und im Fernrohr ist er verflixt klein. Auch er zieht mit seinen Tieren in den Graben. Nachdem ich erfolgreich einen Anfall von akutem Hirschfieber bekämpft habe, klettere ich vom Hochsitz und gehe zufrieden heim.

Der nächste Morgen ist warm, die Hirsche melden schlecht, bei Büchsenlicht ist kein Ton mehr zu hören, kein Stück zu sehen.

Abends sitze ich wieder auf dem Hochsitz am großen Schlag. Zwei gute Stimmen röhren in der Dickung, aber nichts zeigt sich. Plötzlich tritt auf hundert Schritt ein Hirsch aus der nördlichen Dickung: ein typischer alter Kämpe mit Stangen, die mangels Mittelsprossen einen Sechser mit kurzen, etwas verdrehten Augsprossen anzeigen. Breit stehend erhält er die Kugel, quittiert den Schuß mit Ausschlagen der Hinterläufe und flüchtet schwankend in die Dickung zurück. Den Anschuß finde ich nicht mehr, es ist schon zu dunkel.

Nach erfolgloser Frühpirsch treffen wir uns alle am großen Schlag zur Nachsuche. Am Anschuß liegt kein Schweiß, am Dickungsrand auch nicht, eine Stunde Nachsuche bringt kein Resultat. Mir wird langsam schwül zu Mute. Ich habe einmal vor Jahren einen Hirsch abends am Vorschlag nur gestreift, der darauf heftig zeichnete und in rasender Flucht abging. Die Nachsuche am nächsten Morgen ergab nur ein paar Schnitthaare, aber keinen Schweiß und erst recht keinen Hirsch. Zwei Tage später schoß der Jagdherr den Hirsch, der nur eine Schramme über den Vorschlag hatte. Sollte mir auch diesmal ein ähnliches Mißgeschick widerfahren sein? Endlich findet der Jäger einen Tropfen hellroten Schweißes auf einem Grashalm – mir wird etwas leichter –, dann einen flüchtigen Schalenabdruck, noch einen Tropfen dunkelroten Schweiß, das ist aber alles. Wenn ein guter Hund zur Stelle wäre, ginge alles viel leichter und sicherer. Nach einer Weile mühevollen Suchens liegt wieder Schweiß beiderseits des Wechsels, sehr spärlich, dann nichts mehr. Der vorzüglich suchende Jäger kann die Fährte wenigstens an den Ausrissen im Moos halten. Wir biegen um eine Ecke, da sagte der Jäger: „Waidmannsheil, da liegt er." Ein alter Sechser mit gutem Blattschuß. Freudig nehme ich den Bruch entgegen.

Abends setze ich mich in der Nähe einer Suhle an, die nahe bei einem Brunftplatz liegt. Wir haben schon gestern hier eine gute Stimme vernommen. Außer einem im Wildpret starken Gabler, der dort herumtritt, sehe ich nichts. Da es sehr windig ist, verschweigen alle Hirsche.

Wir nächtigen schon seit zwei Tagen in einer äußerst primitiven, winzigen Hütte, um uns den weiten Anmarsch zu ersparen. Ein einziger Raum mit Strohlager und Decken, einem Petroleumlämpchen, einem Tisch und einer Bank. Mangels eines Herdes wird der Tee in Thermosflaschen mitgenommen, das Essen besteht aus Brot und Wurst, ein kräftiger Schluck Sliwowitz krönt das Mahl.

In der Früh pirsche ich wieder zum Brunftplatz, höre auch den Hirsch gut melden, aber schon jenseits der in der Nähe verlaufenden Grenze. Mein Röhren beantwortet der Hirsch gut, läßt sich allerdings nicht dazu verleiten, auf die Blöße herauszutreten. Ich kann ihn im Buschwerk leider nicht angehen, da es nicht mehr zu uns gehört. Lange halte ich Zwiesprache mit dem Hirsch, bis er mit leiser werdender Stimme seinem Einstand zuzieht.

Abends bin ich wieder an der Suhle, doch nichts rührt sich. Als ich endlich heimschleiche, fängt plötzlich mein Hirsch ganz nahe jenseits der Grenze zu röhren an. Ich decke mich rasch hinter einem Baum und antworte in der Hoffnung, ihn vielleicht auf die kleine Blöße zu bekommen. Noch ist das Fadenkreuz im Fernrohr gut zu sehen, der dunkle Wildkörper würde sich vom hellen Schmielgras gut abheben. Aber er kommt nicht. Auch die Jagdfreunde haben Hirsche gehört, ohne mit ihnen zusammenzutreffen.

Schwager Peter, der noch zur Hirschbrunft nach Schlesien will, ist leicht vergrämt, daß sein Pirschen auf einen starken Zwölfer erfolglos bleibt; er will morgen mit dem anderen Gast abreisen. Ich werde, da ich noch Zeit habe, dableiben.

Am nächsten Morgen gehen wir alle auf den Kamm, um den Hirschen den Rückwechsel von den Schlägen, auf denen sie in der Nacht geschrien haben, zu verlegen. Es ist grimmig kalt.

Die Hirsche röhren prachtvoll. Ich komme mit einem jungen Sechser zusammen, einem typischen Zukunftshirsch, der auf einem Gestell röhrt, dann einem Tier folgt und es im Stangenholz vor mir treibt. Jenseits der Grenze sehe ich auf einem großen, mit Jungmais bestandenem Schlag, auf dem fünf Hirsche röhren, einen Achter bergab flüchten, hinter dem der Platzhirsch herschreit. Ein Tier stiehlt sich beiseite, ein ungerader Sechser hängt sich sofort an seinen Spiegel. Im Hintergrund leuchtet rot die aufgehende Sonne durch die Bäume aus dem Morgennebel. Die Hirsche röhren wie toll bis tief in den Morgen.

Peter ist dem Zwölfer ganz nahe gewesen, der aber knapp vor Büchsenlicht über die Grenze zog. Weil er mit dem Ruf nicht umgehen konnte, durfte er es nicht wagen, den Hirsch durch Röhren aufzuhalten. Nach dem Frühstück fahren die beiden ohne Bruch ab.

Am Nachmittag gehe ich schon um vier los, ein unbestimmtes Gefühl treibt mich hinaus. Etwa einen Kilometer vor der Hütte kommt mir der Adjunkt entgegen und winkt schon von weitem: „Laufschritt“. Er meldet, daß am großen Schlag seit einer halben Stunde ein Zwölfer röhre und der Jäger bei der Baude auf mich warte. Im Laufschritt eile ich hin. Von dort pirschen wir in den Hochwald, der den großen Schlag begrenzt. Schon hören wir den Hirsch röhren, ihm antwortet eine zweite gute Stimme. Ich pirsche soweit vor, daß ich den Schlag einsehen kann, entdecke aber nur ein Tier. Auf mein Röhren antworten beide Hische, der am Schlag und jener in der Dickung. Ich muß weiter seitwärts, um den Hirsch zu sehen, der irgendwo im hohen Schmielgras steckt. Nach etwa dreißig Schritt entdecke ich einen dunklen Wildkörper, dessen Haupt durch einen Baumstamm verdeckt ist. Noch ein Schritt, und die eine Stange mit den drei Enden in der Krone wird sichtbar. Gedeckt durch einen Baum gehe ich zu Boden und krieche noch weiter, bis ich den Hirsch frei habe. Er steht nun breit etwa zweihundert Schritt am Hang und bietet röhrend einen wunderbaren Anblick. Ich habe mich inzwischen eingerichtet, und als der Hirsch verschweigt, bricht mein Schuß. Im Knall verschwindet der Hirsch. Das Rudel flüchtet bergab nach links, der Hirsch ist nicht dabei. Ich bleibe schußfertig sitzen, aber nur einmal wackeln drüben am Hang noch die hohen Gräser, dann rührt sich nichts mehr. Nach einer halben Stunde gehen wir zum Anschuß. Es ist zwar kein Zwölfer, denn es fehlt die Eissprosse, aber es ist ein guter alter Zehner. Die Grandeln sind von besonderer Schönheit, ganz klein und abgeschliffen. Ich halte Wache beim Hirsch, bis das Fuhrwerk kommt und ihn abholt.

Der Abend ist trotz Kühle ziemlich still, die Nacht klar und kalt. Die Hirsche schreien ganz in der Nähe der Hütte. Es ist wunderbar, so mitten drin zu sein.

Die nächste Frühpirsch gilt Peters Zwölfer, der heute schon in stockdunkler Nacht hinübergewechselt ist und im nachbarlichen Stangenholz schreit. Nach Büchsenlicht eröffne ich Zwiesprache mit ihm, habe ihn auch einmal sehr nahe, aber obwohl er den ganzen Morgen schreit, kann ich ihn nicht vor die Büchse bekommen. Zweifellos reichen meine Kenntnisse mit dem Hirschruf noch nicht aus, jeweils die richtigen Register zu ziehen. Überall röhren die Hirsche, es ist ein mächtiges Konzert.

Auf dem Heimweg höre ich aus einem Seitental eine gute Stimme, die auf meinen Ruf ärgerlich antwortet. Den Hirsch will ich sehen. Das

Tal weitet sich zu einem kleinen Kessel, der von einer Dickung ausgefüllt ist. Der Wind steht so, daß ich nicht von oben durch den Hochwald an die Dickung heran kann, sondern von unten den Hirsch angehen muß. Ich dringe in die Dickung und reize den Hirsch, er antwortet ständig. Zum Schluß stehe ich vor einem Graben, etwa hundert Schritt vor dem Hirsch, den ich zwar höre, aber nicht ausmachen kann. Schließlich verschweigt er, ich muß unverrichteter Dinge wieder abziehen. Gleichzeitig entdecke ich mit Schreck, daß ich mein Fernrohr, das ich abgenommen und eingesteckt hatte, verloren habe. Trotz allen Suchens finde ich es nicht, und ziehe bedrückt heimwärts. Nach kurzer Frühstückspause gehe ich wieder hinaus, um mit dem Jäger nach dem Fernrohr zu suchen. Da ich mir die Wechsel gemerkt oder bezeichnet habe, gelingt es zu meiner Freude, das Fernrohr unversehrt zu finden. Den versäumten Vormittagsschlaf hole ich auf dem Felsen nach, ein Stück Brot und Wurst, ein kräftiger Schluck sind mein einfaches, aber schmackhaftes Mittagsmahl.

Der Abend verläuft warm und still.

Tags darauf ist es trüb und warm, ein Südwestwind weht, so daß ich an den Zwölfer nur schwierig heran kann. Kein Hirsch röhrt, es sieht stark nach Ende der Brunft aus. Mein Hirsch verschweigt vollständig, am großen Schlag sehe ich ein Rudel von drei Tieren mit einem elenden Sechser, der anscheinend die Erbschaft des gefallenen Zehners angetreten hat. Bevor ich den Heimweg antrete, will ich es nochmals auf den Hirsch im Seitental versuchen. Auf den Ruf antwortet er brummend aus seinem Einstand. Je mehr ich mich dem Talende nähere, desto heftiger wird seine Antwort. Ich habe nun Ausblick auf Dickungsrand und Hochwald. Mein nächster Trenzer wird mit einem wütenden Röhren beantwortet. Der begleitende Jäger sieht den Hirsch am Dikkungsrand, während er für mich von einer Baumkrone verdeckt wird. Ein paar Schritte nach rechts, und auch ich sehe den Hirsch ganz oben auf der Felskuppe wie ein Standbild verhoffen. Prachtvoll röhrt er voll mit tiefer Stimme. Ich muß steil bergauf schießen, denn der Hirsch will einziehen, ein Schritt nur, und er ist in der Dickung. Er zeichnet und will bergab flüchten, aber seine Kräfte reichen nicht mehr. Er stürzt und rollt den Hang herunter, bleibt mit Blattschuß in einer Mulde liegen. Aber der Achter ist trotz seiner Heimlichkeit und seiner tiefen Stimme nicht so gut und nicht so alt, wie ich annahm. Beim Absturz hat er sich überdies die linke Augsprosse abgebrochen, die wir leider nicht finden können. Während wir den Hirsch aufbrechen, beginnt es zu regnen, und bald gießt es aus Kannen. Das Ende einer schönen und erlebnisreichen Zeit ist damit auch für mich gekommen.

Ende Juli 1942 wurde mir dank dem Entgegenkommen der Militärverwaltung für die Jäger meiner Abteilung in einem der bedeutendsten Hochwildreviere der Normandie ein geschlossener Revierteil von etwa 1200 ha zur jagdlichen Selbstverwaltung zugewiesen. Ich betreute es als Jagdoffizier.

Die Jagd auf Hochwild mit Pirsch, Anstand und Drückjagd war dem französischen Jagdpersonal unbekannt, wie auch die französische Sprache nur einen Bruchteil unserer Waidmannssprache kennt, da ja die Parforcejagd ihre eigenen Ausdrücke hat.

Ich habe im Revier dort eine Anzahl von Hochsitzen bauen und Pirschwege anlegen lassen, wo die Gestelle nicht ausreichten. Unterkunft fanden meine beiden Mitarbeiter, im Zivil Berufsjäger, und ich in einem der Hegerhäuser, die aus Stein gebaut waren. Immerhin haben wir uns dort recht wohnlich eingerichtet und richtigen Jagdhüttenzauber entstehen lassen.

Der Forst hatte einen starken Bestand an Hochwild, wobei viel mehr Kahlwild als jagdbare Hirsche vorhanden war. Neben typischen Abschußhirschen gab es jedoch auch starke Kronenhirsche; auffallend das häufige Vorkommen von Tieren mit zwei Kälbern. Schwarzwild war reichlich, Rehwild in geringer Anzahl und Stärke vorhanden.

Die Feistzeit verlief ereignislos, so sah ich mit allen Hoffnungen der Brunft entgegen. Wir sollten schmählich enttäuscht werden. Die Brunft setzt dort merkwürdigerweise erst in der zweiten Oktoberhälfte ein. Im Herbst 1942 war das Wetter denkbar ungünstig; denn es war warm, windig und regnerisch. Dazu kam, daß ich aus dienstlichen Gründen nur zwei Tage Zeit hatte und keinem jagdbaren Hirsch begegnete. Nur einmal in der Nacht schrien drei Hirsche, die ich mit dem Ruf zu längerer Unterhaltung reizen konnte. Auch einmal am Morgen vor Büchsenlicht schrie jenseits der Grenze ein Hirsch, der aber mit Hellwerden verschwieg. Es war wie verhext. Kaum war ich weg und unabkömmlich, stand tagelang ein starker Zwölfer im Revier; bis ich wieder Zeit hatte, war er ausgewechselt. Einen II b Hirsch, sowie Kalb und Tier konnte ich Ende Oktober als Doublette vom Hochsitz aus zur Strecke bringen und so das bei den Nichtjägern unter den Kameraden entstandene Mißtrauen in mein jagdliches Können zerstreuen.

Ich habe im Verlauf des Winters auf Pirsch, Ansitz und Drückjagd elf Stück Kahlwild erlegt, wobei drei Episoden mir besonders in Erinnerung geblieben sind. Ich war wieder zwei Tage ergebnislos im Revier gewesen. Der letzte Nachmittag brach an. Der begleitende Förster Müller, ein Hochwildjäger aus der Rhön, und ich beschlossen, eine kleine, stille Dickung durchzudrücken, die uns, obwohl dicht beim Dorf, auf Grund frischer Fährten erfolgversprechend schien. Ich stellte mich mit gutem Wind im raumen Holz vor. Es dauerte nicht lange, da kam Bewegung ins Stangenholz. Tier, Kalb und Schmaltier kamen in langsamem Troll und verhofften am Rande. Auf meinen Schuß zeichnete das Schmaltier, die ganze Gesellschaft kam flüchtig ins raume Holz, wo ich stand. Ich schoß erneut nun auf das klagende Stück, das im Feuer zusammenbrach. Teufel! Das war ja gar nicht das Schmaltier gewesen! Das ging flüchtig als Dreiläufer ab, kam nun mitten in meinen Wind, wurde immer flüchtiger und verschwand, ohne daß ich noch einen Schuß hätte anbringen können. Des Rätsels Lösung war, daß das geschossene Tier einen verkümmert verheilten Lauf hatte.

Wir besaßen damals einen jungen Rauhhaardackel mit ausgezeichneter Nase, den ich sofort vom Forsthaus holen ließ und der kilometerweit die immer schwächer werdende Schweißfährte vorbildlich ausarbeitete. Einmal kamen wir sogar an das in einem Graben stehende Stück heran. Nur konnte ich keinen Schuß anbringen, und den unerfahrenen Hund zu schnallen, wagte ich angesichts der sinkenden Nacht nicht. Die einbrechende Dunkelheit zwang uns, die Nachsuche abzubrechen und den Hund abzutragen. Das Stück ist trotz genauester Nachsuche leider auch am nächsten Tag nicht gefunden worden. Der Schweiß hatte völlig aufgehört, so daß die Hoffnung bestand, daß sich das Stück ausheilen würde. Die Arbeit des jungen Hundes war großartig.

Einmal veranstalteten wir eine kleine Drückjagd, bei der Major B. und ich je zwei Stück Kahlwild erlegten. Das Schönste war aber eine gelungene Nachsuche mit einem hervorragenden Deutsch-Drahthaar. Der Major hatte auf ein Kalb geschossen, das schwer krank in die Dekkung eingezogen war und sich unmittelbar neben dem Weg niedergetan hatte. Als wir dort vorbeikamen, wurde es hoch und rumpelte davon. Nun begann eine kilometerlange Nachsuche durch die verfilzte Dickung. Der Waidwundschuß gab wenig Schweiß, doch der vorzügliche Hund ließ sich selbst durch Widergänge, durch dicht neben ihm wegbrechende Sauen nicht irre machen und führte uns zum kranken Stück, dem ich den Fangschuß auf den Träger setzte. Und dann klang zum Totverbellen der Hornruf „Hirsch tot" durch den Forst.

Das dritte Erlebnis hatte ich im folgenden Januar. Ich sollte vor Ende der Schußzeit den noch nicht erfüllten Kahlwildabschuß möglichst nachholen. Anderthalb Tage war ich schon bei Sturm und Regen umhergepirscht, um vielleicht doch zu Schuß zu kommen. Am allerletzten Nachmittag hatte St. Hubertus Einsehen. Ich schoß innerhalb von zweieinhalb Stunden vier Stück Kahlwild.

Auf starke Hirsche hatte ich kein Waidmannsheil. Wenn es mir auch nicht vergönnt war, begehrenswerte Trophäen zu erbeuten, so habe ich doch schöne Stunden herrlichen Waidwerkens in dem normannischen Revier verbringen dürfen.

Das Pirschfahren mit dem leichten Jagdwagen oder im Winter mit dem Schlitten wird mit Erfolg in großen Revieren des Flach- oder Hügellandes ausgeübt. Es gibt beispielsweise Reviere, in denen das Wild vielfach nicht gezwungen ist, einen Wechsel zu halten. Es handelt sich im allgemeinen um Laub- und Mischwaldreviere, in denen das Nadelholz eine untergeordnete Rolle spielt. Die hier vorkommenden Dikkungen enthalten so viel Äsung, daß das Wild es nicht nötig hat, auf den benachbarten Schlag zu ziehen.

Die Pirschfahrt spielt eine besondere Rolle zu Beginn der Schußzeit auf Abschußböcke und im Herbst für den Gaisen- und Kahlwildabschuß. Im Gegensatz zu seinem Verhalten bei Fußgängern hält das Wild das langsam herankommende Fuhrwerk meist sehr gut aus. Der abgesessene Schütze darf sich zunächst überhaupt nicht oder nur ganz langsam bewegen, da er sonst die Aufmerksamkeit des Wildes sofort auf sich lenkt. Tunlichst ist so abzusitzen, daß man einen Busch, Baum oder Holzstoß als Deckung zwischen sich und das Wild bringt. Man läßt den Wagen sich möglichst weit entfernen, weil das Wild dann wieder völlig vertraut wird und der ursächliche Zusammenhang zwischen Fahrzeug und Schuß dem Wild, sofern es gefehlt wird oder es sich um mehrere Stücke handelt, nicht bewußt wird.

In einer Dickung mitten im Hochwald stand ein sehr starker Bock, der wegen seiner enggestellten Stangen vor der Brunft fallen sollte. Er hielt keinen Wechsel. Entweder zog er überhaupt nicht aus oder auf irgendeiner Seite mit entsprechendem Wind in den Hochwald . . . Ich war mit Ausdauer hinter ihm her, hatte bereits vierundzwanzigmal früh und abends auf ihn angesessen, gepirscht, war auch zweimal mit ihm zusammengestoßen, aber immer so, daß er seine rote Decke in Sicherheit bringen konnte.

Es war zum Verzweifeln. Saß ich rechts oben an, zog er tief links unten aus, saß ich links unten, war er rechts oben. Schließlich entschloß ich mich zum Pirschfahren. Mitten durch seinen Einstand führte eine Waldstraße, von der aus man die verschiedenen Möglichkeiten überblicken konnte. An diesem Abend bin ich also von 19 bis 20 Uhr 15 mit dem Pirschwagen im Schritt hin und her gefahren, bis ich endlich den Bock an einer neuen Stelle kurz vor Schwinden des Büchsenlichtes strecken konnte. Ohne Wagen hätte ich damals diesen Schlaumeier nie erlegt.

Speziell beim Kahlwildabschuß im Winter ist das Pirschfahren nicht nur häufig erfolgreich, sondern, besonders wenn Schnee liegt, ein wirkliches Vergnügen. Fast lautlos gleitet der Schlitten durch den weißen Wald. Wir kreuzen frische Fährten. Ein Rudel Hirsche ist vor uns durch den Hochwald zu dem alten Eichenüberständer gezogen. Dort schlägt das Wild die Eicheln aus dem Schnee. Schon sehen wir die dunklen Leiber der niedergetanen Hirsche. Erst als wir fast heran sind, werden sie hoch und treten unschlüssig umher. Sieben Stück, mit Ausnahme eines älteren Achters mit gut ausgelegten Stangen, sind es junge Hirschln. Ein prachtvoller Anblick. Wir halten an, um die Hirsche näher anzusprechen. Der Achter schlägt einen jungen Gabler, der nicht weiterziehen will, mit dem Geweih über den Spiegel und bringt so die Gesellschaft in Troll. Doch nach einigen Fluchten verhofft sie wieder. Ein schöner Anblick. Hirsche im winterlichen Wald, man denkt unwillkürlich an die Bilder von Löbenberg.

Nun aber weiter, wir wollen noch Kahlwild vor die Büchse bekommen. Lange fahren wir hin und her, ein starkes Rudel ist herumgezogen, frisch zu fährten, aber wir bekommen es nicht zu Gesicht. Wenn das Rudel nicht im alten Schlag steht, ist es sicher in die Lehne oberhalb der Janaček-Wiese gewechselt. Dort führt ein altbekannter Hochwildwechsel.

Wir umfahren den in Betracht kommenden Revierteil und gelangen durch ein schmales Tal zur Janaček-Wiese. Wir sehen dann am Waldrand Tier und Kalb, im Stangenholz dahinter dunkle Bewegung. Die rasche Bewegung des Schlittens hat das Wild bereits beunruhigt. Im Schritt kommen wir auf hundertzwanzig Gänge heran. Abgesessen, der Schlitten fährt weiter, ich stehe hinter einem Baum wie eine Säule, die entsicherte Büchse schußbereit. Das Rudel schiebt sich im Stangenholz durcheinander, Tannen hindern den Ausblick, da zieht ein Tier mit schwachem Kalb nach links. Glas ab, Büchse an den Kopf. Das Kalb fällt. Nun kommt Bewegung in die Stücke. Das übrige Rudel – es sind mindestens zwölf Stück – setzt sich in Troll. Da ich jedoch mit gutem Wind gedeckt stehe, weiß das Wild nicht recht, was los ist. Aufgefädelt wie eine dunkle Kette zieht das Rudel vor mir durch das Holz: Leittier, Kalb, Tier, Kalb, Alttier, Schmaltier. In der nächsten Lücke werde ich dem Alttier ohne Kalb die Kugel antragen. Ein Stück nach dem anderen kommt durch die Bestandeslücke, jetzt muß das Tier kommen, Haupt, Träger, Vorschlag. Das Stück bricht im Feuer zusammen, repetiert, es wird wieder hoch, Schuß, nun liegt es. Nach dem Auslösen der kleinen, abgeschliffenen Grandeln werden die Stücke auf den Schlitten verstaut. Heim geht's in flotter Fahrt. Der rotglühende Ball der Sonne sinkt hinter den verschneiten Wäldern. Die blauen Schatten der Dämmerung beenden einen herrlichen Jagdtag.

Eines Tages erhielt ich eine völlig unerwartete Einladung zur Hirschbrunft in die Seckauer Berge der grünen Steiermark. Ich habe viel in den verschiedensten Gegenden gejagt, aber ich kenne kein Revier, in dem die Hirschbrunft solchen Anblick und solche Erlebnisse bietet, wie die dortige Latschenzone und die blanken Höhenrücken, auf denen sich die Brunft abspielt. Man setzte sich auf irgend ein Köpfl und hatte einen herrlichen Rundblick. Überall stand Hochwild, man sah gute Hirsche.

Unvergeßlich ist mir der Zehner vom Angerl. Meine Frau, der Förster und ich hatten uns auf dem Rücken schon sehr früh am Nachmittag hinter einem künstlich aufgeschichteten Steinwall angesetzt, denn da oben gab es keine Deckung. Unter uns war eine tiefe Mulde mit einer stark angenommenen Suhle. Im feuchten Grunde sah man deutlich die aus dem tieferliegenden Hochwald heraufführenden Wechsel. Von dort sollte ein alter Achter zustehen. Hinter uns stieg der Rücken noch gute dreihundert Meter an und verwehrte den Ausblick auf die andere Seite.

Wir saßen noch nicht lange, als man schon eine Stimme hörte. Der erwartete Achter kam in Sicht. Noch war es zu weit, aber er zog auf uns zu. Plötzlich preschte ein starker Vierzehnender mit einem Geweih voller weißer Enden aus dem Hochwald und trieb unseren Achter in die Tiefe. Dann stellte er sich auf fünfzig Schritt unter uns breit und röhrte seinen Siegesschrei in die Bergwelt. Eine Weile tobte er noch herum, dann zog er in den Hochwald zurück. Die Bühne war leer, unser Achter vertrieben. Uns blieb nichts anderes übrig, als sitzen zu bleiben und uns mit dem Anblick der Brunftrudel über dem Tal zu unterhalten.

Da steht im letzten Licht der sinkenden Sonne hinter uns am Angerl ein Hirsch, der von der anderen Seite heraufgezogen ist, als Silhouette gegen den Abendhimmel. Der Förster hat ihn schon im Spektiv, „er paßt, Eissprossenzehner". Aber der Hirsch ist weit und steht spitz von vorn. Ich röhre ihn an, er steigt etwas herunter, zeigt aber nur den Vorschlag. Ich liege im Anschlag, das Licht schwindet. Es ist atemberaubend. Endlich zeigt er das Blatt, ich schieße, mit zwei hohen Fluchten ist er hinterm Kamm verschwunden. Der Förster steigt hinauf, späht über den Kamm und winkt. „Waidmannsheil"!

Zu den schönsten Hirschbrunfterinnerungen der Nachkriegszeit gehören jene zwei Jahre, in denen ich auf dem zum Meran'schen Brandhof gehörigen Edlaboden jagen durfte. Der Edlaboden ist eine Hochalm, deren steil abfallende Flanken mit ihren uralten Fichtenbeständen den Einstand des Rotwildes bilden, von wo herauf die Hirsche in der Brunft auf den Boden ziehen. Überragt wird die Alm vom Massiv des Hochschwab, dessen Mauern abweisend herunterblicken. Mitten im Boden steht eine noch von Erzherzog Johann erbaute schlichte Jagdhütte. Ein großer Raum als Lagerstätte für Jäger und Treiber mit einem riesigen Herd, daneben ein winziges Stübchen für den Gast.

Ich kam vom Salzatal heraufgestiegen und wurde von einem jungen rotblonden Hünen mit rotem Vollbart und blauen Augen empfangen: „Ich bin der Lois." Er war ein Prachtkerl, Defregger und Leibl hätten ihre Freude an ihm gehabt.

Die Jagdmethode da oben war einzigartig. Man saß vor der Hütte unter dem vorspringenden Dach hinter einem brusthohen Gatter und überblickte den ganzen Boden. Die Hütte wurde tagsüber beheizt, denn am Abend durfte kein Rauch die Hirsche stören, wenn sie auf den Almboden zogen. Doch so programmäßig ging es nicht zu. Die Hirsche, die man wohl im Vorfeld der Alm noch im Bestand röhren hörte, zogen vor Büchsenlicht nicht aus. Aber als der Vollmond hinter den Bergen hervorkam und die Alm in Silberlicht tauchte, dröhnte Schrei auf Schrei durch die Nacht, zauberhafte Musik. In der Früh war dort oben nichts zu machen, denn die Hirsche zogen vor Büchsenlicht ein.

Da es abends auf der Alm nicht klappen wollte, schmiedete Lois einen neuen Plan. Der Hochwald reichte über den Rand der Alm, uralte Schirmfichten standen in lockerem Verband, dazwischen heimliche Wiesenplatzerln, wo sich die Hirsche herumdrückten, bevor sie auszogen. An einem der Hauptwechsel würden wir zeitgerecht am Nachmittag Vorpaß halten. Unter einer alten Schirmfichte schoben wir uns ein. Vor uns lag der Stamm einer alten Fichte; die Reste der Äste ragten wie Gräten in die Luft. Plötzlich stupste mich Lois, er hatte den Hirsch melden gehört. Nun hörte auch ich ihn, und dann war er vor uns. Es war schon recht schummrig, aber auf die Nähe war der Wildkörper nicht zu verfehlen. Schuß! Wild prasselte der Hirsch zurück, dann tiefe Stille. Wir gingen zum Anschuß. Im Licht der Taschenlampe zeigte sich, daß die Kugel einen der Äste der alten Fichte durchschlagen hatte, am Stamm war Schweiß, dann aber nichts mehr.

Es war eine bewegte Nacht, bis wir am nächsten Morgen die Nachsuche aufnehmen konnten. Wohl fanden wir scharfe Eingriffe des flüchtigen Hirsches, aber keinen Schweiß. Schritt für Schritt folgten wir der gut zu haltenden Fluchtfährte. Kein Schweiß. Mich würgte es in der Kehle. Da! Etwa hundertfünfzig Schritt vom Anschuß lag der alte Achter. Das Geschoß (7x64) hatte sich nach dem Durchschlagen des Astes dreigeteilt, am Blatt waren drei Einschüsse. Natürlich gab es keinen Ausschuß, der Schweiß trat nicht aus.

Der Edlaboden hatte es mir angetan. Das Jahr darauf kam ich wieder. Schon am ersten Abend bot sich ein braver Hirsch zum Schuß. Es war noch hell genug, um zum Anschuß zu gehen, wo wir wohl einen tiefen Anschuß, aber nur wenige Tropfen Wildpretschweiß fanden. War es ein Streifschuß über den Vorschlag? Nun mußte ein Schweißhund her. In der Früh holte der Lois Hund und Hundeführer, während ich zum Vorpaß ins Salzatal hinunterstieg.

Alle Sinne sind gespannt. Die Ohren lauern auf den Laut des Hundes; lange dauert es, dann höre ich Hetzlaut. Der Hirsch ist auf den Läufen. Hirsch und Hund biegen von mir ungesehen nach links ab, dann ist alles stumm. Nach einer Weile werde ich abgepfiffen. Die Salza bildet in ihrem Oberlauf einen Teich, an dem gerade Graf Hansi Meran fischte. Ihm kamen Hirsch und Hund. Der Hirsch durchrann den Fluß, und der Graf konnte feststellen, daß der Hirsch gesund entlassen war.

So stieg ich wieder zur Alm hinauf. Nachdem ein Teil des Einstandes durch die vormittägige Nachsuche gestört war, mußten wir uns eine andere Strategie einfallen lassen. An einer Stelle lief von der Alm eine steile Rinne zu Tal, die von Wechseln durchzogen wurde, auf denen das Wild von der einen Seite des Hochwaldes auf die andere hin- und herzog. Auf einem Mäuerl setzten wir uns an, rauchten Pfeife und lauschten. Doch es blieb still. Auf einmal stehen Tier und Kalb in der Rinne. Rasch entsichert, es folgt gewißt ein Hirsch. Da ist er schon. „Schießen's", flüstert Lois und röhrt den Hirsch an. Der Hirsch verhofft, das Fadenkreuz steht am Blatt, Feuer. Der Hirsch zieht dem Tier nach, als ob der Schuß ihm nicht gegolten hätte. Gefehlt! Unfaßbar. „Gemma", sagt der Lois und packt seine Sachen. Schweigend pirschen wir den Steig zurück. Ich kann das Ganze nicht verstehen und zergrüble mir das Hirn, wo da der Teufel seine Finger im Spiele hatte. Plötzlich habe ich eine Erleuchtung. „Lois", sage ich, „geh'n wir nochmal zurück, ich muß mir was anschauen."

Bei steilen Schüssen bergab kommt es vor, daß das Ziel im Fernrohr völlig frei ist, der Lauf aber durch die Geländebeschaffenheit behindert ist, d.h. nicht ins Ziel zeigt, sondern ins darunter befindliche Erdreich. So war es denn auch. Wir fanden den Einschuß unterhalb des Mäuerls. Wenigstens war der Fall geklärt, aber meine Tage am Edlaboden gezählt.

Zauber der Karpaten

Traum jedes Hochwildjägers sind die Karpaten. Auch ich träumte von einer Fahrt in dieses Paradies, zumal mein Schwiegervater und sein Schwager in den letzten dreißiger Jahren ein Revier in der Marmaros gepachtet hatten. Zu meinem Kummer aber kam keine Einladung; ich durfte ja die Steinitzer Hirsche jagen.

An einem nun lange zurückliegenden Septemberabend, ich schmökere im Vorgenuß der nahen Hirschbrunft im vertrauten Steinitzer Revier, gerade im so lebendig geschriebenen Buch „Hubertus, hilf" des Baron Dungern-Oberau, bringt die Post ein Telegramm. Ein Telegramm? Wer hat mir schon zu telegraphieren? Ich erwarte kein Telegramm, meine Abreise ist festgelegt, meine Ankunft angekündigt. Was also bedeutet die Depesche? Gespannt und beunruhigt reiße ich den Umschlag auf:

„Veliký Bočkov, Hirsche schreien, komme raschmöglichst, drahte Eintreffen, Bär erlegt, Papi."

Das ist eine nie erwartete, nie geahnte Einladung meines Schwiegervaters zur Hirschbrunft in die Karpaten, in die Marmaros! Damals gehörte sie noch zur Tschechoslowakei, der Landesteil hieß Podkarpatská Rus. Sehnsucht eines jeden Jägers, den mächtigen Hirsch der Karpatenwälder dort zu strecken. Im Geiste schwirren nur so die Nadlerpunkte. Was für eine Überraschung! Die jähe Freude macht mich ganz kribbelig. Dann aber folgt mit Genuß die Zusammenstellung der Liste aller Dinge, die notwendigerweise auf die Fahrt mitgenommen werden müssen.

Bis jetzt war das Wetter günstig. Schönwetter mit kalten Nächten und reifglänzenden Morgen, nun aber droht die Wettervorhersage mit sommerlicher Erwärmung. Bange Frage: wird das Wetter im Osten halten? Wird es auch dort sommerlich warm werden und die Hirsche zum Verschweigen bringen? Welcher Jäger kennt nicht diese Sorgen? Sie bedrücken und gehören doch mit zur freudigen Spannung vor Antritt einer Jagdfahrt.

Endlich sitze ich im Zug. In der ersten Morgensonne grüßen mich in typisch herbstlicher Beleuchtung die Gipfel der Hohen Tatra. Frisch ist der Morgen. Weiter führt die Fahrt durch die sonnige Slowakei über Kaschau gegen Karpathorußland. Je weiter wir im Laufe des Tages nach Osten kommen, desto wärmer wird es. Sollte die Prognose doch stimmen? Die mannigfachen Eindrücke, wohlbekannt aus Buch und Bild, und doch neu, weil diesmal erschaut, lassen die Sorge vergessen.

Ruthenen in ihrer weißen Leinentracht mit hohen Strohhüten, Juden im Kaftan wie in Galizien bevölkern die Stationen, die nun ihren Namen auch in cyrillischen Lettern verkünden. In Chust ragt trotzig die alte Rakoczy-Burg ins Land, die ganze Gegend beherrschend. Ein Teil der Strecke führt durch rumänisches Gebiet. Rumänische Soldaten in Lohengrinhelmen und nicht sehr sauberen Kakiblusen und Wickelgamaschen bewachen den Zug. Verkürzten auch die interessanten Bilder der fremden Landschaft die Länge der Fahrt, so bin ich doch herzlich froh, nach fast neunzehnstündiger Reise an der Bestimmungsstation angelangt zu sein. Hier wartet bereits ein huzulischer Träger mit einem Leiterwagen, davor zwei Koniken, kleine, zähe landesübliche Pferdchen. Wir verständigen uns auf tschechisch. Rasch ist das Gepäck verstaut, ein Sitz im Wagen möglichst weich gebettet, denn es stehen uns zweifelhafte Karrenwege bevor. In eine Staubwolke gehüllt traben wir los; es ist schon spät, wir haben gute fünf Stunden Fahrt vor uns und wollen möglichst nicht in die Dunkelheit kommen. Anfänglich kann man sie noch Straßen nennen, dann aber verlieren diese aneinandergereihten Löcher jeden Anspruch auf eine derartige Bezeichnung; ein langes Stück Weg führt über die Trasse einer aufgelassenen Waldbahn, die Räder holpern mit furchtbarem Gerassel über die Schwellen, öfter fehlt eine, an ihrer Stelle erschüttert ein Schlagloch das Wägelchen. Die Huzulenpferde springen wie die Katzen darüber hinweg, der Wagen halsbrecherisch hinterdrein, daß man glaubt, jeden Augenblick werde ein Rad brechen oder der Wagen sich überschlagen. Aber nichts dergleichen geschieht. Dann führt der Weg durch ein langes Tal; da fährt es sich am besten im seichten Wasserlauf. Längs des Weges langgezogene Dörfer zerstreut liegender Holzhütten mit steilen Giebeln.

Alle Gewerbetreibenden, einschließlich Schmied und Müller, sind Juden, ungezählte schmutzige Kinder, ruthenische und jüdische wimmeln in den Dorfstraßen, dazwischen hochgewachsene ruthenische Bauern, die freundlich den Fremden grüßen oder mit frommer Gebärde vor den zahlreichen Bildstöcken den Hut ziehen. Die zugehörige Weiblichkeit ist weniger anziehend, wesentlich kleiner und im Durchschnitt eher dick. Wir begegnen Herden von Schafen, Ziegen und Schweinen, die unser Vorwärtskommen hemmen. Endlich weitet sich das Tal, weit im Hintergrund leuchten in der Abendsonne die Höhen, auf denen ich jagen soll. Werden meine Wünsche in Erfüllung gehen? Noch ist es weit bis zum Jagdhaus, doch schließlich erreichen wir in der Dunkelheit unser Ziel. Froh, der Schüttelei entronnen zu sein, steige ich vom Wagen. Beim Abendessen berichtet mein Schwiegervater eingehend über die Erlegung seines Bären am Luder und über den Stand der Hirschbrunft. Die Hirsche röhren wieder schwächer, es ist zu warm (also doch!), aber letzten Endes ist die Hauptsache, daß ich einmal hier bin, fern von Europa – Verzeihung, Mitteleuropa – und den Sorgen des täglichen Lebens. Alles weitere wird sich finden.

Noch im Stockdunkeln steigen wir am nächsten Tag in aller Früh fast zwei Stunden auf. Unser Ziel ist ein Kopf, der einen weiten Kessel beherrscht, von dem aus wir zunächst verhören wollen. In dem ausgebrannten Stumpf eines uralten Ahorns richten der begleitende Träger-Heger und ich uns ein und lauschen in die schwindende Nacht. Es ist leider viel zu warm, wir hören im weiten Rund keinen Ton.

Auf Grund des morgendlichen Ergebnisses wird beschlossen, das Standquartier zu verlegen und eine kleine Blockhütte im höchstgelegenen Revierteil zu beziehen, von wo aus man besser verhören und nach allen Seiten hin pirschen kann. In sommerlicher Mittagshitze ziehen wir, der Jagdherr hoch zu Roß, meine Wenigkeit, Adda, der Schweißhund, der Jäger und zwei Träger schwitzend bergan. Nach steilem Anstieg stehen wir endlich auf der Kammhöhe und genießen den Weitblick über dreier Herren Länder: nach Norden auf die Höhenzüge der polnischen Karpaten, nach Osten und Südosten auf Rumänien, auf die Wälder der Bukowina, und ganz fern im Dunst auf die transsylvanischen Alpen. Unter uns die Wildnis Karpatorußlands mit dem Silberband der Theiss weit draußen, die hier ein gutes Stück Grenze gegen Rumänien bildet.

In einem windgeschützten Winkel neben einer Quelle steht die primitive Blockhütte, die nun für einige Tage mein Heim sein wird. Ein kleiner Eisenofen, ein wenig Geschirr, ein Tisch und zwei Hocker, ein Strohsack, ein paar Haken sind ihr Mobiliar, das durch Decken und Schlafsack ergänzt wird. Das vorgebaute Dach bildet, gestützt von zwei Pfeilern, einen geschützten Sitzplatz. In der Nähe steht auch die landesübliche Koliba der Träger, voll von Stroh und Flöhen. Rasch ist abgepackt. Wir verteilen uns zur Abendpirsch und beziehen jeder einen bestimmten Beobachtungspunkt, um die Entwicklung der Ereignisse am Abend abzuwarten. Aber auch dieser Abend geht in tiefer Stille zur Neige.

Noch ein Morgen vergeht, ein neuer Tag bringt sommerliche Hitze, doch endlich auch den ersehnten Regen. Mittags ballt sich der Dunst zum Gewölk, am Nachmittag geht ein mächtiges Gewitter nieder. Der Regen rauscht bis tief in die Nacht herunter, Musik für unsere Ohren. Die Spannung wächst, wie wird der Morgen? Der Regen hat rechtzeitig aufgehört, der Morgen ist kalt und klar. Als wir aus unserem stillen Hüttenwinkel auf den Kamm hinaufkommen, dröhnt uns schon der erste Schrei entgegen. Herrgott, was ist das für eine dröhnende Stimme gegen die der Hirsche des heimatlichen Hügellandes. Der begleitende Jäger reizt den offenbar beim Rudel stehenden Hirsch auf der Muschel. Sofort kommt eine grobe Antwort. Ich trenne mich von meinem Schwiegervater, der diesen Hirsch angehen will, sobald Büchsenlicht ist, und stolpere in der Finsternis mit einem Träger auf Umwegen meinem gestrigen Beobachtungsstand zu, in dessen Nähe ein Hauptwechsel vorbeiführt. Man hört nun einige Hirsche gut melden. In der Nähe aber röhrt nur einer.

Je heller es wird, desto lebhafter erklingt drüben das Frage- und Antwortspiel zwischen Hirsch und Muschel. Ich kann dem Konzert deutlich entnehmen, wie der Hirsch hin und her zieht, wie er immer gereizter antwortet, wie die angehenden Jäger sich heranarbeiten. Leider kann ich den Ort des Geschehens nicht einsehen. Eine Weile klingt der Ruf der Muschel von derselben Stelle, jetzt rollt donnernd der Schuß über die Täler, dann tiefe Stille. Ob der Hirsch liegt?

Ringsum ist kein Hirsch mehr zu vernehmen, es ist heller Tag. Ich trete den Rückzug an und pirsche auf einem Steig, der in der Lehne längs des Kammes führt, dem Jagdherrn nach. Ich komme auch noch zurecht, um ihm am gefällten Hirsch, einem guten Vierzehnender, Waidmannsheil wünschen zu können. Unwahrscheinlich, wie mächtig diese Karpatenhirsche sind, gemessen an unseren Mittelgebirgs- und Gebirgshirschen. Während wir noch über den ganzen Vorgang fabulieren, fängt plötzlich am hellichten Tag ein Hirsch an zu röhren. Er stehe am Ilmin, sagt der Jäger, den könnte man noch angehen. Gewehr in die Hand, im Lauf über Stock und Stein den Kammweg entlang, dem etwa eineinhalb Kilometer entfernten Standort des Hirsches entgegen. Ab und zu verhalten wir und reizen ihn durch einen Ruf mit der Muschel. Es gelingt uns auch, den Hirsch bei Stimme zu halten, bis wir so nahe sind, daß wir ihn richtig angehen können. Der Schauplatz der Begebenheit ist ein großer Schlag, der einmal durch Waldbrand entstand. Neben alten Buchenüberständern ragen kahle, ausgebrannte Ahorne turmhoch in den Himmel und warten auf den Sturm, der ihre letzte Kraft bricht. Dann werden sie zu Boden stürzen und modern und morschen unter Moos und Laub, überwachsen von üppigen Brombeerstauden, Gestrüpp, mannshohem Epilobium und gelbgebleichtem Gras – Wildnis, in die wir nun röhrend eindringen.

Der Hirsch, der bisher nur brummend – er war anscheinend niedergetan – Bescheid gegeben hatte, antwortet jetzt reger. Die zu Beginn des eigentlichen Angehens angezündete Zigarre zeigt dauernd guten Wind. So rücken wir, den suchend heranziehenden Hirsch markierend, immer tiefer in den verwachsenen Schlag hinein. Der Stimme unseres Hirsches ist anzumerken, daß er über den Eindringling ungehalten ist. Nach einem herausfordernden Schrei unsererseits zieht er uns auch schon entgegen. In den hohen Büschen, dem Gras und dem Epilobium sind nur das Haupt und die weit ausgelegten Stangen für einen Augenblick zu sehen. Die Ausdehnung des Schlages hat uns nicht nahe genug kommen lassen, um bei der Beschaffenheit des Terrains ein verläßliches Ansprechen geschweige denn ein sauberes Abkommen zu ermöglichen. Aber wir werden unseren Widersacher wohl noch näher heranzaubern können, denn wir stehen gedeckt hinter einer dichten Staude. Dann der bekannte kalte Luftzug im Nacken, – aus! Der Hirsch ist verschwunden, wir bleiben recht kleinlaut zurück, ab und zu knörend, um unseren geräuschvollen Rückzug zu verschleiern. Trotz des Mißerfolges war das Erlebnis voll unerhörter Spannung. Es war uns immerhin gelungen, den Hirsch um neun Uhr morgens noch zu Gesicht zu bekommen. Das erhöhte die Vorfreude und steigerte die Erwartungen.

Für den Nachmittag und Abend beschließen wir, uns in der Nähe des Brunftplatzes auf einem primitiven Hochsitz frühzeitig anzusetzen, damit unsere Fährte am Kammweg möglichst verblaßt. Dort wollen wir zunächst einmal abwarten, ob Hochwild einwechselt. So sitzen wir also schon am späten Mittag auf unserem Luginsland, genießen den herrlichen Weitblick über die Täler, werden allerdings in unserem beschaulichen Naturgenuß durch den aufkommenden eisigen Wind gestört, der auf dem luftigen Sitz sechs Meter über dem Boden recht fühlbar ist. Schon am frühen Nachmittag beginnt ein Hirsch in den Einständen hinter uns mit ausgezeichneter Stimme heftig zu röhren und auch zu treiben. Ein Angehen dort ist unmöglich. Aus den vielen Fährten, die nach dem gestrigen Regen deutlich zu spüren sind, dürfen wir hier auf guten Anblick schließen.

Da steht plötzlich ein Tier am Kammweg und windet. Sollte unsere Fährte es noch stören? Nach längerem Sichern zieht das Stück bergab. Wo ist der Hirsch? Kommt er hinter diesem Tier? Nein, es ist allein. Jäh aufgesprungene, äußerste Bereitschaft erlischt wieder. Eine Stunde verrinnt, da stupft mich der Jäger, und flüstert erregt: „Hirsch, auf derselben Stelle!" Ein Griff nach dem Glas, der Hirsch steht zunächst aber so, daß ich das Haupt nicht sehen kann und nur den enormen Kasten ausnehme. Jetzt taucht die rechte Stange auf, eine, zwei, drei, vier lange weiße Enden, aber keine Krone. Also wohl ein Achter; auch scheinen mir die Stangen nicht sonderlich stark; wahrscheinlich ein Beihirsch. Ich habe nur einen Hirsch frei, und der soll möglichst gut sein. Jetzt sehe ich das ganze Haupt – ungerader Kronenzehner, alle Enden lang und weiß, jedoch nur mittelstarke Stangen, nun zeigt sich der ganze Hirsch, sehr stark im Wildpret. Er verhofft, legt das Haupt zurück, ich warte gespannt auf den donnernden Schrei – aber er trenzt leise. Also doch ein Beihirsch, der sich wegen der Nähe des Platzhirschen nicht zu röhren traut. Das Spiel wiederholt sich, ich habe Muße, das Geweih zu studieren: Krone, Auslage, die langen Enden, besonders die Augsprossen sind ohne Zweifel gut, aber die Stangenstärke läßt zu wünschen übrig. Der Zehner ist inzwischen näher herangezogen, da fällt dem Jäger und mir am Gesichtsausdruck des Hirsches etwas auf, worüber wir uns zunächst nicht klar werden können; er hat ein anderes „Gesicht“ als ein normaler Hirsch. Ja, jetzt sehen wir es deutlich, der Hirsch bleckt die Vorderzähne wie eine Bulldogge, der Oberkiefer greift schief über den Unterkiefer, der dadurch verkürzte Windfang gibt ihm das fremde Aussehen. Vielleicht ist das jener Hirsch, der im vorigen Jahr von einem Gast angeschossen wurde, wobei Zähne am Anschuß gefunden wurden, während der Hirsch nicht zur Strecke kam. „Vielleicht ist der seltene Fall eingetreten, daß das Stück einen Äserschuß soweit ausgeheilt hat“, meint der begleitende Jäger und bittet, unbedingt zu schießen. Vielleicht ist das die Ursache der verhältnismäßig geringen Stangenstärke.

Unter diesen Umständen gibt es natürlich keine Wahl mehr; der Hirsch zieht breit bergab, meine Kugel faßt ihn im Blatt. Mit einer hohen Flucht quittiert er den Schuß und flüchtet bergunter. Nach wenigen Fluchten ist er bereits unseren Augen entschwunden. Wir aber hören dann einen dumpfen Rumpler und nicken uns vielsagend zu, er liegt!

Es ist doch ein eigenes Gefühl, einen guten Hirsch geschossen zu haben, denn ein guter ist es auf jeden Fall, wenn auch kein Kapitaler. Bevor wir zum Anschuß gehen, ziehen nochmals die Bilder vor dem geistigen Auge vorüber, die vorher schnell in Wirklichkeit abgerollt sind. Die Zigarette ist aus, wir packen unsere Sachen und klettern herunter.

Obwohl ich mir den Anschuß genau gemerkt habe, finden wir keinen Tropfen Schweiß. Doch die Bahn des flüchtigen Hirsches ist deutlich zu erkennen. Ich folge ihr auf alle Fälle mit schußfertiger Waffe und stehe nach achtzig Schritten vor dem Gestreckten. Ich freue mich über das edle Geweih mit seinen blitzenden Enden. Die genaue Untersuchung des Äsers ergibt, daß allem Anschein keine Schußverletzung Ursache dieser Mißbildung ist, da sämtliche Zähne vorhanden sind und auch äußerlich keine Narbe feststellbar ist. Das Rätsel bleibt vorläufig ungelöst. Lange sitze ich und betrachte die Trophäe. Der Hirsch erhält seinen letzten Bissen, nach Lüftung und Verwitterung gegen Bären treten wir den Heimweg an. In der Hütte beim prasselnden Feuer wird das Problem der Mißbildung immer wieder nach allen Seiten erörtert.

Am nächsten Morgen wird ausgeschlafen, dann brechen wir mit dem ruthenischen Träger auf, um den Hirsch zu photographieren, an Ort und Stelle aus der Decke zu schlagen und zu zerwirken, das Haupt abzuschlagen. Der Transport erlegten Wildes ist in den Karpatenwäldern nicht anders möglich. Zwei Stunden tüchtigen Zugreifens, dann ist auch das geschafft. Am Heimweg finden wir an einer feuchten Stelle eine starke Bärenfährte und frische Losung. Doch bei allen meinen Pirschen bin ich mit Bären leider nicht zusammengekommen.

In der Nähe des Jagdhauses floß ein Forellenbach, an dessen Ufer dichte Haselstauden wuchsen. Der Schwager meines Schwiegervaters, Onkel Leo, der später dort einen sagenhaften Zwanzigender schoß, der in Düsseldorf die Goldmedaille erhielt, den wegen seiner grauen Farbe sogenannten „Elefanten", wollte eines Tages Haselnüsse pflükken. Er merkte, daß auf der Gegenseite noch jemand pflückte. Neugierig bog er die Zweige auseinander und stand einem Bären gegenüber, der sich gütlich tun wollte. Beide Pflücker entfernten sich erschrocken, jeder in eine andere Richtung.

Da mein Abschuß erfüllt ist, trete ich mittags den Abstieg zum Jagdhaus an. Unten vermessen wir nach dem Auskochen eingehend den Schädel. Er zeigt ein nach rechts verkrümmtes Nasenbein, eine Mißbildung, die vermutlich schon in der Tracht oder beim ganz jungen Kalb, solange die Knochensubstanz noch weich ist, eingetreten sein mag. Die Zähne sind infolge der verschobenen Lage der Kiefer ungleich abgenützt, schief aufeinandergebissen, ein Grandl ist ebenfalls völlig deformiert. Dem Gebiß nach handelt es sich, soweit dies im Hinblick auf die ungleiche Abnützung festzustellen war, um einen älteren Hirsch. Die linke Stange mißt 94 cm, die rechte 91 cm bei 80 cm Auslage, die Krone ist wohl ausgebildet. Der Hirsch war noch sehr feist und wenig brunftig.

Am nächsten Morgen bricht meine kleine Karawane auf. Ein rumänischer Tragtierführer mit einem Tragtier, auf dessen Holzsattel mein Gepäck aufgeschnallt ist, und einem Fohlen, das mit der Mutter geht, zum Schluß ich selbst hoch zu Roß, so ziehen wir in den regenverhangenen Morgen. Das Wetter hat sich leider vollständig eingetrübt, und zum Abschied weint der Karpatenhimmel in Strömen. Fünf Stunden Ritt in Regengüssen, die sich zu Wolkenbrüchen steigern, sind der Abschluß einer unvergeßlichen, eindrucksreichen, von Waidmannsheil gekrönten Jagdfahrt. Ich habe keinen trockenen Faden am Leib, als wir am Bahnhof ankommen. Was macht das schon nach einem solchen Erlebnis. Dort, wo diese Geschichte spielt, ist heute Rußland.

Seit dieser lange zurückliegenden Jagdfahrt in die Marmaros blieb eine Wiederkehr zur Hirschbrunft in die Karpaten meine große Sehnsucht. Erst als der deutsche und österreichische Massentourismus speziell Rumänien und Jugoslawien überflutete, entschloß ich mich zu einer Jagdfahrt nach Siebenbürgen.

Am 24. 9. 1973 trafen meine Frau und ich in Hermannstadt (Sibiu) ein. Dort erwartete uns der zuständige Forstdirektor, der persönlich die Führung übernahm. Das uns zugewiesene Revier lag im Zibinsgebirge. Das Zibinsgebirge im Südwesten von Hermannstadt erreicht im Cindreul eine Höhe von 2245 m und gehört zu den nördlichen Vorläufern des Hauptkammes der Südkarpaten, der bis 2500 m ansteigt. In den tieferen Lagen herrscht die Buche vor, in den höheren tritt die Buche stark zurück, weicht undurchdringlichen, weiten, dunklen Fichtenbeständen, die in Latschenregionen übergehen, die höchsten Kuppen sind unbewaldet. Ausgedehnte Hochalmen wechseln mit kilometerweiten Schlägen und Jungkulturen. Viele Täler mit rauschenden Wildbächen, vielen Rinnsalen mit herrlichem Wasser durchschneiden die Höhenzüge. Mangels Brücken kann man sie nur akrobatisch auf Baumstämmen überschreiten oder in Gummistiefeln durchwaten.

Die Holznutzung führte zu ausgedehntem Straßenbau. Die Straßen sind meist sandig und zeigen jede Fährte. Pirschsteige gibt es nicht. An ihrer Stelle benützt man Holzabfuhrwege, Viehsteige, oder man folgt den ausgeprägten Wildwechseln. Keinerlei Reviereinrichtungen sind vorhanden. Will oder muß man im Revier übernachten, dienen die landesüblichen Sennhütten (Stinen) als Unterkunft. Für Sommerbenützung gedacht, sind sie aus groben Blöcken gefügt, deren Fugen nicht verstopft sind. In der Mitte ist eine Feuerstelle neben einem Pfahl, an dessen Querbalken man in verschiedenen Rasten die Höhe des Kochkessels regulieren kann. Der Pfeiler trägt das hohe schindelgedeckte Giebeldach, durch das der Rauch abzieht. Pritschen, die man mit Fichtenzweigen polstert, bilden die Bettstelle. Das Feuer wird die ganze Nacht unterhalten.

Wir erreichten in eineinhalbstündiger Fahrt das drei Kilometer lange Straßendorf Gura Riului, d.h. Bachmündung. Hier verläßt der Zibinbach die Berge. In diesen Walddörfern scheint die Zeit stehengeblieben zu sein. Die Rumänen tragen noch Tracht, sind einigermaßen freie Bauern, denn in den Waldgebieten Siebenbürgens und der Moldau, wozu auch die südliche Hälfte der ehemaligen Bukowina zählt, kann man keine Kolchosen einrichten. Auf langsam ansteigender Straße gelangen wir zu einem Jagdhaus, wo der Wagen abgestellt und das Gepäck auf Pferde umgeladen wird. Von dort führte ein Steig nach etwa einem Kilometer auf die Hochalm Poienita (Pojeniza) Gura Riului, wo die Jagdhütte stand, in der wir auf vierzehnhundert Meter Seehöhe Unterkunft bezogen. Auf steinernem Sockel, aus groben Blöcken gefügt, innen mit Mörtel verputzt und ausgemalt, mit vorgezogenem Giebeldach, über der Veranda, bestand sie aus drei Räumen.

Der französisch sprechende Forstdirektor D. (51), klein, flink, zäh, seine Frau, die zusammen mit der Jägersfrau Marina kochte, der Jäger Damian (39), willig, gutmütig, bärenstark, primitiv, ein Hirte, aber kein brauchbarer Jäger, wie sich herausstellen sollte, sowie Dolmetscher Wenzel, ein deutschsprechender, pensionierter Kunsttischler (69) aus Hermannstadt, bildeten den Personalstamm.

Man hatte den Dolmetscher zugezogen, weil man nicht wissen konnte, ob wir französisch sprachen. Wir wurden wie hochgestellte Persönlichkeiten betreut. Die Verpflegung war tadellos; da das Vieh noch auf den Almen war, gab es immer frische Milch und Butter sowie köstliches Brot.

D. und ich machten abends eine kleine Informationspirsch über die Hochalm, um vielleicht einen Rehbock für die Küche zu erlegen und um zu verhören.

Die Brunft habe noch nicht begonnen, hieß es, es habe einen Monat geregnet, wobei es warm gewesen sei, die Hirsche meldeten kaum. Normal fängt dort die Brunft um den 17. 9. herum an, wir seien also gerade zum Höhepunkt gekommen. Das Wetter war kühl, aber nicht unfreundlich. Der Jäger Damian war nicht im Bilde, daher zogen wir am 25. auf gut Glück zur Erkundung aus. Sie endete in einer Marschleistung von dreißig Kilometern. Nur ein Hirsch meldete irgendwo weit und lustlos – sagten sie, ich habe ihn nicht gehört. Wir sehen Rehwild, noch unverfärbt, spüren einen Wolf, finden Balz- und andere Auerhahnlosung. Die Pirsch vermittelt einen wertvollen Überblick über das Revier. So weit das Auge reicht, Almen, Schläge, Hochwald; ein Rücken nach dem anderen, herrlich schön, weltabgeschieden. Wir fährten zweimal einen starken Hirsch. Ich empfinde den Gedanken erhebend, in einem Revier zu jagen, in dem es Bären, Wölfe und Wildkatzen gibt. In einem Schlag unweit eines Brunftplatzes arbeitet mit viel Lärm eine Kolonne Frauen.

Um 13 Uhr sind wir glücklich zurück. Um drei Uhr brechen wir wieder auf, diesmal geht meine Frau mit. Wir marschieren etwa eine Stunde auf einer elenden Waldstraße ins Zibintal hinunter zum Weiler Niculesti, um von dort die Hänge des gleichnamigen Höhenrückens zu beobachten und zu verhören, denn dort soll ein starker Hirsch stehen. D. will mich bewegen, noch eine Stunde bergauf zu steigen; da man nichts hört, lehne ich angesichts der vormittägigen Marschleistung diese Fleißaufgabe ab. Wir sehen und hören nichts, Damian, der eine andere Flanke beobachtet, vernimmt auch nichts. D. behauptet, er habe den „Großen" auf fünfzig Schritt beim Felskopf vor sich gehabt. Sei es, morgen ist auch ein Tag! Irgendwo melden zwei Hirsche spät und lustlos.

Der 26. 9. wird ein schwarzer Tag. D. muß nach Hermannstadt und kommt erst abends wieder. Also ziehe ich mit Damian los. Es hat gefroren. Wir wollen auf den Niculesti, müssen also die alte Straße hinunter, die im Hang große Mulden mit Buschwerk aufweist. Dort entdecke ich eine Gais mit einem Bock, der hoch auf hat, mindestens eine Spanne über Lauscher. Während ich sofort in Deckung gehe, steigt der Unglücksrabe Damian in seiner ganzen Größe auf einen Baumstamm. War das Paar ursprünglich in vernünftiger Reichweite, wird jetzt die Gais flüchtig und nimmt den Bock mit. Auf mein Schrecken verhofft der Bock weiter unten, aber in der Eile geht der Schuß daneben. In der nächsten Biegung sehe ich, daß ich die Entfernung arg unterschätzt habe und den Schuß besser unterlassen hätte. Um zum längeren Ansitz auf den Felskopf zu kommen, pirschen wir talwärts. Plötzlich entdecke ich den Körper eines fahlgelben Rehs, sehe aber kein Haupt und halte es für eine Gais. Capriora? Damian sagt: „Nu caprior"! Wirklich, ein ganz graues Haupt, das vor dem grauen Baumstumpf kaum erkenntlich ist. Die hohen weißen Stangen wirken wie dürre Äste. Er hat uns weg. Ich veranlasse Damian, sich zu setzen, nehme Deckung hinter einem abgestorbenen Baum. Der Bock ist im hohen Gras kaum zu sehen und sichert. Endloses Warten, endlich zieht er auf eine lichtere Stelle und wird gefehlt, hält das Repetieren aus, der zweite Schuß wird von mir in der Eile verwackelt. Schreckend springt er ab. Ich bin am Boden zerstört!

Also weiter zum Einstand der Hirsche. Zwei Hirsche melden, wir pirschen Schritt für Schritt auf einem Wechsel und bleiben an einem lichten Fleck gedeckt stehen. Man hört die Hirsche rumoren, ich mahne, und schon taucht in den Stauden ein starkes Geweih auf, immer wieder verdeckt. Schließlich steht der Hirsch auf fünfzehn Schritt spitz von vorn vor uns in den Büschen. Ich bin im Anschlag, aber er hat das Haupt zurückgelegt, ich kann das Geweih nicht ansprechen. Er hat den gewissen grimmigen Gesichtsausdruck mit dem bösen Blick des alten Hirsches, aber ich will mehr von ihm sehen, abgesehen davon, daß ich ihm die Kugel weder auf die Stirn setzen will, noch durch die Büsche schießen kann. Zwei Schritte sollte er nach rechts tun. Ich stehe wie ein Stock, da deutete der unglückliche Damian mit der Hand „cerb", und weg ist der Hirsch. Aus, Heimmarsch, kochend vor Zorn, der sich sprachlich nicht austoben kann. Ich lasse ihm dann durch den Dolmetscher erklären, was falsch war, ohne Verständnis zu finden.

Das Wetter ist tagsüber sonnig und warm. Abends kommt der Forstdirektor zurück, der einen Wolf über die Alm trollen sah.

Am 27. 9. hat Tochter Katharina Geburtstag. Es soll ein Glückstag werden. Der Forstdirektor, Damian und ich gehen früh bei Nieselregen ins Zibintal hinunter, um gegen den Bergwind in den unteren Schlag des Niculesti einzudringen, wo drei Hirsche melden. Wir hören Hirsche kämpfen, es herrscht reger Brunftbetrieb. Jeder Schritt ist Spannung in dem unübersichtlichen, verfilzten Gelände. Stille. An einem günstig erscheinenden Platz lasse ich halten. Ich mahne. Oben am Waldrand steht doch ein hellgrauer Fleck, der vorhin nicht da war. Das Glas beschlägt immer wieder. Es handelt sich um ein Stück Hochwild, das Haupt hinter einem Busch, halbspitz, dem Kasten nach ein starker Hirsch. Über dem Busch leuchten weiße Enden! Der Hirsch trenzt, aber rührt sich nicht, verhofft auf zweihundert Schritt. Ich mahne erneut, endlich setzt sich der Hirsch bergab in Bewegung, starke hohe Stangen, rechts eine Riesengabel, ein alter Hirsch. Er erhält die Kugel, quittiert sie mit schwerem Zusammenrucken und zieht schwerkrank bergab. Zwei weitere Schüsse kommen in dem Gestrüpp, durch das er zieht, nicht an. Auf etwa hundertfünfzig Schritt trifft ihn die vierte Kugel, er stürzt und verschwindet. Nun hätte man still warten sollen, aber Damian erhebt ein Freudengebrüll. Der Forstdirektor nimmt Damians Doppelflinte mit Brennecke und läuft in Richtung des sicher

Gestreckten los, notgedrungen ich nach. Der Hirsch ist todkrank, bekommt uns in den Wind, müht sich hoch, kurz vor mir heben sich Haupt und Träger mit letzter Anstrengung. Ich glaube, daß er nicht hoch kommt, doch dann flüchtet er, mein Schuß geht daneben, und weg ist der Hirsch. Der Forstdirektor springt vor, Büsche verdecken mir die Sicht. Ein Schuß, Rufen, ich breche durch klatschnasses Himbeergestrüpp, da liegt der Hirsch, dem Äser entströmt dampfend der Atem. Erst mein Fangschuß endet seine Qual. Es ist ein Prügelhirsch (205 kg), ein ungerader Zwölfer, links eine hintereinander liegende Dreierkrone und Eissproß, rechts eine Riesengabel mit einem dritten kleinen Ende, kein Eissproß, eher kurze Augenden, keine Grandeln, die Schneidezähne sind stark abgeschliffen. Der zuhause durchgeführte Schnitt durch einen der beiden großen mittleren Schneidezähne zeigt den mit Dentin völlig gefüllten Zahnkanal, ein Zeichen für hohes Alter. Der Bruch wird mit der Hand überreicht, der letzte Bissen ist unbekannt. Nach dem Fotografieren wird das Haupt abgeschlagen, wir ziehen heim. Das Geweih wiegt abgekocht und getrocknet 7,5 kg, 115 cm Stangenlänge, Auslage 82 cm, mein bisher bester Hirsch (187 CIC Punkte).

Am 28. 9. soll ich den „Großen“ (über 200 Punkte) schießen. Am Niculesti stehen zwei „Große“. Einer davon wurde hauptsächlich unterhalb und links vom Felskopf gesehen. Wir werden also wieder hinaufsteigen und auf einer Hütte übernachten. Wir machen keine Frühpirsch, sondern gehen erst nach dem Mittagessen hinaus. Verpflegung und Schlafsack werden mitgenommen, in der Hütte sollte man kein Feuer machen, weil es abends den Rauch in die Einstände schlägt. Beim Aufstieg springt im unteren Schlag ein kapitaler Bock ab. Weiter oben melden zaghaft zwei Hirsche. Der eine wird oberhalb des Mischwaldes im Schlag bald entdeckt. Im hohen Gras sieht man nur sein Haupt, ein 6- bis 7jähriger Eissproßzehner, ein roter Hirsch, der vor uns wegzieht. Die Hütte, ein grüner freudloser Bau, der wie ein ausrangierter Waggon einer Kleinbahn wirkt, hat enorme, nicht zu öffnende Glasfenster, innen ist er ein Saustall sondergleichen. Ein winziger Ofen, drei eiserne Bettgestelle, total verfaulte Matratzen, Dreck, unflätige Sprüche an der Wand. Wir schlagen Fichtenzweige fürs Nachtlager.

Der Holzabfuhrweg, den wir hinaufsteigen, ist stellenweise ein Hohlweg, aus dem man nicht heraussieht. Kein Hirsch meldet. Plötzlich taucht über uns im hohen Gras wieder ein Hirschhaupt auf, sichtlich ein starker Hirsch. Er weiß nicht recht, was los ist. Wieder ist das Haupt zurückgelegt, so daß ich nicht ansprechen kann. Diesmal hängt die Büchse noch über der Schulter. Der Forstdirektor und ich erstarren zu Salzsäulen, Damian, der nichts gelernt hat, deutet wieder: „tu, cerb", wieder ist der Hirsch mit einer Riesenflucht über den Hang nach unten verschwunden. Ich stürze nach, röhre ihn an, bringe ihn am Waldrand zum Stehen, einen Moment nur, der mich sehr hohe, aber dünne Stangen erkennen läßt, zu mehr langt es nicht, zum Schuß zu weit. Der Forstdirektor sagt, es sei der „kleinere" Große gewesen, aber auch ein Zweihunderter. Ich habe an Ort und Stelle auf französisch einen Patzenkrach geschlagen, der übersetzt wurde. Genutzt hat es wieder nichts.

Dann haben wir bei Kerzenlicht zu Abend gegessen, ich zog zwei Wollwesten an, bin in den Schlafsack gekrochen, Anorak drüber, und habe herrlich geschlafen. Die anderen waren ohne Decken ausgezogen, begannen zu frieren, worauf sie dann doch heizten. In der Nacht zum 29. 9. fällt Schnee. Hirsche melden kaum.

Am 29. 9. war es sehr kalt. Das Wetter wechselte, kein Ton, kein Anblick außer Gais mit Kitz. Mittags zurück. Nach einer Verhörpirsch abends marschieren wir wieder hinunter in das Zibintal beim Niculesti. Trotz klarem, kaltem Abend war kein Ton zu hören.

Am 30. 9. muß der Forstdirektor wieder nach Sibiu. Ich marschiere früh mit Damian zwei Stunden weit in das Waldtal hinein, das den Blick auf den Hang des Niculesti erlaubt. Wir wollen von hinten auf die Hochalm des Niculesti, wo Forstarbeiter Hochwild gesehen haben. Auf der Hochalm entdecke ich die neue Stina und beschließe, dort zu übernachten, um in der Früh mit halbem Wind die Ostlehne des Niculesti durchzupirschen. Ich schicke daher Damian auf die Hütte, damit er Schlafsack und Verpflegung holt, und bin – allein. Ein herrliches Gefühl! Im Intervall von einer Stunde wechsle ich meine Beobachtungspunkte, dabei entdecke ich, daß oberhalb der grünen Hütte alles zertrampelt, verfegt, zerschlagen ist, mit starken Fährten in der Nähe. Dort muß schon vor unserer Ankunft eine lebhafte, aber anscheinend stille Brunft stattgefunden haben. Ich sehe bis 18 Uhr kein Stück Hochwild, nur der Rundblick ist herrlich. Damian hat eine Axt mitgebracht und schlägt Holzvorrat für die Nacht. Er wird auch neben dem

Meine Karpathenhirsche. Niculeşti (27. 9. 72), Argeş (27. 9. 73), Kotów (27. 9. 75)

Der Vierzehnender von Aref-Ghiţu (27. 9. 73), mein Lebenshirsch

Feuer hingestreckt schlafen, soweit man das schlafen nennen kann. Alle zwei Stunden wendet er die geröstete Hälfte und setzt die andere, inzwischen tiefgekühlte der Wärme aus. Das ist landesüblich und mir aus der Karpatenliteratur vertraut, deren Kenntnis mir viel hilft. Ich schlafe wieder herrlich.

Am Morgen des 1. 10. – es hat wieder Schnee gegraupelt und ist bedeckt – unternehme ich die beabsichtigte große Pirsch mit halbem Wind durch den Osthang des Niculesti. Der Hang wird durch kleine Rücken immer wieder unterteilt, die gute Deckung bieten. Immer wieder spürt man den Wolf. Das ist auch der Grund der Stille und der mangelnden Bewegung des Wildes. In der nächsten Senke des kilometerlangen Schlages steht ein Tier mit Kalb, ohne Hirsch.

Am 2. 10. fahren wir mit dem Jeep in das Waldtal längs des Osthanges des Niculesti, um bei Büchsenlicht drunten zu sein. Der Forstdirektor und ich pirschen allein. Wir finden drei von Wölfen gerissene Sauen, d. h. deren frische Reste, das bedeutet, daß die Brunft endgültig total gestört ist! Plötzlich entdecken wir am Waldrand in einer Mulde einen braunen Fleck und eine Gabel. Nieder! Ich mahne auf den äsenden Hirsch, der beim dritten Mal hervorkommt. Ein junger Zehner, der auf Knören und Mahnen sich schließlich auf hundert Schritt breit hinstellt. Wenigstens ein schönes Erlebnis. Noch einmal begegnen wir einem Tier mit Kalb. Dann steigen wir ins Tal, wo der Jeep wartet.

Nachmittags ziehen wir zur letzten Pirsch auf demselben Weg zweieinhalb Stunden nach Westen, wo ebenfalls ein Brunftplatz ist. Am Weg dorthin blickt man auf den Nordhang des Niculesti. Wir fährten mehrere Wölfe, einen Bär, einen großen Hahn, vertreten auf achtzehnhundert Meter Seehöhe eine Kitt Waldrebhühner, rennen fast einen jungen Rehbock um und setzen uns schließlich am Rande eines idealen Platzes an, sehen aber nur eine Gais mit Kitz und weit überm Tal im Hang einen sichtlich suchenden Hirsch. Dann beginnt es zu regnen, wir geben auf. Meine Frau sieht auf der Alm wieder den Rehbock, bestätigt seine Jugend.

Am 3. 10. ist die Brunft endgültig vorbei. Die starken Schneefälle in den höheren Lagen haben die Wölfe heruntergedrückt. Trotz des nur teilweisen Erfolges war es eindrucksvoll und einmalig schön. Das Terrain selbst war nicht wesentlich beschwerlich, anstrengend die täglich durchschnittlich achtstündige Marschleistung. Im Nebel kommt der große Aufbruch. Als wir gerade losziehen wollen und am Gatter stehen, das die Hütte umgibt, schnürt ein starker Fuchs auf Kugelschußweite vertraut über die Alm. Damian erhebt zum Schutze seiner Hühner sofort ein Riesengeschrei, worauf der Fuchs sich eilig entfernt. Nach den Tagen in der Feuchtigkeit springt der Wagen nicht an, wird aber vom Jeep angeschleppt. Zwei Stunden später sind wir in Hermannstadt.

Das Stadtbild der mittelalterlichen Altstadt ist noch immer typisch deutsch, die deutsche Bevölkerung jedoch kaum mehr zu bemerken. Hermannstadt hat ein bedeutendes, bestens erhaltenes Museum, welches sich sowohl ob seiner folkloristischen Sammlungen der drei siebenbürgischen Nationen, der Sachsen, der ungarischen Szekler und der Rumänen mit ihren farbenprächtigen Trachten und Einrichtungsgegenständen sehen lassen kann, als auch hinsichtlich seiner beachtlichen Bildergalerie von den deutschen und italienischen Malern des 15. Jahrhunderts bis zur Moderne. Zu diesem Brukenthal-Museum, ein schöner Barockbau des siebenbürgischen Gouverneurs Baron Brukenthal, dem einzigen Gouverneur deutschen Stammes – die übrigen Gouverneure waren immer ungarische Magnaten – gehört als Dependance ein Jagdmuseum, das in der Villa untergebracht ist, die einem der berühmtesten Karpatenjäger des alten Österreich-Ungarn gehörte, dem k. u. k. Oberst August von Spieß. Spieß, von klein auf ein passionierter Jäger, ließ sich nach seiner Ausmusterung als Leutnant von der Maria-Theresianischen Militärakademie in Wiener-Neustadt 1885 nach Siebenbürgen versetzen und brachte es fertig, nur in dortigen Garnisonen dienen zu müssen, wodurch er jagdlich aus dem Vollen schöpfen konnte. Nach dem ersten Weltkrieg in seiner zu Rumänien geschlagenen Wahlheimat verblieben, wurde er 1922 ob seiner hervorragenden Kenntnisse von König Ferdinand zum Hofjagddirektor bestellt, welches Amt er bis zu seiner Pensionierung im Jahr 1938 inne hatte. Seine reichen Erfahrungen hat er in den Büchern

„Im Zauber der Karpathen“ (1933)

„Karpathenhirsche“ (1937) beim Verlag Paul Parey und

„Siebzehn Jahre im rumänischen Hofjagddienst“ (1940)

niedergelegt. In dem vorstehend von mir geschilderten Revier, das damals Guraro hieß, hat er infolge der Nähe seines Wohnortes viel gejagt, und die älteren Leute erinnern sich noch an ihn. Damian hatte ihm als

Bub Gepäck getragen. Oberst von Spieß starb am 4. 4. 1953 im 86. Lebensjahre in Hermannstadt, zwei seiner Töchter, die bei ihm in diesen Notzeiten ausgeharrt hatten, verließen nach seinem Tode die siebenbürgische Heimat. Seine jagdzoologischen Sammlungen und seine kapitalen Trophäen gingen in der Folgezeit zum größten Teil verloren. Was heute dort noch gezeigt wird, sind die noch immer beachtlichen beaux restes.

Sehr nachdenklich über das wechselnde Schicksal des schönen siebenbürgischen Landes und seiner Bewohner traten wir die Heimreise an.

Nun war ich dem Zauber der Karpaten völlig erlegen. Darum ging es das nächste Jahr wieder in die Berge, diesmal in die Südhänge der Südkarpaten, die zu Altrumänien gehören. Ursprünglich wollte ich in den Fogarascher Bergen nur auf Gams jagen, erst im letzten Moment entschloß ich mich auch auf einen Hirsch zu waidwerken.

So brachen meine Frau und ich am 19. September früh in Linz auf, um am selben Tag noch Arad zu erreichen, wo wir übernachten wollten. Am nächsten Abend sollten wir uns mit dem zugeteilten Dolmetscher im Touristenamt Pitesti treffen.

Nach rascher Abfertigung an der ungarischen Grenze erreichten wir über Mór programmgemäß Stuhlweissenburg. Nach fünfviertel Stunden Rast ging es weiter durch die ungarische Tiefebene an die rumänische Grenze. Endlich sind wir in Arad.

Am 20. September früh war das Wetter nach dem starken Regen am Vortag wieder freundlich. Wir starteten verspätet, weil wir am Abend vergessen hatten, unsere Uhren auf osteuropäische Zeit vorzustellen. Wir fuhren die uns schon bekannte Strecke, zweigten aber hinter Deva nach Hunedoara ab, um die berühmte Burg des Königs Mathias Corvinus zu besichtigen, die das Vorbild für das Landwirtschaftsmuseum in Budapest abgab. Die Burg ist gigantisch; überraschend und enttäuschend ist ihre Lage am Rande riesiger Hochöfen, deren roter Rauch allerdings pittoresk wirkt. Wir wollten auf der Durchfahrt auch unseren ehemaligen Dolmetscher Wenzel in Hermannstadt besuchen. Dort gab es eine große Überraschung, wir wurden zuvorkommend bewirtet und konnten uns nach einer Stunde nur mit Mühe losreißen. Er wäre am liebsten mitgekommen. Nun folgte eine sehr schöne Fahrt über den tiefeingeschnittenen „Roten Turmpaß“, den die Siebenbürger Sachsen zu schützen hatten, und landeten mit Glück in Pitesti vor dem Hotel „Muntenia", in dem sich das Touristenamt befindet und in dem wir auch wohnen sollten. Im Touristenamt wußten eine nicht sehr freundliche Dame und ein alter freundlicher Herr, die beide schlecht französisch sprachen, nur wenig und erwarteten selbst den mit Fernschreiben von Bukarest angekündigten Dolmetscher.

Inzwischen verlangte ich ein Zimmer. Angeblich war alles besetzt. Man verwies mich auf das gegenüberliegende Hotel „Arges", das wenig vertrauenerweckend aussah, soweit rumänische Hotels überhaupt Vertrauen wecken. Es gelang mir, die Dame an der Rezeption zu bewegen, mir in dem angeblich ausgebuchten Hotel ein Zimmer zuzuteilen. Inzwischen fand sich die Dolmetscherin ein. Plötzlich gab es doch ein Zimmer, sogar ein ganzes Appartement, Salon, Schlafzimmer, Vorzimmer mit Eiskasten, in dem wir Salami und gebratenen Karpfen, Geschenke unseres Freundes Wenzel, aufbewahrten. Im Badezimmer fehlte der Wanne selbstverständlich der Verschlußstöpsel; ich habe noch in keinem rumänischen Hotel erlebt, daß nicht wenigstens einer gefehlt hätte. Das Wasser war braun wie ein Moorbad, aber wenigstens heiß. Die Dolmetscherin Carmen, 20 Jahre, Studentin für Fremdsprachen an der Bukarester Universität, deutschstämmig, sprach fließend gutes Deutsch.

Am 21. September fuhren wir bei strahlend schönem Wetter zunächst nach Curtea de Arges, wo wir nach längerer Umfrage schließlich die Forstverwaltung fanden. Es erwartete uns schon der Verwalter, der uns ins Revier vorausfuhr. Es ging das Tal des Arges hinauf, das durch einen Damm für den Stausee Vidrana abgeriegelt wird.

Die erste unangenehme Überraschung war eine plötzliche Stokkung. In einer Kurve der schmalen Uferstraße war ein Anhänger mit einem Pionierponton umgekippt. Auf beiden Seiten stauten sich Pkw und zahlreiche Lastwagen. Nach eineinhalb Stunden Wartezeit war das Hindernis beseitigt. Das vom Jagdvermittler versprochene Jagdhaus am See entpuppte sich als das drittklassige, schmutzige Hotel „Cabana Cumpana" am Stausee, in dem wir Standquartier beziehen sollten. Empfangen wurden wir von dem sehr gut französisch sprechenden Jagdinspektor der Region, Herr über 600000 ha Staatsforst.

Nun begann das große Verhandeln wegen meines Hirschabschusses. Besondere Schwierigkeiten ergaben sich, weil ich wollte, daß meine Frau mich auf die Hütte begleiten sollte. Das ginge nicht, es sei zu wenig Platz, keine Köchin verfügbar. Ich erklärte, wir würden selber kochen, hätten keine Ansprüche, meine Frau käme mit oder ich reiste ab. Siehe da, plötzlich ging alles glatt.

Am nächsten Tag fuhren wir zurück zum Staudamm, auf der anderen Seeseite etwa zwanzig Minuten eine Waldstraße hinauf, bis zu einem Jagdsteig, wo wir abgesetzt wurden und nach einer Stunde Anstieg die kleine Ahornsee-Hütte im Revier Aref-Ghitu erreichten. Das Gepäck sowie Proviant für fünf Tage waren bei einem Bergbauern abgelegt worden, der es mit einem Pferd nachbringen sollte.

Der Anstieg begann gleich erregend. Wir kreuzten eine frische starke Bärenfährte. Der fast reine Buchenwald in grün und gold, gelegentlich von Edeltanne und Ahorn untermischt, war wie ein Dom. Mit dem Jäger Jon erreichten wir die Hütte, ein auf Steinunterbau errichteter eingeschossiger Hauptbau, mit überdachter Veranda, hohem Schindeldach, aus groben Balken gefügt, innen holzgetäfelt. Wasser holt man aus einer fünf Minuten entfernten Quelle, die einen Morast bildet, dem wegen der Bäume ringsum der stolze Name Klein-Ahornsee gegeben wurde. Das Wetter war prachtvoll, leider viel zu warm. Am Nachmittag war das Gepäck natürlich nicht da, wir zogen auf die erste Pirsch. Das Revier von 14000 ha ist Staatsforst mit hervorragenden Pirschsteigen und Kanzeln auf den großen Schlägen. Präsident Ceausescu hat dort gejagt. Dem Vernehmen nach gibt es viele starke Hirsche.

Sehr bald hörte Jon einen meldenden Hirsch, den wir röhrend angingen. Das erste Mal war der Hirsch im Bestand so nahe, daß meine Frau mit ihren Luchsohren ihn atmen hörte. Aber er stand nicht zu, ließ sich auch nicht sehen. Beim zweiten Hirsch blieb sie zurück. Als Jon wegen der Nähe nicht mehr melden wollte, mahnte ich. Plötzlich sah ich zwischen den Stämmen einen großen grauen Kasten und eine sehr lange Stange mit wenig Enden. Noch einmal zeigte sich mir nur das Geweih, rechts eine Fünferkrone, dann war der Hirsch verschwunden, der Wind hatte nicht gehalten. Es war zweifellos ein alter, starker Hirsch. Ein Versuch auf einen dritten Hirsch mußte aufgegeben werden, weil der Hirsch verschwieg. Immerhin allerhand für den Anfang, wenn auch die Hirsche unlustig meldeten. Als wir zur Hütte zurückkehrten, war das Gepäck noch immer nicht da. Es kam erst abends um neun. Wir hatten uns inzwischen mit Tee und Schokolade beholfen.

Am nächsten Morgen gingen wir zu einem Schlag, der etwa eine Stunde entfernt lag. Dort röhrte ein der Stimme nach sehr alter Hirsch mürrisch und wenig. Die Schläge in den Karpaten haben es in sich. Brusthohe Himbeer- und Brombeersträucher, Weiden und Epilobium, zerfurcht von Rinnen, in denen der Hirsch verschwindet. Wir konnten ihn lange nicht ausmachen, zweimal sah ihn Jon; bis ich die Stelle gefunden hatte, war der Hirsch weg. Wir stiegen in den Schlag hinein.

Der Hirsch war inzwischen gegen uns heraufgezogen, war aber immer noch sehr weit. Zweimal sah ich ihn, einmal nur den Rücken und das Haupt in einer Rinne, dann erschien er auf einem Grasschöpfl, stellte sich – immer noch zu weit – breit, ein weitausgelegtes hohes Geweih mit vielen weißen Enden wie Christbaumkerzen. Zählen konnte ich sie nicht, denn mein Glas lief an, und der Hirsch wechselte in den Hochwald. Ein Hochkapitaler.

Auf dem Schlag stand eine Kanzel. Wir pirschten über einen zweiten Schlag, wo uns ein Tier absprang – das einzige, das ich sah. Kahlwild gibt es unwahrscheinlich wenig, daher die vielen suchenden Hirsche.

Vormittags war der Forstdirektor auf die Hütte gekommen, um eine neue Einteilung zu beraten. Zwei Grazer, die in einem anderen Revier nicht zu Schuß gekommen waren, sollten auf die Hütte kommen. Ich erklärte mich sofort bereit, mit meiner Frau auf dem Hochstand oberhalb des erwähnten Schlages zu übernachten, und so abends und in der Früh auf den alten Hirsch zu lauern. Wir zogen also, entsprechend ausgerüstet, hinauf. Sollte ich abends zu Schuß kommen, war ein Doppelschuß um halb acht Uhr vereinbart, worauf Jon uns holen würde. Sonst wollte er früh um acht kommen und uns zurückführen.

Am Nachmittag tat sich gar nichts. Alles blieb stumm, kein Anblick im kilometerlangen Schlag. Mein Röhren blieb unbeantwortet. Erst um 19.15 Uhr, also in tiefer Dunkelheit, brummte unser Hirsch in der gegenüberliegenden Bestandslehne. Wir waren in Schlafsack und dicke Decken gut eingepackt, über uns ein prachtvoller Sternenhimmel, tiefste Stille. Ich schlief gerade ein, wurde aber immer wieder wegen meines Schnarchens von meiner Frau geweckt. Gegen zehn Uhr röhrte unmittelbar unterm Hochsitz ein jüngerer Hirsch, dem der alte Hirsch unwillig antwortete. Bei Büchsenlicht war der Schlag leer. Nachmittags zogen wir etwa eine Stunde weit auf einen Schlag namens Iroc, der bis ins Tal reichte. Heute sollte der „Katzerl"-Hirsch fallen, „Katzerl" wird unsere jüngere Tochter Katharina genannt, an deren Geburtstag ich immer wieder gute Hirsche schoß.

Wir saßen ganz oben am rechten Schlagrand hinter zwei riesigen alten Baumstöcken, mit einem prachtvollen Blick in die Ferne. Graue Wolken zogen herauf und verhüllten die schöne Aussicht. Ich röhrte von Zeit zu Zeit, doch keine Stimme antwortete. Kurz vor sechs flüsterte meine Frau, die links von mir saß: „Hirsch". Er stand unter uns auf ca. hundertfünfzig Schritt. Er war still in einer der Rinnen heraufgezogen, von rechts kommend, wo er zunächst überriegelt war. Der Hirsch verhielt. Ein Blick durchs Glas zeigte einen Wald von Enden! Ein hochjagdbarer Hirsch mit einem griesgrämigen Gesichtsausdruck. Er stand nicht völlig frei, ich hielt auf das verdeckte Blatt. Auf den Schuß ruckte der Hirsch zusammen, machte mit einer kurzen Flucht rechtsum, flüchtete spitz von uns weg und verschwand in der nächsten Rinne.

Inzwischen war Jon den Steig im Schlag mit Krach hinuntergestürmt, um irgendwie noch auf den Hirsch zu Schuß zu kommen. Man hörte es knallen, der Hirsch verhoffte noch einmal auf der Höhe, bevor er im letzten Graben am Rande des linken Schlagrandes untertauchte. Ich gehe zum Anschuß, finde kein Tröpferl Schweiß, nur starken Brunftgeruch. Das ganze Benehmen des Hirsches war verwirrend. Also kein Hirsch an Katzerls Geburtstag? Inzwischen war es stockdunkel geworden.

Am nächsten Morgen gehen Jon und ich wieder auf diesen Schlag, wo bis zum Büchsenlicht zwei Hirsche melden und dann einziehen. Eine erneute Überprüfung des Anschusses verläuft negativ. Auf dem Heimweg finde ich neben unserer Quelle frische Bärenlosung. Der Ansitz am Nachmittag bringt keinen Anblick. Zwei Hirsche röhren unter uns im Bestand, ziehen aber trotz unseres Röhrens und Mahnens nicht aus. Wir haben gerade unser Abendbrot verzehrt, als wir Leute kommen hören. Es ist der Jagdverwalter mit einem Begleiter in höchster Aufregung. Holzarbeiter haben in der Früh, am Ende unseres Schlages, fast an der Straße, einen starken Vierzehnender gefunden und Meldung gemacht. Es war unser Hirsch! Drei Kilometer vom Anschuß, mit einem Schuß, der so weit hinter dem Blatt saß, daß er den Pansen durchschlug. Das Haupt käme morgen früh herauf. Jon wurden Vorwürfe gemacht, bis ich mich einmischte und darauf verwies, daß mit einem Schweißhund der Hirsch nachgesucht und gefunden worden wäre.

Endlich gingen wir voller Erwartung schlafen. Mittags kamen sie daher, das Haupt auf einer Stange. Ein wirklich kapitaler Hirsch mit sehr edler Gleichmäßigkeit seiner Fünferkronen, ohne Eissprosse. Eine Eissprosse ist lediglich angedeutet. Nun beginnt in Anwesenheit des Forstmeisters die feierliche Amtshandlung des Messens. Ich habe wohlweislich Meßformel und Anweisung mitgenommen. Stangenlänge Durchschnitt 113 cm, Augsprossen 44 cm, Rosenumfang 22,7 cm. Die Messung ergibt 190,3 Punkte ohne Geweihgewicht, dieses wird auf 10 kg geschätzt = 20 Punkte; gäbe 210,3 – also Goldmedaille! Ich hole tief Atem.

Eine Weile betrachten wir andächtig das Geweih, dann kommt es in den Topf zum Auskochen. Schon nach dem Reinigen wiegt das Geweih nur 9,5 kg, aus ist der Traum vom Gold. Endgültig werden nur 9 kg angesetzt, das sind 208,3 Punkte, also Silber, auch gut. Es ist und bleibt ein kapitaler Hirsch.

Am 1. Oktober in der Früh wird es nach Hochnebel wieder strahlend klar. Abmarsch von der Hütte, diesmal müssen wir das Gepäck selber tragen. Das Auto, das um 9 Uhr da sein soll, kommt erst um 10 Uhr. Zurück zum Hotel, dort endgültige Protokollausfertigung. Um 14 Uhr fahren wir endlich ab, den Hirsch stolz auf dem Dach mit Tannenreis aufgebunden. Bei Cimpolung kommen wir auf die Hauptstrecke nach Kronstadt (Brasov), unser Ziel.

Dort besichtigten wir die berühmte „Schwarze Kirche“, die bedeutendste gotische Hallenkirche Südosteuropas. Die Kirche ist berühmt für ihren Schmuck mit 119 anatolischen Teppichen, welche die Gewerbetreibenden im 17. und 18. Jahrhundert aus ihrem Tauschhandel zur Ausschmückung der Kirche stifteten. Kronstadt bietet, abgesehen von der baulich typisch deutschen Altstadt, das Bild einer völlig rumänischen Stadt. Es leben nur noch wenige Tausend Siebenbürger-Sachsen dort. Dann geht es quer durch das Land Siebenbürgen heimwärts.

Viele schöne Eindrücke von Stadt und Land, Landschaft und Menschen sind uns geblieben, während ich indessen als Deutschösterreicher und Altösterreicher vom sichtbaren Untergang des Siebenbürgischen Deutschtums und den Reminiszenzen an die k. u. k. Monarchie wehmütig berührt wurde.

Da das Gebiet der siebenbürgischen Karpaten seit 1974 dem ausländischen Jäger verschlossen ist, entschloß ich mich, in die polnischen Karpaten zu fahren. Zugeteilt wurde mir ein Revier in den West-Beskiden. So fuhren meine Frau und ich am 22. 9. über Limanowa zum Treffpunkt Nowy Sacz (sprich Sontsch), das einst in der k. u. k. Monarchie zu Galizien gehörte und Neu-Sandec hieß. War mir schon als altösterreichischem Gymnasiasten Schlacht und Sieg von Limanowa (Dezember 1914) ein Begriff, so war er in meinem Gedächtnis doppelt verhaftet, diente ich doch mit dem Sohn des Siegers, einem Hauptmann Freiherrn Roth von Limanowa, in der deutschen Luftwaffe. Sein Vater hatte für diesen Sieg den Maria-Theresien-Orden und den damit verbundenen Freiherrnstand mit dem Prädikat Limanowa erhalten.

Mit einiger Verspätung trafen wir im Hotel Beskid ein, wo bereits ein freundlicher junger Mann, der Orbis-Dolmetscher, wartete, der uns mitteilte, wir würden sofort noch zum Forsthaus der Jagdgenossenschaft fahren, das 20 km südlich läge. Eine kleine Enttäuschung. Das Revier lag also nur in den Ausläufern der Beskiden, die in ihren Konturen sehr an den Wiener Wald erinnern. Schließlich biegen wir von der Asphaltstraße in einen schlechten Weg ein, der in ein Waldtal führt, und landen vor dem Forsthaus, einem einfachen Steingebäude; auch der Hüttentraum ist ausgeträumt, von jagdlicher Atmosphäre wie in unseren Forsthäusern keine Spur.

Es erwartete uns aber ein sauberes Schlafzimmer und eine üppig gedeckte Tafel, sowie ein nettes, äußerst beflissenes Försterehepaar. Wir gingen bald zu Bett, denn am nächsten Morgen wollten wir um 3 Uhr abmarschieren. In der mondhellen Nacht gehe ich ohne Mantel. Durch ein langes Wiesental streben wir dem Walde zu. Buche, Kiefer, überwiegend Tanne, zum Teil hundertjährige raume Bestände, mit dichtem Unterwuchs von Farnen, brusthohem Fuchskreuzkraut, Himbeer- und Brombeergestrüpp. Keine Schläge, kleine Blößen mit Suhlen. Langsam steigen wir aufwärts. Nach eineinhalb Stunden sind wir mitten im Revier. Immer wieder verhält der Förster und lauscht. Drei Hirsche röhren, noch sehr weit, nur für ihn vernehmbar. Dann entschließt er sich für eine bestimmte Richtung. Wie die Katzen schleichen wir dem nun gut vernehmbaren Hirsch entgegen. Der Mond, der anfänglich noch sein Licht in den Wald geworfen und helle Flecken erzeugt hatte, ist verblaßt, der aufkommende Tag bietet noch kein Büchsenlicht. Vor uns im Bestand ruft der Hirsch mit einer guten Stimme, reagiert gereizt auf meinen Ruf, steht aber nicht zu. Wir können ihn nicht ausmachen. Er zieht röhrend im Holz hin und her, wir rennen ihm mit entsicherter Büchse nach.

Endlich ist es hell genug. Auf allen Vieren kriechen wir eine Holzriese hinauf. Ein rauher Schrei. Da steht der Hirsch in einer Baumlükke, schlecht sichtbar vor dunklem Hintergrund. Ich erkenne sehr hohe, dunkle Stangen, ahne links eine Dreierkrone ohne helle Enden. Der Hirsch, der weiterzieht, wird durch Mahnen noch einmal zurückgeholt, erscheint an derselben ungünstigen Stelle, verschwindet gleich wieder und ist überriegelt. Aus.

Am nächsten Morgen ziehen wir wieder aus, um den gestrigen Hirsch zu suchen. Ein einziger Hirsch meldet, obwohl es frischer ist als gestern; also gehen wir diesen an. Er brummt mit tiefer Stimme wenig und mürrisch, es scheint ein alter Hirsch zu sein. Wir knien am Pirschsteig, der Hirsch tritt etwa fünfzig Schritt vor uns im Bestand herum, auf Mahnen steht er nicht zu. So hocken wir mit entsicherter Büchse eine halbe Stunde, dann umschlagen wir das Bestandstück ohne Anblick. Nachmittags steigen wir eine Höhe hinauf, um dort in der Nähe eines Brunftplatzes Vorpaß zu halten. Erst im letzten Büchsenlicht meldet ein Hirsch, der beim Rudel steht, ich verwickle ihn in ein Röhrduell, kann ihn aber nicht mehr angehen.

Morgen hat unsere Tochter Katharina Geburtstag, an dem ich die beiden bisher besten Hirsche meines Lebens schoß. Eine Hoffnung! In der Nacht hat es geregnet, der Himmel ist bedeckt, wenn auch der Mond hinter der Wolkendecke, die er gelegentlich durchbricht, dafür sorgt, daß es keine pechschwarze Nacht ist. Das erleichtert den lautlosen Anmarsch. Der Wind hat sich völlig gelegt, es weht nur eine feine kühle Morgenluft. Schon auf dem Wege zum Wald hört der Förster drei Hirsche melden, für meine angeschlagenen Ohren ist das noch zu weit, aber die richtungweisende Zeichensprache sagt mir alles.

Wir wollen versuchen, den Hirsch vom ersten Morgen zu finden und pirschen vorsichtiger weiter als beim ersten Mal, als wir mit ihm zusammenstießen. Inzwischen ist es Büchsenlicht geworden. Unten ist plötzlich ein roter Fleck im Hochwald zwischen den Stauden. Wir sinken augenblicklich am Steig zusammen und kriechen weiter vor, um besser ansprechen und allenfalls schießen zu können. Hirsch! Er ist zwar nicht der Gesuchte, sondern ein mittlerer Eissproßzehner, im Wildpret sehr stark. Er äst in den Büschen. Endlich schiebt sich der Windfang, das Haupt hervor und jetzt das Blatt. Im Schuß zeichnet er sehr stark und ist verschwunden. Ich habe nach dem Schuß, wie gewohnt, blitzschnell repetiert und renne jetzt den Steig entlang, um vielleicht etwas zu sehen; nur ein Tier geht flüchtig ab. Es ist 6 Uhr früh.

Nach einer Zigarette steigen wir zum Anschuß hinunter. Kein Schweiß! Schon kommen nagende Zweifel. Ich steige zurück zum Platz, von wo ich schoß, visiere noch einmal. Richtung und Entfernung stimmen. Als ich wieder unten bin, deutet mir der Förster, der inzwischen der Fluchtfährte ein Stück weit nachgegangen ist, daß der Hirsch liegt. Nach knapp fünfzig Gängen war er mit sauberem Blattschuß zusammengebrochen. Der Förster Pawel busselt mich ab, auch ich habe eine große Freude, obwohl der Hirsch weit entfernt von kapital ist und mehr unseren mittleren Gebirgshirschen entspricht. „Katzerl's" Geburtstag hat geholfen, ohne Bruch fahre ich nun doch nicht heim.

Nachdem wir den Hirsch aufgebrochen haben, machen wir uns auf den Heimweg. Auf einmal wird der gute Pawel ganz aufgeregt. Oberhalb des Steiges meldet eine gute Stimme. Wir versuchen dem parallel mit uns ziehenden Hirsch vorzufassen, der Hirsch röhrt ganz nahe. Pawel drängt hinter einer Fichtengruppe, es ist meisterhaft, wie punktgenau er hört, und schon sehe ich durch eine Lücke eine schaufelartige Fünferkrone heranschaukeln. Im Anschlag warte ich, bis der Hirsch hinter der Fichtengruppe hervorkommt, und trage dem Kapitalen auf vierzig Schritte stehend freihändig die Kugel an, die ihn niederwirft. Noch einmal müht er sich hoch, weil Pawel hinstürzen will, von mir aber gestoppt wird. Der Fangschuß streckt ihn endgültig nieder. Dann stehen wir andächtig vor ihm und zählen die Enden, die alle weiße Spitzen zeigen, rechts neun, links acht, umarmen uns noch heftiger und halten die Totenwacht. Es ist mein endenreichster und zweitbester Hirsch. Anderthalb Stunden nach dem ersten Schuß war mir dieses unerwartete Waidmannsheil vergönnt.

Mittags kommen verschiedene Würdenträger der Jagdgenossenschaft, um Glück zu wünschen. Ich habe schon im Wald grob gemessen und komme bei Annahme eines Geweihgewichtes von 8 Kilo auf etwa 186 CIC Punkte. Es bleibt die offizielle Wägung und Messung abzuwarten. Nachmittag fahren wir nach Süden in den Badeort Krynica, der sehr an Karlsbad erinnert. Wir erleben eine hübsche folkloristische Vorführung von Goralengruppen (Bergbauern). Sonntag – Rasttag, Kirchgang ins Dorf Labówa, in eine von Gläubigen überfüllte alte Holzkirche. Nachmittags Autofahrt durchs Land, über Gorlice, bekannt durch die 126tägige Durchbruchsschlacht der Österreicher und des deutschen Beskidenkorps durch die russische Front in Galizien im Frühjahr 1915. Jaslo, Krosno, zu dem in beiden Weltkriegen heiß umkämpften Dukla-Paß, der den Zugang zu Oberungarn, seit 1918 Slowakei, beherrscht. Am Montag wird der Hirsch in der Oberförsterei vermessen und gewogen. Mit einer durchschnittlichen Stangenlänge von 105,4 cm, einer Auslage von 97 cm und einem Gewicht von 7,21 kg erhält er 198,69 CIC Punkte. End- und Mittelsprossen sind schlecht entwickelt. Nach herzlichem Abschied fahren wir in Richtung Krakau heimwärts.

Der letzte Tag der Heimreise gilt der Besichtigung mährischer Schlösser, dem Barockschloß Buchlovice der Grafen Berchtold, das als Staatseigentum mit voller Einrichtung der Vorbesitzer samt seinem einmaligen Park als Museum betrieben wird. Hier fand 1908 die historische Unterredung zwischen dem k. u. k. Minister des Äußeren Grafen Aehrenthal mit seinem russischen Kollegen Iswolski statt, um die Fragen der Machtverteilung am Balkan zu klären. Österreich-Ungarn hatte eben Bosnien-Herzegowina annektiert. Der Hausherr war damals österreichischer Botschafter in Petersburg. Die Begegnung zeitigte keine Verständigung. Der Krieg begann sich abzuzeichnen.

Bei Nikolsburg, dem stark verwahrlosten Schloß Dietrichstein, in dem 1866 der Waffenstillstand zwischen Preußen und Österreich unterzeichnet wurde, überschreiten wir nach einer wehmütigen Erinnerungsfahrt durch das schöne mährische Land, die heimatliche Grenze. Wie erlösend, keine Lobhymnen auf den sowjetischen Befreier mehr sehen zu müssen, wie man ihnen in der CSSR auf Schritt und Tritt begegnet – in Polen ist man hierin viel zurückhaltender.

Trotz allem jagdlichen Erleben weitet sich Herz und Lunge, „auf's neu zu atmen die Luft im Vaterland".

Diese verflixten Gams

Die Gamsjagd ist meine alte und wenig glückliche Liebe. Der Gams wegen habe ich manche Entbehrung auf mich genommen, oft erfolglos bis zur Erschöpfung gepirscht und mich mehr als einmal in gefährliche Situationen begeben. Ich habe bei keiner anderen Wildart so blutiges Lehrgeld gezahlt und trotz reicher Erfahrungen nicht ausgelernt, manche unverzeihliche Dummheit begangen und noch mehr wirkliches Pech gehabt, wobei ich immer behaupte, daß das sogenannte Pech meist nicht eingestandene eigene Fehler sind. Mir hat's die Gamsjagerei angetan, mit allen ihren Beschwerlichkeiten in der Brunft.

Hat man das Glück oder die Möglichkeit, in gut besetzten Revieren bei sachkundiger Führung auf Brunftgams zu pirschen, womöglich im Kalkgebirge, so wird man leicht gute Strecken erzielen. Ist man aber darauf angewiesen, in kleineren Revieren zu jagen, dann muß man mit einer Reihe erschwerender Faktoren rechnen, die von vornherein den Erfolg belasten. Ist man dazu zeitlich beschränkt und paßt das Wetter nicht, dann wird man, wie ich, mehr Fehlschläge erleben als Brüche an den Hut stecken und trotzdem noch versessener werden.

Ich war im Toten Gebirge auf Sommergams und hatte nur ein Wochenende Zeit. Am Tage der Ankunft gab es ein Gewitter, anschließend fiel Nebel, ich saß die ganze Zeit auf der Hütte, weil man die Faust vor den Augen nicht sah. Ein andermal in der Brunft saßen wir auf einem Felsköpfel, das einen Graben überragte. Von rechts stieg ein guter Bock herein, tat sich aber gleich am Grabenrand außer Schußdistanz nieder. Warten, der kommt uns schon noch. Nach einer Weile wird er hoch und zieht uns entgegen. Ich habe schon gestochen und will schießen, wenn er aus einer Latschengruppe herauskommt, in die er gerade hineinwechselt. Aber der Bock kommt uns nicht mehr zu Gesicht. Er war, wie wir nachher feststellten, durch die Latschen gedeckt wieder ausgewechselt. Das Pirschen wurde zur Qual. Auf dem noch regennaßen, nicht gefrorenen Boden mit seiner Laubschicht hatte es geschneit, eine teuflische Rutscherei. Endlich sind wir wieder an einen Bock herangekommen. Ich nehme den Mündungsschoner ab, denn es ist eilig, aber es fehlen mir noch zwei Schritte, damit ich den Bock frei habe. Da rutscht im steilen Hang der ganze Untergrund unter meinen Füßen weg, ich falle auf die Nase, die Mündung ist voller Dreck, und der Bock ist dahin.

Einmal fuhr ich ins Drautal, drei Tage goß es in Strömen, und obendrein war das kleine Revier beunruhigt. Der begleitende Jäger erkrankte, der Ersatzmann kannte sich nicht aus, meine Entfernungsschätzung war falsch, und ich schoß am letzten Tag mit Glanz und Gloria vorbei. Dann fuhr ich ins Mölltal, quälte mich dreizehn Stunden auf der Pirsch, teils im Harsch, teils in hüfthohem Neuschnee, und hörte nur einen Gams pfeifen. Ich war auf einen Gams- und Hochwildriegler in der Palfau eingeladen. Ich schoß zwei Gebirgshirscheln und fehlte einen kapitalen Gams steil bergunter, für den ich gern beide Hirsche hingegeben hätte. Am zweiten Tag kam mir wieder ein guter Bock in einer Rinne. Ich wollte ihn recht nahe auflaufen lassen. Er verschwand jedoch seitwärts in die Latschen, und ich hatte das Nachsehen.

Es war im Hochschwab. Als jüngster Schütze hatte ich den höchsten Stand im Riegler, war schon am Vortag aufgestiegen und verbrachte mit den Treibern einen lustigen Abend. Zu Beginn des Treibens kam mir ein dreijähriger Bock, den ich selbstverständlich unbeschossen ließ. Es war übrigens der einzige Gams, der mir kam. Wie mir mein Nachbar nachher erzählte, war unter mir ein starkes Rudel unbehelligt durchgewechselt. Wenn das kein Pech ist!

Die fatalste Gamsbrunft aber habe ich kurz nach Kriegsende erlebt. Diesmal stand mir genügend Zeit zur Verfügung. Mein Mannlicher war neu eingeschossen, ich konnte mit seiner Schußleistung zufrieden sein, wenn sie auch nur auf Bock und Kahlwild bei mittleren Distanzen erprobt war.

Am ersehnten Tag fuhr ich erwartungsvoll in die hohen Tauern. In der Nacht regnete es im Tal. Das hieß Neuschnee auf den Bergen. Da bisher noch kein Schnee gefallen war, war dies ein hoffnungsvoller Anfang. Als ich in der Früh im Pinzgau ausstieg, prangten die Berge in frischem Weiß. Ein steiler Anstieg brachte uns auf die mir schon von der

Hahnbalz her vertraute Hütte, deren Decke inzwischen mit einigen neuen Zeitungen beklebt worden war. Das Revier ist ein Nord-Süd gelegenes Hochtal, dessen Grenzen auf den Kämmen laufen, die so schroff sind, daß man nicht über die Gams gelangen kann, was bedeutet, daß mit Rücksicht auf den Wind die Pirsch am Mittag zu Ende ist. So mußten wir uns am Nachmittag drauf beschränken, nur ein wenig aus der Ferne zu spekulieren, wie die Chancen für den nächsten Tag stehen würden. Was wir sahen, war hoffnungsvoll. Die Brunft war zweifellos in Gange. Der fußhohe Schnee würde sie nur beleben.

Wir saßen am nächsten Morgen gar nicht lange, da sprengten zwei Böcke einander in die Reichweite meiner Büchse. Ich schoß in aller Ruhe auf zweihundert Schritt. Die Böcke trieben weiter, als ob nichts geschehen wäre und verschwanden im nächsten Graben. Mein Begleiter fing schrecklich an zu jammern, was mich mehr verdroß als der unerklärliche Fehlschuß selbst. Wir packten zusammen und pirschten am Steig weiter zum übernächsten Graben, in dem ein starkes Rudel stehen sollte. Das Rudel war da, aber viel höher oben als erwartet. Nach Aussagen meines Führers gab es keine Möglichkeit, trotz Schneehemd näher zu kommen. Wir waren also angewiesen, daß die vom Platzbock vertriebenen Bewerber auf ihrem Rückzug in unsere Nähe kamen. Wir hatten einen prächtigen Beobachtungspunkt. Der Brunftbetrieb, die von allen Seiten zuwechselnden suchenden Böcke und die eifersüchtige Abwehr des Herrn des Rudels ließ uns die Zeit nicht lange werden und war ein Erlebnis. Es ist für mich immer ein Wunder, wie diese scheinbar plumpen, schwarzen Teufel mit einer Wucht und Schnelligkeit durch den Schnee pflügen, mit eleganter Leichtigkeit in eine Wand einsteigen und in Minuten Strecken zurücklegen, für die der Mensch Stunden braucht.

Endlich steigt ein mittlerer Bock, der gerade abgeschlagen worden ist, durch die Schlucht zu uns herüber und kommt uns auf zweihundert Schritt. Wieder vorbei! Es ist wie verhext. Mir ist die ganze Sache rätselhaft. Es steigen mir im stillen Zweifel auf, ob die Entfernungsangaben gestimmt haben. Andererseits ist mein Begleiter ein erfahrener Bergsteiger und Jäger. Jedenfalls haben wir in diesem Revierviertel ausgejagert und übersiedeln auf die andere Hütte. Beim Abstieg mache ich einen Probeschuß, der zum tragischen Moment des Dramas werden sollte. Bergunter abgegeben, liegend aufgelegt, sitzt der Schuß auf hundertfünfzig Schritt Fleck. Ich glaube also erst recht weiterhin an meine Büchse.

Mein Führer kehrt ins Dorf zurück, während ich umkehre, um meinen schweren Rucksack bergauf zur anderen Hütte zu schleppen, wo ich hundsmüde erst bei Dunkelheit ankomme; sie steht ganz am Talschluß des Hochtales, günstiger Ausgangspunkt für nahezu alle Pirschen. Es ist eine solid gebaute Unterkunft mit wohnlicher Küche und zwei Wohnräumen, dem Quell vor der Tür und Brennholzvorräten.

Der nächste Tag ist für mich zwangsweise Rasttag, weil der Jäger einen vom Jagdherrn beschossenen Gams bergen muß. Ich nutze die Pause zu einem längeren Schlaf; denn in diesem Revier muß man schon in der Nacht aufsteigen, damit man in den engen Gräben vor Büchsenlicht an Ort und Stelle ist, bevor die Gams hochwerden, da man dann nur mehr schwer auf richtige Distanz herankommt.

Am nächsten Morgen erklimmen wir mit Steigeisen die Gipfelschroffen der hohen Arche, bekommen aber nur wenig Gams in Anblick. Nur ein vierjähriger Bock, der einer Kitzgais den Hof macht und wie der Teufel auf einen einwechselnden Gegner losfährt, daß der gleich Fersengeld gibt, obwohl er die besseren Krucken hat, bietet uns auf nähere Entfernung lange Zeit Unterhaltung. Obwohl wir bei einwandfreiem Wind am Rande eines der besten Brunftplätze ansitzen, kommen wir nicht zu Schuß. Es ist keine Bewegung im Wild, die Brunft total flau, Temperatur fünf Grad über Null, es herrschen strahlender Sonnenschein und absolute Windstille.

Während wir sitzen und das herrliche Wetter genießen, legen wir uns für die morgige Pirsch einen ausgeklügelten Plan zurecht. Nachdem bei dem geringen Schnee keine Lawinengefahr besteht, werde ich bis zur Scharte über dem Hauptwechsel hochsteigen und mich dort ansetzen. Der Jäger wird zu einer festgesetzten Stunde den Nachbargraben durchsteigen und das drüben stehende Rudel so zudrücken, daß es einen der Hauptwechsel annimmt und mir dabei auf kaum hundert Schritt kommen muß.

Der Mond leuchtet so stark, daß es fast taghell ist, als wir losgehen. Ich habe hart zu steigen und muß dazuschauen, wenn ich zeitig oben sein will. Längst ist es heller Tag, noch fehlen etwa hundert Gänge bis zu meinem Stand, da steinelt's und ein Rudel Gams wechselt dort durch, wo ich sie erwarten wollte. Aber nach der Uhr sollte der Jäger

Die Hütte auf dem Edlaboden

erst in einer Viertelstunde losgehen. Ist es bloßer Zufall? Die Gams wechseln auf etwa zweihundert Schritt, ich bin natürlich wie der Blitz hinter dem nächsten Felsblock in Stellung gegangen, aber es ist nur Graffl und ein geringer Bock, nicht einmal eine abschußreife Geltgais ist dabei. Wenn es aber doch das Rudel aus dem Fekinggraben wäre, wo ist dann der zugehörige starke Bock?

Da sehe ich ganz oben einen schwarzen Huscher. Dort flüchtet ein guter Bock unerreichbar am obersten Wechsel durch, hinüber über den Grat in den nächsten Graben. Wäre ich doch nur schon oben! Ich vermute, daß irgendetwas nicht programmgemäß abgelaufen ist. Dennoch steige ich so rasch ich kann zum ausgemachten Stand. Als ich durchnäßt von dem zweistündigen, fast senkrechten Anstieg ans Ziel komme, mein Hemd wechseln und mich bequem einrichten will, steigt von rechts über den Grat ein Gams ein, der trotz der Entfernung mit freiem Auge als kapitaler Bock anzusprechen ist. Er zieht mir entgegen. Ich sinke, wie ich bin, im Schnee zusammen. Gottlob habe ich das Schneehemd noch an, spüre keine Kälte mehr, ungeachtet des nassen Zeugs, und lasse das Glas nicht von den Augen. Hohe, weit ausgelegte, gut gehackelte Krucken, der ist recht, und auch der Bart ist nicht schlecht. Wenn der Gams so weiter zieht, läuft er mir direkt in die Büchse.

Plötzlich macht der Gams ein Haberl, dann zwei Gänge vom Wechsel weg und tut sich nieder. Verdammt nochmal! Wenn der Jäger jetzt hinter mir über den Grat kommt, ist der Gams dahin. Ich kann nicht warten, bis es dem Bock behagt, wieder hochzuwerden. Ich schiebe mich also zurecht, baue meinen Rucksack vorsichtig auf, mich dahinter, wie am Schießstand. Diesmal kann nichts fehlen. Gute zweihundertfünfzig Schritt werden es schon sein. Der Bock sitzt breit und bietet genügend Ziel. Raus mit dem Schuß. Statt daß der Bock liegen bleibt, wird er mit einem Satz hoch, ist mit ein paar Fluchten am Grat, macht ein Haberl, äugt mit schiefem Haupt drüben hinunter und ist weg. Und ich liege mit einem furchtbar dummen und erstaunten Gesicht im Schnee und verstehe nichts mehr! Habe ich die Entfernung doch unterschätzt? Wer kennt nicht die nach einem Fehlschuß einsetzenden Gewissensbisse. Nachdem die Anspannung vorbei ist, packt mich die Kälte. Sobald ich aber meine Wollsachen angezogen und eine kräftige Jause eingenommen habe, ist mir wieder behaglich. Erst jetzt merke ich, daß sich das Wetter eingetrübt hat und es ganz leise zu schneien anfängt, aber nicht weiche Flocken, sondern harte, kleine graupelige Körner. Wenn es nur richtig schneien wollte!

Endlich kommt der Jäger, und der Ablauf der Dinge klärt sich auf. Beunruhigt durch aufkommenden Nebel, und weil er Schlechtwettereinbruch befürchtete, war er gegen die Verabredung vor der Zeit losgegangen und hatte damit das Rudel vorzeitig los gemacht. Bei genau eingehaltenem Zeitplan wäre mir der starke Bock vom Fekinggraben auf keine hundert Schritt vor die Büchse gekommen.

Hier oben hatten wir nichts mehr zu erhoffen. Den Abstieg wählten wir so, daß wir noch in einen anderen Graben einsteigen konnten, um dort unser Waidmannsheil zu versuchen. Es ist eine scheußliche Kletterei, und ich spüre die Anstrengung des steilen An- und Abstieges, der hinter mir liegt. Ich will mir nicht eingestehen, wie niedergeschlagen und hoffnungslos ich geworden bin.

Doch die Tragödie ist noch nicht zu Ende. Der bittere Kelch wollte bis auf den Grund geleert sein. Wir sind nach Überwindung einiger schwieriger Stellen in einen anderen Graben gelangt, der jedoch leer ist.

„Um die Ecken da vorn“, sagt der Jäger, „schaugn ma noch umi.“

Mir ist es schon gleich, auf die zweihundert Schritt kommt es nun auch nicht mehr an. Dann sind wir an der Ecke und sehen einen Seitengraben ein. Weit und breit keine Gams. Doch alle Lebensgeister sind mit einem Schlag wieder wach, als plötzlich auf gut zweihundert Gänge so ein schwarzer Teufel auf einem Felskopf steht. Während wir ihn noch anzusprechen versuchen, tritt daneben ein zweiter zottiger hervor, von dem der Jäger sofort sagt: „Der ist recht.“ Schon habe ich Büchse und Rucksack heruntergerissen und bin rasch in Anschlag gegangen. In aller Ruhe trage ich dem Gams die Kugel an. Er macht einen undefinierbaren Rucker und ist hinter dem Kopf verschwunden. Ich bin mitten am Blatt abgekommen. „Den hat's“, sagt der Jäger befriedigt. Auch ich zweifle nicht, daß der Gams die Kugel hat.

Während ich zurückbleibe und mir eine Pfeife anzünde, steigt der Jäger hinüber. Es dauert lange, bis er drüben am Kopf herauskommt. Daß er nicht schon freudig winkt, will mir gar nicht gefallen; nun stochert er dort oben lange herum, schüttelt den Kopf, zuckt mit den Achseln und steigt wieder ab. Wieder vorbei! Ich kann es gar nicht fassen, es ist schon verhext. Bis er wieder bei mir ist, habe ich Zeit, mich mit einem Schnaps auf die Trauerbotschaft vorzubereiten. Als er dann erzählt, daß er weder Schweiß noch Schnitthaar noch Kugelspur gefunden hat, kommen wir zum Schluß, daß die Kugel grad drunter durchgegangen sein muß, was den Gams zu dem Zucken veranlaßt haben könnte. Wortkarg, verdrossen und müde steigen wir zu Tal und landen nach elfstündiger Pirsch auf der Hütte.

Dieser Pechsträhne muß trotz aller Müdigkeit sofort auf den Grund gegangen werden. Wir bauen uns eine Scheibe, die dem Kasten eines Gams entspricht, und stellen sie gut zweihundert Schritt von der Hütte entfernt über dem Bach in die Lehne. Ich schieße aus dem Hüttenfenster mit aufgelegtem, gut gebettetem Stutzen. Die drei Schüsse sitzen genau in der Senkrechten auf einem Quadratzentimeter zusammen, aber – und da liegt des Rätsels Lösung – um zwölf Zentimeter zu tief! Damals gab es nur tschechische Munition, die völlig ungleiche Pulverladung hatte. Das hat mir aber erst nachher ein Büchsenmacher verraten.

Am nächsten Morgen ging es zu Tal.

Verschiedene Hindernisse gestatteten es mir ein anderes Jahr nicht, vor dem 26. November die weite Reise ins Gamsparadies Oberkärnten anzutreten, um den Zauber der Gamsbrunft mitzuerleben. Ich traf am Nachmittag des 27. in St. Lorenzen im Lesachtal ein. Hatte mittags in Kötschach die Sonne noch auf die verschneiten Bergeshöhen herniedergeschienen, so regnete es in St. Lorenzen bereits zünftig. Dicke Nebel brauten um die Gipfel. Der Jäger war bezüglich der weiteren Entwicklung des Wetters sehr skeptisch.

Die wenig erfreulichen Aussichten wurden noch durch die Mitteilung verdüstert, daß ich in St. Lorenzen Quartier nehmen müßte, weil die Jagdhütte nicht fertig geworden und daher nicht beziehbar war. Das bedauerte ich am meisten; denn auf den Jagdhüttenaufenthalt im winterlichen Berg fern von allem menschlichen Treiben hatte ich mich besonders gefreut. Jeder, der den Hüttenzauber kennt, wird mir das nachfühlen können. So mußte ich im Gasthof Einstand nehmen.

Das Wetter am nächsten Tag war alles andere als gut zu nennen. Der Nebel lag noch immer dick im Tal und wollte nicht weichen. Nur ganz oben schimmerte etwas Blau und Sonne durch.

Wir beschlossen, auf alle Fälle loszugehen und unser Waidmannsheil nach dem bekannten Spruch „Der Jäger unverdrossen hat schon manchen Bock geschossen" zu versuchen. Nach der ersten Viertelstunde war der Nebel noch dichter geworden und wechselte mit Regen ab. Es tropfte von den Bäumen, jede Fernsicht war mit grauen Vorhängen verhängt. Wir stiegen trotzdem verbissen bergan. Zeitweilig wich der Nebel, und man konnte die gegenüberliegende Seite des Tales sehen. Dann schoben sich die grauen Vorhänge wieder zusammen.

Unsere Hoffnungen waren bewußt nieder gehalten, aber die Wahrscheinlichkeit, daß das Wetter noch schlechter würde, hatte uns diesen Versuch wagen lassen. Nach etwa zwei Stunden Anstieg durch düsteren Nadelwald und nassen, schweren Schnee kam der feierliche Augenblick des Ladens und der Einstieg zum ersten Graben, in dem wir Gams zu finden hofften.

Als wir uns nach einer weiteren Viertelstunde gedeckt an den Rand des Grabens vorschieben, sehen wir tatsächlich Gams. Eine Gais leckt, gestützt auf die Vorderläufe, an einem Fels. Tiefer unten steht eine zweite. Über uns im gegenüberliegenden Hang sehen wir zwischen Fichten einen recht guten Bock bergauf ziehen. Also warten. Im Lauf der Zeit wird ein Bock mal in den Graben wechseln. Plötzlich ist einer da und zieht durch Stauden ein wenig verdeckt bergauf. Auf siebzig Schritt lasse ich fliegen – gefehlt. Haben die Stauden die Kugel verschlagen, habe ich überschossen, ich kann es nicht sagen. Die zweite auf den flüchtigen Bock abgegebene Kugel lag jedenfalls zu hoch. Aus, vorbei, bei dem Schlechtwetter war die vielleicht einzige Chance vergeben.

Auf den Schuß hin wimmelt es plötzlich von flüchtigen Gams. Es ist aber nur Graffl. Wir bleiben betrübt sitzen und stärken unsere Lebensgeister mit heißem Tee, Speck und Brot. Der Imbiß bessert unsere Laune, und nach einer Weile klettern wir weiter. Wir wollen einen anderen Graben aufsuchen. Nach zwei Stunden sind wir auf einem Riegel, der rechts und links Einblick in zwei Gräben bietet. Der rechte ist leer. Im linken sehen wir eine starke Gais auf einem Felsköpfel eingelagert. Allein ist die bestimmt nicht. Die Spannung steigt und auch die Hoffnung. Da wir schlechten Ausblick haben, schleichen wir zurück und kommen etwas tiefer in Deckung an den Grabenrand.

Unten im Graben steht ein guter Bock und äugt mit schiefem Haupt auf die tiefer unten stehenden Gaisen. Er steht spitz gegen uns, eine

Lärche ist auch dazwischen, wir müssen eine günstigere Stellung abwarten. Wir haben uns gut eingerichtet, die Büchse liegt mit blank gewischtem Fernrohr griffbereit. Hoffentlich klappt's diesmal.

Plötzlich fährt der Bock bergunter, wohl auf einen Rivalen los, den wir nicht sehen können, weil eine Wand uns den Ausblick verdeckt. Dann zieht er zurück in die Stauden, in denen die Gaisen äsen, und fängt an, eine zu treiben. Die Gais entzieht sich seiner Werbung, wechselt aus den Stauden heraus, der Bock ihr nach. Jetzt steht er frei auf zweihundert Schritt, steil bergunter, mein Fadenkreuz saugt sich am unteren Rand des Kastens fest, und im Schall bricht der Bock zusammen. Noch einmal wird er hoch, noch einmal wackelt der Bart im Wind, noch einmal trage ich ihm sicherheitshalber meine Kugel an, dann rollt er, sich mehrfach überschlagend, ein Stück den Graben hinunter. Die Wände wimmeln wieder von Gams, die nach allen Seiten flüchten. Die schwarzen zottigen Leiber in den verschneiten Wänden sind ein prachtvoller Anblick. Der Jäger und ich schütteln uns die Hände, eine Zigarette und ein Schluck Schnaps werden genehmigt, bevor wir zum Gams in den Graben einsteigen.

Ein guter, achtjähriger Bock liegt mit Tiefblattschuß. Der zweite Schuß hatte eine Keule zerschmettert. Der Bart ist allerdings eine Enttäuschung, denn er ist blind. Aber die Krucken sind gut gehackelt, und an ihnen liegt mir mehr als an dem Bart.

Nun folgt das schwerste Stück Arbeit, der Abstieg mit dem Gams. Der Graben ist steil, der nasse Schnee rutscht, jeder Tritt muß mit Bedacht gewählt werden. Wir sind mitten im Hang, da fängt es über uns zu krachen an. „A Lahn!" ruft der Jäger. Mit ein paar wilden Sätzen sind wir hinter einem schützenden Felsvorsprung, da saust eine kleine Lawine mit allerhand Steinen über die Stelle herunter, an der wir gerade noch standen. Ich gestehe, ein leichtes Grimmen im Magen verspürt zu haben. Der Jäger trägt den Gams, ich den Rucksack, so turnen wir im Bett eines Wildbaches bergab; in seinem Geröll, das zum Teil schneefrei ist, tritt es sich sicherer. Endlich sind wir unten, es zittern uns die Knie, und der Schweiß rinnt uns in Bächlein von der Stirn. Die Bartrupf-Zeremonie haben wir schon oben abgehalten, das Aufbrechen erfolgt erst jetzt, weil der Aufbruch für einen Luderplatz gebraucht wird. Der Gams war jedenfalls schwer verdient und macht mir daher besondere Freude.

Einmal wäre ich um ein Haar wirklich abgestürzt. Es war in der Brunft im Gailtal in Kärnten. Der Jäger und ich quälten uns eine verharschte Rinne hinauf, um auf die Schneid zu kommen und in ein dahinterliegendes Kar Einblick zu haben. Man schlug mit einem Schuh den Tritt in den Harsch, wobei man sich am fest in den Schnee gerammten Bergstock sicherte. Da bröselte plötzlich der Harsch unter dem Standfuß weg, beide Füße hatten keinen Halt, ich hing am Bergstock. Dieser hielt, ich konnte wieder Fuß fassen. Hätte er nachgegeben, wäre ich die Rinne hinuntergestürzt, was nicht ohne schwere Verletzungen abgegangen wäre. So kam ich mit einem weichen Gefühl in der Magengrube davon.

Das andere Mal ging es nicht so glimpflich ab. Wieder war es zur Brunft, diesmal im Ammertal im Pinzgau. Es lag wenig Schnee. Beim Abstieg im Bereich der Grashänge mußten wir, voran der Jäger, dann meine Frau, als dritter ich, über einen Hang, dessen Schneedecke in ein tieferliegendes Bachbett abgerutscht war. Das Gras war platt gewalzt und spiegelglatt. Plötzlich rutschte meine Frau aus, setzte sich glücklicherweise im Sturz auf das Hinterteil und fuhr ab.

Reflexartig hatte ich nach ihr gegriffen, wobei ich selbst zu Sturz kam und nun den Hang, etwa hundert Meter mit zunehmender Geschwindigkeit in den Graben hinunterroulierte. Meine Frau landete sanft und unverletzt. Ich trug damals ein Messer mit einer aufgebogenen Heftstange in der rechten Hosentasche. Im Bachbett gab es viele große Steine, die vom herabgerutschten Schnee nur wenig bedeckt waren. Auf einen solchen Brocken schlug ich mit dem rechten Oberschenkel samt dem Messer auf. Es gab eine scheußliche Prellung. Nur mühsam schleppte ich mich mit Schmerzen auf die Hütte. Der Oberschenkel war im Nu stark angeschwollen. Mit einem Schlitten wurde ich nach einer qualvollen Nacht am nächsten Tag zu Tal befördert. Auch auf der holprigen Schlittenfahrt hörte ich alle Engel singen. Drei Wochen konnte ich mich kaum bewegen, und Gams hatte ich auch keine geschossen.

Meinen besten Bock mit 105 Punkten schoß ich am berühmten Brandhof bei Mariazell auf einer von traumhaftem Herbstwetter begünstigten Pirsch. Hinter Felsschroffen gedeckt näherten wir uns einem Kar, in dem der Bock breit verhoffte. Es war ein bequemer Schuß, und die gute Trophäe eigentlich zu leicht verdient. Mit dem Brandhof, den einst Erzherzog Johann, der volkstümliche steirische Prinz, Bruder Kaiser Franz I. und bekannt durch seine Liebesheirat mit der Ausseer Postmeisterstochter Anna Plochl, erwarb, und der heute noch sich im Besitz seiner Nachkommen, der Grafen von Meran, befindet, verbinden mich viele schöne jagdliche Erlebnisse aus Hirsch- und Gamsbrunft. Etwas besonderes war die Teilnahme an einem der jährlich abgehaltenen Gamsriegler. Seit des Erzherzogs Zeiten fanden diese Gamsriegler jährlich Anfang September statt.

Diesmal ist der Wetterkogel dran. Nach dreistündigem Anmarsch erreichen wir einen gewaltigen latschenbestandenen Kessel, der von hohen Felsmauern umrahmt ist. Die Treiber sind schon am Vorabend aufgestiegen und haben in aller Früh den Kessel umstellt, um auswechselndes Gamswild abzuwehren. Lange vor dem Hebschuß, der um zwölf Uhr mittag fallen wird, sind auch die Schützen auf ihren Ständen angelangt. Mir ist die Ehre zuteil geworden, auf einem der besten Plätze postiert zu werden, einem Lieblingsplatz des Erzherzogs. Mir gegenüber verläuft ein Hauptwechsel. Läuft der Riegler richtig ab, so muß dort mindestens ein Rudel kommen. Mäßig beunruhigt wird das Rudel hinter der Leitgais Stück für Stück vorüberwechseln und sauberes Ansprechen und ruhiges Schießen ermöglichen. Ein guter Bock, eine Geltgais und schlecht veranlagtes Scharwild sind frei.

Nun sitze ich auf meinem Stand mit weitem Blick auf die Felswände des Hochschwab, sehe zum Teil die Nachbarschützen. Der schöne Morgen wird nicht halten, was er versprach. Rechts von mir braut sich bedrohliches Gewölk zusammen. Wenn das näher zieht, kann der Erfolg des Rieglers in Frage gestellt sein.

Ich blicke auf die Uhr. Gleich muß der Hebschuß fallen. Rumms! Über den Mauern werden nun die Treiber sichtbar. Am linken Flügel knallt es bereits, von rechts aber kommt eine Nebelwand herein, eine halbe Stunde später ist der ganze Kessel in eine graue Suppe getaucht. Der Nebel wird von einem Gewitter abgelöst. Im schutzlosen Gelände auf Bergeshöhe ist das nicht sehr gemütlich. Nun kommen die Gams in voller Flucht daher, ein Rudel in völligem Durcheinander. Dennoch gelingt es mir, drei Stück Scharwild herauszuschießen. Dann ist alles vorbei. Der Riegler ist im Grunde genommen mißlungen, es sind nur etwa zwanzig Gams gefallen.

Am nächsten Tag wird „die Höll" genommen. Hatte ich gestern

weiten Rundblick, stehe ich heute in einem engen, bewaldeten Felstal. Der Wechsel führt diesmal durch Hochwald. Hier heißt es mächtig aufpassen, denn man muß den Gams in einer Baumlücke ansprechen, um ihm in der nächsten oder übernächsten den Schuß antragen zu können. Diesmal kommen die Gams nur einzeln und einigermaßen vertraut. Ein Stück Scharwild fehle ich, weil es im Schuß unerwartet nach links abdreht. Dann tut sich eine Weile nichts. Danach erscheint ein braver Bock, noch einmal ist mir St. Hubertus gnädig und schickt mir eine alte Gais. Beim Jagdhaus wird Strecke gelegt, und der Jagdherr, der alte Graf Franz, Urenkel des Erzherzogs, inspiziert kritisch die erlegten Stücke. Abends wird dann bei Fackelschein im Brandhof nochmals die Gesamtstrecke gelegt.

Diese Gamsriegler waren im vorigen Jahrhundert in den großen herrschaftlichen Hochgebirgsrevieren allgemein üblich. Zuletzt waren sie eine Spezialität des Brandhofes geworden, weil niemand mehr sich den mühevollen Vorbereitungen unterziehen will. Vielfach fehlen die erfahrenen Treiber, weil den Jungen das Riegeln im Fels, das schwere Anstrengung bedeutet und hohe Körpergeschicklichkeit erfordert, zu mühsam ist. Bei den bedeutenden Gamsständen des Hochschwab ist diese alte Jagdart, die im Vergleich zur Pirsch geeignetere Methode, den notwendigen Hegeabschuß durchzuführen.

Rumänien ist bekanntermaßen das Land der stärksten Gams. Die Krucken, die man auf internationalen Ausstellungen zu sehen bekommt, reizen zum Versuch, auch eine solche Trophäe zu erlangen. So fuhren wir dann – es war das letzte Jahr, daß Ausländer in Rumänien jagen durften, was man damals aber noch nicht ahnte – in die Fogarascher Berge. Statt in der versprochenen Jagdhütte landeten wir in einem schmutzigen Hotel, wobei mir zugemutet wurde, jeden Tag 30 km ins Gamsrevier hin- und herzufahren. Da dies den Vereinbarungen widersprach, verlangte ich nachdrücklich im Gamsrevier und sei es noch so primitiv, untergebracht zu werden. Nach längerer Beratung der Zuständigen wurde meinem Wunsch entsprochen. Dann wurden mir die Jäger zugeteilt: Stefan und Vasil, in Jagduniform, mit Gummistiefeln ohne Jagdgläser in militärischer Haltung. Stefan, sehr klein, 59, ungeheuer wichtig und ein Schwätzer. Vasil, 38, mit Silbergebiß, ohne eigene Meinung, aber sehr willig.

Die vielen Offiziere im Hotel gehörten zu einem Pionier-Regiment, das eine Prachtstraße in die Fogarascher Berge baute, die mit einem Tunnel diese durchstößt, um in Hermannstadt zu enden. Das ganze Tal voll Baracken, Straßenbaugerät, Hunderte von Lastwagen, täglich Sprengungen. Auf der Paßhöhe hatte das Regiment ein Steinhaus für inspizierende Offiziere errichtet; wie sich herausstellt, werde ich dort hausen.

Nachdem mit all den Verhandlungen so viel Zeit vergangen ist, daß eine Pirsch nicht mehr in Frage kommt, fahren wir unter Mitnahme von Stefan und der Dolmetscherin hinauf ins Revier Lokalaugenschein nehmen. Doch dort, wo die rund um den Stausee führende Straße von beiden Seiten in die Hauptstraße mündet, ist ein postenbesetzter Schlagbaum und die Einfahrt wird uns verwehrt. Stefan entsteigt unter Entfaltung aller seiner Wichtigkeit und fordert Durchfahrt, ohne Erfolg. Hierauf eine halbe Stunde Telefonat, endlich öffnet sich die Schranke und wir rollen bergauf, rechts und links von prachtvollen, im Verfärben begriffenen Buchenwäldern begleitet, bis sie den steilen Grashängen der obersten Region, die bis 2583 m reicht, weichen. Diese erinnert vergrößert an die Seckauerberge, doch sind die Äsungsverhältnisse besser. Die Hänge sind sehr steil, aber man kann sie in der Schichtenlinie gut durchsteigen, vor allem dort, wo Fels, Wacholder, Preiselbeeren und Alpenrosen das glatte Gras ablösen.

Auf Schafpfaden, Gamswechseln, Grasbändern kommt man weiter, gelegentlich gibt es auch Touristensteige und lästige Touristen, die Kamm-Wanderer. Ganz bis auf die Paßhöhe kommen wir nicht, weil da der Straßenzustand noch sehr primitiv ist und wir fürchten, aufzufahren. Die Erkundung läßt einige Strapazen erwarten.

Am 22. September, 5 Uhr früh fahren wir los, Stefan, Vasil und ich, auf 3 Tage ausgesetzt. Wir verlassen unseren Wagen nach einer Stunde Fahrt und steigen den Lauf des jungen Arges in einem weiten Tal, Capra genannt, langsam auf. Ganz oben im linken Hang entdecken wir einen einzelnen sowie zwei Gams zusammen, was für ältere Böcke spräche. Bis wir in ihre Nähe kämen, würde der Wind gewechselt haben. Wir werden sie im Auge behalten. Schon ziemlich am Talschluß wechselt plötzlich ein einzelner Gams ein und tut sich auf einem Felsköpfl nieder. Bock oder Gais? Wir werden trotz Spektiv nicht klug, Stefan leiht sich jeden Moment mein Glas aus, was sehr lästig ist. Nun pirschen wir langsam völlig ungedeckt bis auf 100 m heran und decken uns dann hinter einem einzelnen Felsblock in der Halde. Endgültige Feststellung: sehr starke Gais!

Während ich sie noch betrachte, wird sie hoch, zieht vor uns eilig weg, zunächst gedeckt, auf etwa 150 m hält sie mein Pfiff schon an und sitzt die Kugel im Blatt. Die Gais zeichnet, wird herunter gegen uns flüchtig und geht plötzlich bergauf. Ich kann ihre Rückenlinie sehen und das Haupt, das sie todwund hebt und senkt. Ein zweiter Schuß geht ohne Stock freihändig daneben. Er veranlaßt sie jedoch zurückzuflüchten, der dritte Schuß fällt sie. Ein guter Anfang ist gemacht, denn es stellt sich heraus, daß die Gais zehn Jahre alt und mit 97,3 Punkten kapital ist. Sie wird – entgegen unseren Bräuchen – nicht sofort aufgebrochen, sondern bleibt in der Sonne noch stundenlang liegen, bis Vasil absteigt und sie zur Straße schleppt.

Wir steigen zum Kamm – über 2000 m – von wo man einen herrlichen Blick auf die andere Seite der Fogarascher Berge und ins Siebenbürgische Becken hat. Wir sitzen lange da oben und spekulieren; an diesem Tage werden wir 60 Gams gesehen haben. Überraschend ist die Menge gutveranlagter junger Böcke, und es ist klar, daß schon der Fünfjährige an hundert Punkte heranreichen muß, damit die alten Böcke kapital werden können. Auffällig ist, daß bei diesen Bockfamilien von 4–7 Stück immer ein starker dabei ist, was Stefan in höchste Aufregung versetzt: tare, tare, stark; wobei er versucht, mich zum Schuß zu verleiten. Ich habe aber keine Lust, einen fünfjährigen Zukunftsbock zu erlegen. Gegen Mittag entdecke ich einen auf einem Köpfel im Schatten niedergetanen einzelnen Bock. Der könnte etwas sein; also angehen.

Nach zwei Stunden Anstieg kommen wir im Fels kletternd in die Nähe seines ursprünglichen Standortes. Als ich vorsichtig um die Ecke spähe, ist der Platz leer. Die obere Hälfte der Hänge besteht vielfach aus unzähligen Rinnen, Löchern, Graberln und Karln, richtige Gamshoamtln, sehr unübersichtlich, und man muß jeden Moment auf Überraschungen gefaßt sein. Ich schiebe mich vorsichtig weiter vor, da fährt plötzlich ein starker Bock heraus, und im Nu sind sieben Böcke flüchtig. Im übernächsten Kar, das wir einsehen, beruhigen sie sich wieder. War das nun der Gesuchte? Gehörte er zu den anderen, dann ist auch er wohl nicht alt; er war aber, wie ich später feststellen mußte, jedenfalls *der* Bock mit den höchsten und am weitesten ausgelegten Krucken.

Wir sind dem Rudel noch lange erfolglos nachgestiegen, bis es in Regionen entschwand, in die wir nicht folgen konnten. Längst ist es Nachmittag und noch hübsch weit zur Hütte, in der ich nach elfstündiger Pirsch hundemüde und halbverdurstet ankomme. Die letzten zwanzig Minuten auf ebener Straße zur Hütte waren eine wahre Wohltat.

Die „Hütte“ ist also eine militärische Unterkunft mit zivilem Verwalter, der mich mit ausgesuchter Höflichkeit begrüßt; überhaupt sind die Leute alle freundlich, fröhlich, hilfsbereit, angesichts der Tatsache, daß ich mich rumänisch verständlich machen kann, noch williger. Der Bau ist aus Stein, innen mit Faserplatten vertäfelt, im ersten Stock eine Reihe von zwei- bis vierbettigen Kammern mit Feldbetten, Zentralheizung, die funktioniert, Waschtisch mit Kalt- und Warmwasser, das funktioniert, sauber, militärisch einfach. Glühbirne an der Decke ohne Schirm. Das Haus ist sichtlich noch unfertig. Es gibt einen „Alimentar“-Laden mit Schokolade, Keks, Marmelade, usw. Ich habe aber überhaupt keinen Hunger, wie immer nach starker Anstrengung, bestelle mir einen heißen Tee mit viel Zucker und schlafe elf Stunden. Meine beiden Jäger teilen die Kammer mit mir, stinken erfreulicherweise nicht und sind riesig bemüht.

Am 23. September in der Früh Nebel und Regen. Der unstete Wind wird uns zu schaffen machen, zumal die Brüder überhaupt wenig auf den Wind achten. Nach zwei Stunden kommen wir in ein kleines Kar mit einem düsteren kleinen Bergsee (Meerauge), zu einem riesigen, wenig schönen, weißen Pilonen, der dort zum Andenken an den Lawinentod eines Universitäts-Professors samt sechs Studenten aus Bukarest errichtet wurde. Während wir dort rasten, hebt sich der Nebel und auf 300 m vor uns äst so ein Bockrudel im Hang, darunter ein recht guter Bock. Nun packt mich doch die Versuchung, gedeckt durch einen Grashang schiebe ich mich bis auf 150 m heran. Die Gams sind unruhig geworden, Stefan ist ohne meinen Rucksack nachgekommen, so schieße ich liegend auf einer Graspolsterauflage und unterschieße den Bock, der hochflüchtig bergauf abgeht, während die übrige Gesellschaft nicht weiß, was los ist und unschlüssig herumfährt. Irgendwie ist es mir gar nicht unlieb, zum Schluß wärs doch ein junger Bock gewesen, er war zwar schon verfärbt, aber auf den Pinsel hatte ich nicht geachtet.

Wir steigen dann schauerlich steil hinunter zur Weißensee-Hütte – Cabana Bilea Lac –, die auf einer künstlichen Insel düster-romantisch im See liegt. Die Umgebung ist durch Baracken gestört, denn hier baut das zweite Regiment von Hermannstadt herauf.

Am nächsten Morgen wieder in die Capra, da ich einen achtstündigen Anmarsch in einen anderen Revierteil auf einen angeblich kapitalen Bock ablehne. Hierauf bietet mir Stefan an, er würde für mich den Bock schießen gehen. Natürlich lache ich ihm ins Gesicht, ich schösse meine Böcke selber, aber diese Jagdart scheint hier öfter vorzukommen. Plötzlich wirft sich Stefan hin, ich dergleichen. Unter uns in ein kleines Kar mit einem Kögerl aus zwei übereinanderliegenden Köpferln ist ein schwarzer Gams eingewechselt, steigt herauf, man sieht die Krucken und jetzt steht er am oberen. Ich bin längst fertig und schon kracht's. Der Bock zeichnet gut und geht flüchtig ab. Entfernung ca. 250 Schritt. Stefan will sofort hinuntertoben, wird von mir aber gewaltsam dreiviertel Stunde festgehalten. Dann steigen wir vorsichtig herunter, denn nach rechts, der Fluchtrichtung, sind wir überriegelt. Wie ich vollen Einblick habe, sehe ich den Bock unter einem Wandl im Wundbett. Bevor ich schießen kann, wird er schwerfällig flüchtig und dann fällt ihn endgültig mein zweiter Schuß. Der erste Schuß saß ganz tief Blatt, am Anschuß fand ich nur Schnitthaare. Sofortige grobe Messung ergibt 100,5 Punkte, also recht brav, aber mein Sinn steht nach einem wirklich kapitalen Krickl, dem „Lebensgams". Wir plagen uns noch den ganzen Tag. Bei der geradezu hochsommerlichen Witterung sitzen die Gams im Schatten in den Rinnen. Wir sehen im Ganzen 12 Böcke, aber nichts Besseres.

Der Abstieg über einen steilen Grashang, stellenweise gemildert durch Erlen, an denen man Halt findet, ist äußerst beschwerlich, aber schließlich bin ich schweißgebadet, mit zerrissener Hose, verlorenem Mündungsschoner, verlorenem Messer unten. Ich bade meinen Oberkörper im schäumenden Arges und wechsle mein Hemd. Im Berg führe ich immer ein Wechselhemd mit, um nach schweißtreibender Anstrengung nicht zu frieren. Es war die härteste Gamsjagerei meines berggewohnten Jägerlebens, auch ohne „Lebensgams" eine unvergeßliche Jagdfahrt.

Hubertus hilf, ein hauend Schwein!

In Österreich gab es bis zum zweiten Kriege Sauen in freier Wildbahn nur im Osten, im Leitha- und Rosaliengebirge und in den Wäldern an der burgenländisch-ungarischen Grenze. Ich war einmal auf eine winterliche Treibjagd eingeladen. Man kann sich vorstellen, mit welch freudiger Spannung und Erwartung ich losfuhr. Kein Schuß fiel, es wurden überhaupt keine Sauen gesichtet. Es lag kein Schnee, so daß das Kreisen problematisch war. So blieben mir die Sauen lange fremd.

Erst im Kriege in Frankreich kam ich eingehender mit Schwarzwild in Berührung. Waren die französischen Schwarzwildbestände schon im Frieden ansehnlich – heute werden dort im Jahr 50000 Sauen geschossen –, so vermehrten sie sich während der Besetzung infolge unzureichenden Abschusses ganz bedeutend und wurden zur Landplage. Dasselbe spielte sich nach dem Krieg in West- und Süddeutschland ab.

In der Normandie läßt man die Hausschweine frei im Walde weiden. Hier konnte man oft Kreuzungen mit Wildschweinen beobachten. Diese Mischlinge waren im Bau höher gestellt und grau-rosa gefleckt, mit längeren Borsten als bei zahmen Schweinen üblich.

Ich war von Rußland zu einer Luftnachrichtenabteilung im Raume Paris versetzt worden. Eines Tages läutete das Telefon. Der Adjutant des Regiments war am Apparat: „In drei Tagen findet im Walde von Chateauneuf en Thimerais bei Chartres eine große Treibjagd auf Sauen statt; auf Ihre Mitwirkung wird bestimmt gerechnet."

Zwei Tage und Nächte hatte es geregnet und gestürmt. Noch um vier Uhr früh, als ich mich zum Abmarsch zum Sammelplatz fertig machte, goß es wie aus Kübeln. Als ich vor die Unterkunft trete und besorgt den Himmel betrachte, ist er rein und klar, die Sterne leuchten. Vielleicht haben wir doch Glück mit dem Wetter.

Alle zünftigen Jäger des Regiments waren aufgeboten, acht Schützen, darunter vier erfahrene Hochwildjäger, ein guter Deutsch-Langhaar und zwanzig Treiber fanden sich am Sammelplatz ein.

Als wir nach längerer Fahrt im Revier eintrafen, war der Himmel blau, die Sonne lachte, der Wind hatte sich gelegt. Idealer konnte man sich das Wetter nicht wünschen. Es war so milde, daß man vergessen konnte, daß wir Ende Januar 1944 schrieben. Schnee in Mittelfrankreich ist so selten, daß man mit ihm bei Saujagden nicht rechnen kann.

Der Wald von Chateauneuf besteht in der Hauptsache aus dicksten Eichendickungen. Auch die wenigen Abteilungen, die man als Hochwald bezeichnen könnte, sind mit starkem Unterwuchs durchsetzt, insbesondere durch den in Frankreich häufigen hohen Adlerfarn, der mangels Schneefalles im Januar noch nicht niedergebrochen war. Neben ganz geringem Vorkommen von Hoch- und Rehwild zieht dort hauptsächlich das Schwarzwild seine Fährte. Der Fuchs ist häufig zu spüren.

Schon im ersten Treiben ertönt der Ruf „Sau nach vorn". Wie elektrisiert doch dieser Ruf! Nun knallt es auch schon bei meinem Nachbarn. Ob die Sau liegt? Der Schuß galt einem Fuchs, der gefehlt wurde. Das dritte Treiben gibt zu Hoffnungen Anlaß. Eine große, verfilzte Dickung, in der immer Sauen stecken, wird jetzt genommen. Schon hört man die Treiber, zwei Hasen und zwei Kaninchen sind vorbeigehoppelt, aber keine Sau ist in der Front vor die Schützen gekommen. Das Gestrüpp vor mir ist so dicht, daß ich kaum zwanzig Schritte weit hineinsehen kann. Plötzlich wird es vor mir dunkel, ein mittlerer Keiler schiebt sich lautlos auf dem Wechsel vor, an dem ich stehe. Mein Korn steht mitten drauf, im Schuß fährt der Keiler zusammen, prasselt durch den Bestand, überfällt die Schneise und verschwindet in der Nachbardickung. Der herangeholte Hund verweist nur wenig Wildpretschweiß, was mir nicht gefallen will. Hat es die Kugel im dicken Zeug verschlagen? Zweihundert Schritte hält der Hund noch die Fährte, dann hört der Schweiß auf, der Hund faselt und muß abgetragen werden. Die Sau kommt leider nicht zur Strecke.

Bis zum späten Mittag verläuft die Jagd erfolglos, die Treiber bringen auch die angeschweißte Sau nicht vor die Schützen, nur ein Fuchs fällt. Im letzten Treiben war mir ein Fuchs spitz gekommen, hatte mich aber vorzeitig weggekriegt und war umgeschlagen; ein nachgeworfener Schnappschuß sitzt in einem Bäumchen, das total zerfetzt ist.

Inzwischen sind am vorbestimmten Platz Eintopf und Kaffee überm Lagerfeuer heiß gemacht worden, die dampfenden Kessel warten auf die hungrigen Jäger. Wir rasten nur kurz. Gleich im nächsten Trieb knallt es heftig, eine Sau wechselt, mehrfach beschossen, in das Nachbartreiben. Nun wird die große Dickung, in welche die Sau eingezogen ist, umstellt. Ich stehe wieder ganz im Dicken an einem Wechsel und hoffe, zu Schuß zu kommen. Die Treiber geben diesmal laut durch, mit viel Geschrei. „Achtung, Sauen nach vorn, Sauen nach rechts, Sauen nach links"! Da scheint ja allerhand drin zu sein. Auf den Schuß meines rechten Nachbarn ertönt ein helles, kreischendes Klagen, es folgt ein dumpfes Grunzen, dann fällt noch ein Schuß.

Es ist schon verflixt dunkel in der Dickung. Ein schwarzer Schemen erscheint plötzlich rechts, ein zweiter, ein dritter und noch einer. Eine Rotte von vier Sauen strebt im Troll auf dem Wechsel nach vorne. Schuß auf die erste, die sofort hochflüchtig wird, und Schuß auf die vierte, ein stärkeres, sehr dunkles Stück, ein Keiler, der zeichnet. Und nun geht auf allen Seiten eine tolle Knallerei los, die Treiber brüllen, wobei wohl auch ein bißchen Angst mitspielt. Dann ist es mit einem Mal still, es wird abgeblasen.

Ich gehe zum Anschuß, wo ich hellroten Schweiß finde, und folge der Fährte, die leicht zu halten ist, denn der Schweiß ist wie mit Kannen gegossen. Dann finde ich den Überläufer-Keiler. Die übrigen drei Sauen, darunter die zuerst von mir beschossene, waren hochflüchtig dem linken Nachbarschützen gekommen, der auf größere Entfernung schießen mußte. Die Nachsuche mit dem Hund ergab, daß keine etwas abbekommen hatte. Neben dem Lagerfeuer haben wir dann Strecke gelegt – drei Sauen und zwei Füchse – und im Schein der Flammen erklangen als Abschluß im fremden Wald nach deutschem Jägerbrauch die Signale: „Sau tot, Fuchs tot" und „Jagd vorbei"!

Bei dieser Treibjagd wurden sieben, wenige Tage alte Frischlinge, die sich in einem Laubnest drückten, gefangen. Obwohl ihnen noch die vertrocknete Nabelschnur anhaftete, waren sie schon unwahrscheinlich flink. Wir nahmen sie in einer Zeltbahn mit und zogen die vier Bachen und drei Keiler auf. Aus einem Gummisack konstruierten wir ein Bachengesäuge mit sieben Zitzen, an denen unsere Schweinekinder wonnevoll saugten. Unsere Pflegelinge, die zunächst in einer Kiste gehalten wurden, später aber einen Auslauf erhielten, in dem sie nach Herzenslust brachen, gewöhnten sich sofort an die neue Ernährungsmethode. Leider erhielten sie einmal verdorbene Milch, worauf fünf im Alter von etwa vier Wochen eingingen. Nur die beiden stärksten, zwei Keiler, überstanden die Magenvergiftung und gediehen nach einigen Tagen wackliger Anfälligkeit munter weiter. Max und Moritz endeten dann, so viel ich weiß, als Spanferkel, da man sie beim Rückzug aus Frankreich nicht mitnehmen konnte.

Knapp vor der Invasion lag ich unweit von Reims. Der dortige Bauern- und Auwald mit seinen undurchdringlichen Dickungen und eingestreuten Feldern war ein Dorado für Sauen. Auf der Pirsch war nichts zu wollen, aber der Ansitz an den Feldrändern versprach Erfolg, zumal das Schwarzwild schon am späten Nachmittag in die Felder drängte. Ich führte damals einen alten Hahndrilling 9,3x72/16. Er stammte vom verstorbenen Bruder meiner Mutter, der mein Lehrprinz gewesen war. Die Schrotläufe taten ihren Dienst, der Kugellauf hingegen war etwas ausgeschossen und die Munition alt. Ich hatte ihn als Universalwaffe mit ins Feld genommen, aber nachdem ich die erste Sau gefehlt hatte, griff ich zum Karabiner.

An einem Kornfeld, das im rechten Winkel von Dickungen umgeben und von Sauen stark angenommen war, hatten wir zwei wacklige Hochsitze vorgefunden. Den einen bezog ich, den anderen ein Unteroffizier, der mich aus Sicherheitsgründen wegen der Partisanen begleitete. Da es früh am Abend war und ich die Sauen nicht gleich erwartete, machte ich ein Nickerchen. Gegen sieben Uhr wurde ich wieder munter. Es kam aber bis zum Büchsenlicht kein Schwarzkittel zum Vorschein. Auf dem Heimweg fragte mich mein Begleiter: „Haben Herr Oberleutnant denn die Sau nicht gesehen?“ „Was für eine Sau?“ – „Na, die grobe Bache, die um 18.30 Uhr links vom Hochstand ins Feld austrat“. „Nein, da habe ich geschlafen“.

Das nächste Mal klappte es dafür besser. Auf einer uralten Eiche, ebenfalls zwischen Dickung und Feldrand, hatte ich einen natürlichen Hochsitz. Von dort schoß ich dann die bewußte starke Bache. Auch sie erschien noch am hellichten Tage und ging mit einem abgezirkelten Blattschuß noch hundert Schritt weit, ohne zu schweißen. Nach mühsamer Nachsuche ohne Hund fanden wir sie doch. Das Geschoß hatte sich gestaucht und die Kammer zerfetzt. Meine Köche waren über die unerwartete Zubuße hocherfreut.

Die Ardennenoffensive 1944/45 führte mich in die Eifel. Dort fand sich ein freundlicher Oberförster, der einen Schützen mehr zum Kreisen und zur Jagd auf Sauen brauchen konnte. Schon immer hatte ich mir gewünscht, eine richtige Saujagd im winterlichen Wald mitmachen zu können. Es hatte gerade ausgiebig geschneit, die Fichtendickungen waren tief verhangen, der winterliche Märchenwald glitzerte unter strahlendblauem Himmel und blendendem Sonnenschein. Nachdem wir mühsam im tiefen Schnee die Gestelle und Schneisen abgefährtet hatten, waren zwei Keiler fest. Nun ging das Treiben an. Das helle Geläut der beiden Dackel war weithin zu hören. Die Spannung stieg, das Hin und Her des sich nähernden oder entfernenden Geläutes der Hunde, die fieberhafte Bereitschaft, auf den schmalen Gestellen blitzschnell zu schießen, ließ alles andere vergessen. In einer kleinen Dikkung, an deren einem Rand ein Tanklager mit regem Verkehr untergebracht war, steckte schließlich der Keiler. Zweimal war dieser Teil schon gehobelt worden, immer war er zurückgegangen. An der engsten Stelle der Schneise, wo die Äste einer tiefverschneiten Fichte weit übergriffen, war er plötzlich lautlos erschienen und schon wieder auf der anderen Seite der Dickung verschwunden, ehe ich überhaupt die Büchse ins Gesicht bringen konnte. Ein Kasten von einem Keiler, hoch wie ein Klavier.

Im Zusammenhang mit dem Aufbau eines Schwarzwild-Dioramas für das Jagdmuseum Hohenbrunn hatte ich lange Zeit nach dem Krieg erstmals wieder Gelegenheit, auf Sauen zu jagen, und zwar im berühmten Lainzer Tiergarten bei Wien. Der Lainzer Tiergarten mit einem Areal von rund 2500 ha ist bis zum Ende des 15. Jahrhunderts zurückzuverfolgen. Kaiser Ferdinand I. umgab das Revier 1561 mit einem Holzzaun, den Joseph II. 1781 durch eine 24,9 km lange Steinmauer ersetzen ließ. Im zweiten Weltkrieg vielfach zerstört, bot sie Fluchtmöglichkeiten für das zahlreiche Schwarzwild, wodurch dieses seither in der freien Wildbahn Niederösterreichs häufig zu begegnen ist.

Der damalige Forstdirektor des ehemals kaiserlichen, heute zur Gemeinde Wien gehörenden Geheges hatte eine grobe Bache mit vier Frischlingen gestiftet; sie hatte durch Querlagerung des fünften verfrischt und war elendiglich zu Grunde gegangen. Nun brauchte ich einen Keiler, um die Familie zu vervollständigen. Der notwendige Abschuß wurde bewilligt, und ich durfte ihn selbst durchführen.

Es war März, es hatte eben eine dicke Neue geworfen. Der zuständige Oberförster und ich pirschten durch das raume Holz. Plötzlich wurde vor uns eine eingelagerte Bache hoch, und unter ihr wimmelten 12 Frischlinge. Ein reizendes Bild, diese schwarz-gelb gestreiften Frischlinge, aber die Situation wurde bedrohlich; die besorgte Mutter machte Anstalten, uns anzunehmen. Wir standen hinter einem Baum, der Oberförster mit entsicherter Waffe für einen Schreckschuß, aber es gelang uns, durch Gebrüll die Bache zum Abdrehen zu veranlassen. Später entdeckten wir einen Keiler, der auf einer Waldwiese brach. Er schien dem Oberförster nicht gut genug, aber als wir näher kamen, änderte er doch seine Meinung, und ich schoß. Den Keiler warf es in eine Mulde. Waidmannsheil! Wir gingen nicht gleich zum Anschuß. Auf einmal sahen wir im Stangenholz einen Keiler forttrollen. Was heißt das? Es war ein Krellschuß gewesen; in der Mulde war unser Freund wieder zu sich gekommen und hatte sich empfohlen.

Wenig später gelang es mir dann, doch durch die Erlegung eines braven, fast an eine Bronzemedaille heranreichenden Keilers meine Museumsfamilie „Wildsauen" zu vervollständigen.

Eines Tages erhielt ich ein Telegramm des damaligen Präsidenten des internationalen Jagdrates, Vallus, aus Budapest, mit einer Einladung zu einer Sautreibjagd. Mehrere andere Verwaltungsratsmitglieder des CIC waren ebenfalls eingeladen.

Mit 12 Sauen im Schußbuch kann man nicht behaupten, ein erfahrener Schwarzwild-Jäger zu sein, und so nahm ich mir das ausgezeichnete Buch von Snethlage „Das Schwarzwild" wieder vor und las nach, was für so eine Jagd wissenswert wäre.

Die formalen Erledigungen gingen reibungslos vor sich, mit reichlich Patronen (man kann nie wissen) bestieg ich in Wien den „Wiener Walzer", in den sowohl der deutsche Delegationsführer als auch der schwedische Vizepräses zustiegen. In munterer Unterhaltung verging die Fahrt. Speisewagen gab es keinen, nur lauwarmen Café und mittelmäßige Schokolade, was uns aber nicht störte.

In Budapest wurden wir von drei Funktionären erwartet und in einem großen schwarzen Mercedes und einem ebensolchen Moskwitch verstaut und in dreiviertelstündiger Fahrt nach Telki gebracht.

Bis Budapest gab es so gut wie keinen Schnee. In Telki dagegen lag eine ordentliche Neue. Wir wurden vor einem bescheidenen Sommerhaus abgesetzt, wo uns Vallus mit dem französischen Ehrenpräsidenten bereits erwartete. Wir wurden reichlich bewirtet und erfuhren, daß wir noch in das zwei Stunden entfernte Staats- und Repräsentationsrevier „Gjulay" zu fahren hätten. Es wachsen dort die Weltrekord-Damschaufler – die 16 besten Schaufler der Welt stammen alle aus Gjulay. Das Revier erinnert an den Wienerwald, Buche und Eiche dominieren neben Föhrenkulturen. Es gibt einen geringen Bestand an Rotwild, Damwild beobachtet man auf Schritt und Tritt, und es wimmelt von Sauen.

Das vor ein paar Jahren erbaute Jagdhaus, zweigeschossig, aber so in den Hang hineingebaut, daß man die Wohnräume von oben ebenerdig betritt, während die Wirtschaftsräume von unten zugänglich sind, ist einfach und passend eingerichtet. Der Forstdirektor B. erläutert in nahezu akzentlosem fließenden Deutsch den Plan: 7.00 Wecken, 7.30 Frühstück, 8.00 Abfahrt mit 3 Jeeps zum 1. Treiben. Mittags Verpflegung im Wald, kein Alkohol, 5 Treiben. Am 2. Tage 4 Treiben. Geschossen werden Sau und Fuchs.

Das erste Treiben umfaßte eine kilometerlange Buchen-Eichenjugend. Man stand auf einer breiten Schneise für 2Treiben. 8 Treiber, 3 Foxterrier, 3 Dackel und ein roter, fuchsartiger Hund gingen langsam vor. Jiff, Jiff, der helle Laut eines Hundes, dann flüchtet rechts von mir mit graziös hüpfenden Fluchten ein Damtier auf die Schneise, verhofft und verschwindet ins zweite Treiben. Vor mir ist dichtes Gestrüpp, daß ich überhaupt nichts sehen kann. Jetzt flüchten fünf Stück Damwild auf demselben Wechsel. Dann sehe ich im Stangenholz, in das ich eben nicht hineinschießen kann, weil dort der Förster postiert ist, zwei Sauen. Sie nehmen, durch Grasbüsche gedeckt, den bewußten Wechsel an und gehen hochflüchtig über die Schneise. Ich werfe einen Schuß hin, der Förster deutet an, daß eine Sau an den Bäumen angeschlagen habe, doch finden wir später keinen Schweiß. Mein Nachbar links hat im Gestrüpp einen Frischling gefehlt. Sonst schoß niemand. Einmal hätte ich fast auf den roten Hund geschossen, weil ich ihn für einen Fuchs hielt. Nun sind die Treiber da, formieren sich zum zweiten Treiben. Wir stehen nun am Rückwechsel. Ich habe mir den Wechsel genau angesehen, er führt nach rechts hinunter in den Hang, ist von Eichenbüschen bis auf zehn Schritt völlig verdeckt.

Bei halbem Wind setze ich mich auf mein Dreibein und rühre mich nicht. Vor mir hüpft ein Zaunkönig und schwirren Meisen. Was bewegt sich im dicken Stangenholz? Fünf sehr starke Schaufler treten herum. Dann ist plötzlich eine schwarze Masse vor mir – Sau! Schon ist sie seitlich ins Gestrüpp und der Schuß geht daneben, weil ich zu früh den Abzug berühre. Nicht genug damit, der Keiler kommt weiter links auf die Schneise und verhofft dort. Während ich ziele, fällt mir der Schirm der Wollmütze ins Gesicht. Ich könnte zerspringen! Aber Geduld. Mein Nachbar schießt einen Frischling und zwei Keiler. Kommt nun gar nichts mehr? Was ist da Weißes im Grauen? Keilerwaffen! Das Haupt eines sichernden starken Keilers. Ganz vorsichtig hebe ich die Büchse ins Gesicht, und dann knallts. Mit hoher Flucht ist der Keiler im Gestrüpp verschwunden. Er hat gut gezeichnet. Dann ist das Treiben vorbei. Am Anschuß liegt starker mittelroter Schweiß. Der benachbarte Förster hat den Keiler in tiefer Flucht beobachtet, doch trotz Schweißfährte liegt er noch nicht. Ein mit Hund nachsuchender jüngerer Jäger kommt nach 1 1/2 Kilometern erfolglos zurück. Also morgen Nachsuche auf meinen Keiler. Der Mannlicher 6.5 x 54 ist anscheinend auf diese groben Sauen doch nicht schockkräftig genug.

Dann fahren wir zum 3. Treiben. Wieder ein dickungsbedeckter Rücken. An der Weggabel, wo wir uns treffen, liegt frischer Schweiß! Der kranke Keiler ist in das Treiben eingewechselt. Jetzt werden ihn die Hunde stellen. Ich sitze auf einem Waldweg, vor mir Dickung, hinter mir Stangenholz. Jiff, Jiff, wieder der Laut der Hunde, jetzt Standlaut. Das könnte mein Keiler sein. Doch die Hetze geht weiter, ich sehe nur Hunde flitzen. Ich habe das Fernrohr abgenommen und die Brille aufgesetzt. Anders komme ich hier nicht zurecht. Jetzt wieder Standlaut von drei Stimmen und ein Schuß rechts neben mir beim Oberförster, dann eine aufregende Schießerei am Ende des Treibens.

Jetzt kommt der Oberförster lachend mit einem Bruch. Er gab meinem Keiler den Fangschuß. Wir gehen hin, er hat ihn schon aus der Dickung gezogen, ein Kasten, etwa 150 kg, sehr gute Waffen. Der Schuß saß etwas hoch hinterm Blatt. Diesmal fielen elf Sauen.

Im vierten Treiben stehe ich am selben Platz, doch mir kommt vom Gegenhang nur ein Rottier, dann ein Keiler an der engsten Stelle des Weges. Es reichte nicht einmal zum Anbacken. 16 Sauen, 8 Schützen, 39 Schuß. Das 5. Treiben fällt aus. Als wir heimkehren, erwarten uns ein köstliches Essen und ein sehr guter Rotwein.

Auch der nächste Tag ist wieder ein milder schöner Jagdtag. Im ersten Treiben kommt mir nur ein Damtier, es fällt kein Schuß. Die Sauen waren an einer nicht abgestellten Ecke ausgebrochen. Im zweiten Treiben fällt ein Keiler. Das dritte besteht aus einem mit Föhrendickung bedeckten Rücken, einer sumpfigen Wiese, dann wieder aus einer Dickung. Ich stehe am Rande der Dickung und habe die Wiese vor mir. Gleich zu Beginn ertönt gegenüber wilder Standlaut, der in Hetze übergeht. Dann knallt es dreimal. Der schwedische Gast hätte eine Wildkatze schießen können, tat es korrekterweise nicht, weil sie nicht angesagt war. Nachher großes Bedauern des Jagdleiters. Ergebnis des Tages: 4 Sauen.

Abschließend wurde auf dem Jagdhof bei Fackelschein Strecke gelegt. Erste Reihe: 7 Keiler, der beste am rechten Flügel, es war meiner, der sich bei der Vermessung als Bronzemedaillenträger entpuppte, 2. Reihe: 7 Bachen, 3. Reihe: 3 Überläufer und 3 Frischlinge, alle aufrecht liegend, nicht wie bei uns, auf der rechten Schulter.

Es war ein gelungenes, jagdkameradschaftliches Unternehmen, das mir den besten Keiler brachte, den ich bisher schoß.

Capra Hispanica, Elch und rotes Schaf

Nach mehrjährigen vergeblichen Versuchen gelang es mir endlich, eine der nur sehr sparsam vergebenen Lizenzen auf einen spanischen Steinbock zu erhalten. Am liebsten wäre ich in die Sierra de Gredos westlich von Toledo gegangen, doch lautete meine Lizenz auf den Coto Nacional in der Sierra de Cazorla.

Es gibt in Spanien drei berühmte Reservate für die Capra Hispanica, den Macho Montès, nämlich die Sierra de Gredos, die Sierra de Cazorla und ein kleineres in Tortosa y Beceite im Raume Barcelona. Man irrt, wenn man glaubt, es wären überall dieselben Steinböcke, so etwa wie bei uns die Gams überall gleich sind, wenn man vom Qualitätsunterschied der Krucken aus Kalkgebirge oder Urgestein absieht. Beim spanischen Steinbock gibt es merkliche Unterschiede, die sich in der Hornform ausdrücken, wobei die Trophäen aus der Gredos am stärksten und dem Vernehmen nach auch am schwersten zu erringen sind. Ich war froh, überhaupt auf einen Steinbock jagen zu dürfen. Die spanischen Vorschriften beschränken die Laufzeit der Lizenz auf drei Tage. Man bezahlt eine Jagdkarte, einen Jagderlaubnisschein für den zugewiesenen Coto Nacional und, wenn man zu Schuß kommt, die entsprechende Abschußtaxe.

Meine Frau und ich mieteten in Madrid ein Auto mit Chauffeur, weil ich die weite Reise nach Süden ohne fundierte Sprachkenntnisse bei zum Teil etwas fragwürdigen Straßenverhältnissen nicht allein antreten wollte. Unser Tino erwies sich als überaus intelligent und war uns eine große Hilfe.

Das Kalkgebirge der Sierra de Cazorla mit seinen teils bewaldeten, meist kahlen Rücken zwischen sechshundert und zweitausend Metern, beherbergt das Quellgebiet des Guadalquivir und liegt etwa vierhundert km südöstlich von Madrid. Es wird von tiefen Tälern und saftigen

Wiesen geprägt. In den mittleren Regionen wachsen hauptsächlich Seekiefer und Fichte, zu denen sich in den tieferen Lagen Steineiche und Wacholder gesellen. Das Areal ist etwa 70000 ha groß und wurde zum Cote Nacional, also zum staatlichen Reservat erklärt.

Nach langer Fahrt durch die grüne Mancha über die Sierra Morena auf der Straße Madrid-Jaen erreichen wir La Carolina, wo wir nach Osten abbogen und über das alte romantische Städtchen Ubeda schließlich im Parador Cazorla landeten. Hat man die Sierra Morena überschritten, gelangt man in ein Hügelland mit roter Erde, ausschließlich bedeckt mit Olivenplantagen, die wie Schachbretter wirken. Ubeda, auf einem dominierenden Hügel gelegen, ist eine entzükkende kleine Stadt, die von Renaissance-Palästen und Adelshäusern geprägt ist. Von hier waren es noch fünfzig Kilometer bis Cazorla. Die Sierra lag in den Wolken, der Nebel hing über dem hübschen, alten, an den Hang geklebten Nest, das sich mit seinen weißen Häusern deutlich vom grünen Hintergrund abhob. Von dort ging es über Burunchel steil bergauf zum elfhundert Meter hoch gelegenen Parador. Diese Paradores sind staatliche, sehr gut eingerichtete und hervorragend geführte Fremdenherbergen bester Klasse. Nach der Ankunft kam der zuständige Oberjäger zur Besprechung. Am nächsten Morgen starteten wir früh mit Jeep, Fahrer/Träger Carlos, Oberjäger Juan, Hilfsjäger Pedro mit Tagesverpflegung. Meine Frau blieb zuhause.

Nach etwa einstündiger Fahrt, die uns immer höher in die Berge führte, erreichten wir einen Platz, an dem ein Feuer brannte und wo uns der besonders nette Mulifführer Domingo mit zwei Maultieren erwartete. Das mitgeführte Gepäck wurde auf ein Muli gepackt, das zweite war für mich bestimmt, aber als berggewohnter Jäger zog ich es vor zu gehen, nicht zuletzt, um mich zu erwärmen, denn es war saukalt. Nach einer weiteren Stunde, einmal sahen wir ein paar Steingaisen mit Kitzen, erreichten wir einen Beobachtungspunkt, der Ausblick in verschiedene Gräben und Mulden bot. Die Beobachtung wurde mit einer frugalen Mahlzeit verbunden, wobei die Spanier den Wein aus kleinen Ziegenschläuchen in weitem Bogen in den Hals rinnen ließen, was ich erst lernen mußte. Nach einer Weile entdeckte der Oberjäger ein Rudel in einer entfernten Mulde, bei dem ein sehr starker Bock stand. Bis wir näher kamen, war das Rudel weggezogen. Es bestand die Vermutung, daß es in einem benachbarten Brush stehen könnte. Wir pirschten nun auf einem Wildwechsel vor. Der Oberjäger zuerst, dann der Hilfsjäger mit meiner Büchse, schließlich ich. Mir hatte diese Ordnung von Anfang an mißfallen, es wurde mir aber bedeutet, dies sei so üblich. Ich mußte mich also zunächst fügen. Natürlich stießen wir in einer Lichtung auf dreißig Schritt auf das massierte Rudel; Tirar! Schießen!! Bis ich mein Gewehr hatte, war das Rudel weg. Nach diesem Mißerfolg ging ich in Zukunft als Zweiter und trug meine Waffe selbst.

Wir versuchten nun, dem Rudel zu folgen, fanden es trotz stundenlanger Suche aber nicht mehr und auch kein anderes. Beim Rückmarsch zum Beobachtungspunkt kamen wir von oben in ein kleines Tal mit einer saftigen Wiese, in der etwa vierhundert Meter unter uns friedlich ein recht braver Keiler brach. Es gibt in der Cazorla viel Schwarzwild, ferner auch Damwild und Mufflons. Letztere stammen aus dem Lainzer Tiergarten bei Wien.

Der Keiler lockte mich. Der Oberjäger war sehr dagegen, durch einen Schuß das Steinwild zu beunruhigen. Nachdem ich ihm mühsam klargemacht hatte, daß, wie wir gesehen hatten, ja gar kein Steinwild in der Nähe sei, pirschten wir den Keiler an, der die Kugel erhielt. Er ging zeichnend flüchtig ab. Mit peinlicher Vorsicht folgten wir der Schweißfährte und fanden den Keiler in dem Wäldchen. Obwohl das ganze Unternehmen recht einfach gewesen war, hatte ich großes Ansehen gewonnen!

Nun wurde ein Muli herbeisignalisiert, das man erst an der mit Schweiß getränkten Erde Witterung nehmen ließ, bevor man den Keiler aufpackte. Man tut dies, damit sich das Muli an den Wildgeruch gewöhnt und nicht scheut. Der Keiler war etwa fünfjährig und hatte recht brave Waffen.

Am zweiten Tag operieren wir nach ähnlichem Anmarsch in einem waldigen Gebiet auf vierzehnhundert Meter, pirschen ein Rudel im Bestand an, das aber Wind bekommt. Gegen Mittag entdecken wir wieder einen starken Bock auf einer winzigen Blöße. Trotz aller Vorsicht ist er verschwunden, als wir glauben, endlich in seiner Nähe zu sein. Am frühen Nachmittag kommt Regen und Hagel, der Wind hält überhaupt nicht. Trotz aller Bemühungen kann ich meine Spanier nicht dazu bewegen, jenseits eines Grabens mit Ausblick auf eine gegenüberliegende Lichtung mit guter Äsung anzusitzen. Wir stapfen mit schlechtem Wind unentwegt durch den Wald, machen eine Rotte von vierzehn Sauen hoch und sehen außer einem Fuchs natürlich nichts.

Am Morgen des dritten und letzten Tages herrscht zunächst wieder Nebel, als wir zum Treffpunkt mit Domingo fahren. Es war uns ein bestimmter Revierteil zugewiesen. Noch weit unten brach wieder eine Sau, diesmal eine Überläufer-Bache, in einer Wiese. Der zwischen Straße und Wiese laut rauschende Bach hatte anscheinend unsere Annäherung übertönt, denn der Überläufer warf nicht einmal auf. Ich ließ halten, den Motor abstellen, strich an einem Baum an und schoß den Überläufer aufs Blatt. Er blieb im Feuer.

Meine Sorge aber war, ob wir an diesem Tag auch auf Steinwild zu Schuß kommen würden. Wir bezogen wieder einen Beobachtungspunkt, von wo wir eine Menge Sauen und Damwild sahen, doch nirgends einen jagdbaren Bock. Pötzlich wird mein Oberjäger lebendig. Er und sein Hilfsjäger stecken die Köpfe zusammen. Dann zeigen sie mir ein weit entferntes Bockrudel, das sich im Ginster- und Rosmaringestrüpp äsend durcheinander schiebt und schließlich niedertut. Dieses Rudel wird angegangen. Zunächst geht es gedeckt in eine tiefe Mulde hinunter. Wir müssen über schlüpfrige Steinplattenhänge, in denen ich meinen Bergstock sehnlichst herbeiwünsche. Endlich sind wir am Platz. Auf allen Vieren kriechen wir die Böschung hinauf und spähen hinüber. Da ist es vor uns, ein Rudel von acht Böcken, darunter zwei sehr starke. Sie sind alle niedergetan und käuen wieder. Es ist ein prachtvolles Bild, aber die Entfernung beträgt schätzungsweise an die vierhundert Meter; das ist zu weit. Also bleiben wir liegen und warten. Meinen Mannlicher habe ich schon für einen weiten Schuß eingebaut. Einstweilen tut sich nichts. Zwei Stunden betrachte ich mir mit dem Spektiv die Böcke immer wieder genau. Endlich werden sie hoch und ziehen nach links, was uns zum Stellungswechsel zwingt. Zwei Böcke sind jetzt näher gezogen, ein guter und ein geringerer. Den Guten soll ich schießen. Die beiden schieben sich im Gestrüpp hin und her. Ich frage den Oberjäger: „Eso a la derecha“? Der Rechte? Er nickt. Der Bock fällt im Feuer, der Oberjäger macht ein saures Gesicht. Nun sehe ich auch den Guten langsam nach links wegtrollen. Er stand tiefer und war von meinem Platz nicht wahrzunehmen. Er wäre noch leicht zu haben gewesen, aber die Lizenz lautete nur auf einen Bock. Ich bin recht müde und verdrossen. Einem deutschen Jäger, der gleichzeitig mit mir dort jagte, war am zweiten Tag ein ähnliches Mißgeschick passiert. Auf seine Beschwerde hin wurde ihm ein zweiter Abschuß für den dritten Tag bewilligt. Er erlegte dann wirklich noch einen Guten. Ich aber schoß erst spät am dritten Tag, und damit war ein Schlußpunkt gesetzt. Dennoch sind die bescheidene Trophäe an der Wand und die Keilerwaffen eine bleibende Erinnerung an das schöne Spanien und seine freundlichen Menschen.

Einmal in meinem Jägerleben wollte ich auch einen Elch schießen. So entschloß ich mich, an herbstlichen Treibjagden in Tandsjöborg an der Grenze von Dalarna und Herjedalen teilzunehmen. Meine Frau und ich entschieden uns, die Fahrt mit der Eisenbahn zu machen, weil wir auf der langen Strecke von Hälsingborg nach Stockholm die schwedische Landschaft kennenlernen wollten. In Tandsjöborg am Tandsee, einem kleinen Dorf, werden wir am Bahnhof von unserem Hauswirt, einem Mitglied der Jagdgenossenschaft, freundlich empfangen und in seinem blitzsauberen Häuschen untergebracht.

In der Früh versammelte sich die Jagdgesellschaft, das heißt, die jagdberechtigten Dorfgenossen und die Jagdgäste. Die Stände wurden verlost. Überwältigend war die Weite der tiefdunklen Wälder, die Höhe der Fichten, die Stärke der auf den Waldstraßen spazierenden Auerhahnen. Man wurde mit Tagesverpflegung ausgestattet und in der Nähe eines Hauptwechsels auf seinen Stand eingewiesen. Dann waren wir auf zwölf Stunden unserem Schicksal mit guten Wünschen überlassen.

Diese Elchtreibjagden sind unendlich weitläufig. Fünf bis sechs Jäger mit Elchhunden durchstreifen gegen den Wind das riesige Areal, um dann auf frischer Fährte die Hunde zu schnallen. Die Wahrscheinlichkeit, zum Schuß zu kommen, liegt bei etwa eins zu drei.

Es ist Anfang Oktober. Eine Neue hat der Landschaft winterlichen Charakter verliehen. Wir stehen auf einem großen Schlag, der vor uns zum Hochwald aufsteigt, dessen Rand man aber nicht einsehen kann. Links begrenzt eine übermannshohe Fichtenkultur den Ausblick, rechts schließt sich ein Moor an.

Nach stundenlangem Warten hören wir im Hochwald das Geläut eines Elchhundes auf uns zukommen. Der Hund ist also hinter einem Elch. Die Spannung wächst. Nun hat das Geläut den Waldrand erreicht, doch dort dreht es ab. Der Elch hat die Deckung der Fichtenkultur angenommen und den Schlag vermieden. Die Entfernung zur Fichtenkultur ist zu weit, als daß man dort noch rechtzeitig vorgreifend anlangen könnte. Ein Verlassen des Standes wäre vertretbar gewesen, weil die einzelnen Stände weit von einander entfernt waren. Die Spannung wird zur Enttäuschung. Nach Beendigung des Treibens fährten wir ihn im Schnee, wie er die Straße überfiel. Der zu weit entfernte Nachbar sah den starken Elchhirsch vor dem Hund aus der Dekkung brechen. Nur noch einmal in den fünf Tagen täglicher, von Hoffnung und Spannung erfüllter, mit Enttäuschung endender, jeglichen Anblicks baren Treibjagd gab es einen Moment höchster Spannung, als zwischen den verschneiten Büschen eine graue Bewegung sichtbar wird, die sich dann aber als ein suchender Elchhund entpuppt. Wir haben kein Stück Elchwild in freier Wildbahn erlebt. Wir waren fünfzehn Schützen, es fielen 3 Schaufler, darunter ein starker, sowie zwei Elchtiere. Die Jagd dient den Schweden in erster Linie zur Gewinnung von Wildpret, das unter den Jagdgenossen aufgeteilt und konserviert wird. Die Trophäe ist oft nur Nebenprodukt.

Zwei Jahre später versuchten wir nochmals unser Waidmannsheil, diesmal in Jämtland, das für starke Schaufler berühmt ist. Der Mißerfolg war der gleiche. Lange, mühevolle Anmärsche durch die Hochmoore, viele Stunden Vorpaßhalten, kein Anblick. In diesen drei Tagen fiel ein einziges Elchtier. Es wurde an Ort und Stelle aus der Decke geschlagen und zerwirkt, das Wildpret in Rucksäcken abtransportiert. Als Abschluß der Jagdtage gab es zum Trost ein herrliches Krebsessen!

Nach 16 Jahren kann ich wieder auf Elche waidwerken, diesmal in Südnorwegen. Drei Tage innerhalb der vom 27.9.–10.10 in Norwegen geltenden Schußzeit stehen mir im größten südnorwegischen Privatrevier hinterm Hund jagend zur Verfügung.

Auf der Fahrt ins Revier, die nach Süden durch bäuerliches Land ins Telemarken führt, beginnt es heftig zu schneien. Wald, Wald, unendlicher Wald; Birken, Espen, die Ebereschen prangen gold und rot zwischen den düsteren Fichten. In der Mitte des 61000 ha umfassenden Reviers liegt das gemütliche Jagdhaus. Es ist wie alle Häuser dort aus Holz in der üblichen Bauweise. Über dem Eingang steht frisch GRORUD JAKTHUS, rechts und links lehnen zwei brave, frisch abgeschlagene Elchhäupter. Stangenelche natürlich; gute Schaufler gibt es nicht in jedem Jahr. Der Gast hat freie Büchse mit der Aufgabe, alles

Wild zu schießen, das ihm vor den Lauf kommt, selbstverständlich bei Wahrung waidmännischer Grundsätze. Obwohl die höchsten Erhebungen bei etwa siebenhundert Meter liegen, entspricht die Geländestruktur mehr den heimischen Lagen über tausend Meter, nur daß die zahlreichen Birken und die Hochmoore diesen Vergleich verzerren. Große Schläge wechseln mit Granithängen, auf denen Heidekraut und verkrüppelte Birken wachsen. Heidel- und Preiselbeerkraut gibt es in rauhen Mengen, rot verfärbt ist es ein Teil der Farbensymphonie, die diese Jahreszeit auszeichnet.

Gejagt wird hinter dem Hund. Die Elchhunde sind graue Wolfsspitze, die mit hoher Nase gegen den Wind das Wild suchen und dann stellen. Sie sind ausgesprochene Persönlichkeiten, die völlig selbständig arbeiten. Sie werden auch nicht abgeführt, sondern nur im Alter von ein bis zwei Jahren auf ihre Fähigkeiten geprüft und ausgesondert. Man schnallt den Hund beim Eintritt ins Revier, d.h. man nimmt ihm das Geschirr ab, und ab geht er. Hundeführer und Schütze stapfen zunächst ohne besondere Eile durchs Gelände, aber wenn einmal Standlaut ertönt, dann heißt es schnellstens in die Nähe kommen. Zuletzt pirscht man mit größter Vorsicht an.

Zwar äugt das Elchwild verhältnismäßig schlecht, doch windet und vernimmt es hervorragend. Guter Wind ist eine Hauptvoraussetzung, weil ja schon der Hund gegen den Wind suchen muß. Unbeständiger Wind bedeutet nahezu aussichtsloses Beginnen. Aber diese letzte Annäherung ist schwierig, denn das Kraut der Beeren raschelt, das Hochmoor quatscht. Sehr häufig stellt sich das Elchwild nicht im Freien, auf einem Moor oder einem Schlag, sondern im Birkenstangenholz oder im Hochwald, ist dann, obwohl man schon ganz nahe ist, durch herabhängende Zweige verdeckt. Einen braven Schaufler oder starken Stangenelch vor den Lauf zu bekommen, ist Glücksache. Dennoch steckt die ganze Jagd voll höchster Spannung.

Wir waren querwaldein gegen den Wind gezogen, als wir nach einer Stunde Standlaut hörten. Wir befanden uns auf einer felsigen Anhöhe, unter uns gab der Hund in einer Birkenjugend Laut. Die bemoosten Felsplatten ermöglichten eine lautlose Annäherung. Als wir von oben in die Jugend hineinschauen, deutet der Hundeführer: „Elch!" Ich sehe zunächst nichts, höre nur den heftigen Standlaut unter mir. Dann entdecke ich einen schwarzbraunen Fleck, der da nicht hineinpaßt.

Jawohl, das ist der Kasten eines Elches, dessen Haupt durch eine Birke verdeckt wird. Aber man sieht am gesenkten Nacken, daß er das Haupt gegen den Hund gesenkt hat. Da, wie schon erwähnt, alles geschossen werden muß, setzte ich dem Elch auf 80 m die Kugel aufs Blatt. Ich wußte schon, daß Elche kaum oder gar nicht zeichnen und daß man nach dem Rat schwedischer Freunde auf den Elch schießen muß, solange er auf den Läufen ist. Ich habe blitzschnell repetiert, der zweite Schuß sitzt neben dem ersten. Jetzt wendet sich der Elch langsam um – es ist ein Elchtier – macht ein paar Gänge und bleibt gleich wieder gedeckt stehen, Haupt und Träger sind allerdings sichtbar, so daß ich stehend am Bergstock eine Kugel auf den Träger setzen kann.

Mein erster Elch ist zur Strecke. Wenn es auch kein Hirsch ist oder ein „Okse“, wie die Norweger sagen, immerhin ich konnte mein erstes Stück Elchwild erlegen, die Freude ist enorm. Wir steigen hinunter. Dieses riesige Wild ist tief beeindruckend. Interessant war auch die dort übliche Methode des Aufbrechens. Es ist klar, daß man das Schloß bestenfalls mit einem Beil öffnen kann. So wird, wie auch oft bei uns beim Hochwild das Waidloch weit ausgeschnitten, dann wird die Drossel freigelegt und abgetrennt. Während wir von unten herauf zum Kern aufbrechen, brechen die Norweger vom Kern nach unten zu auf. Die Haut des riesigen Pansens wird als winterliches Hundefutter verwendet. Abschließend wird der Standort für den Abtransport markiert.

Dann geht es weiter. „Gjest“, Südnorwegens berühmtester Elchhund, ein zehnjähriger Rüde, ist schon wieder voraus. Nach zwei Stunden erklingt Standlaut. Als wir heran sind, sehe ich nur den Hund, der Elch ist hinter den tief herabhängenden Ästen einer Fichte verdeckt. Als das Stück wegbricht, kann der Hundeführer gerade noch feststellen, daß es ein einzelnes Elchtier ist. Schade; es sollen ja in der gesamten Jagdzeit an die dreihundert Elche geschossen werden, eine Zahl, die nie erreicht wird, da nur drei Hundeführer zur Verfügung stehen. Es können also nur drei Schützen und der allein jagende Jagdherr tätig werden. Eine Stunde später wiederholt sich das Spiel.

Einmal möchte ich erleben, daß sich ein Elch im Freien stellt, damit man das ganze Geschehen beobachten kann. Mittags geht dieser Wunsch in Erfüllung. Als wir dem Standlaut folgen und aus dem Wald heraus an den Rand eines Moores pirschen, seh ich zuerst den heftig

Standlaut gebenden Hund und dann ein starkes, in der nassen Decke tiefschwarz wirkendes Elchtier. In einer Geländefalte bemerke ich eine Bewegung. Achtung, das muß ein Kalb sein. Dieses bleibt aber überriegelt. Vermutlich hat das Elchtier jetzt unsere Annäherung wahrgenommen, es flüchtet.

Um 13 Uhr, nach kurzer Mittagspause, marschieren wir weiter. Der Vormittag war voller Begegnungen, er verführte mich zu übertriebenen Erwartungen. Der Hund war davon, wir konnten keinen Standlaut vernehmen. Nach mehr als zwei Stunden hört der Führer ganz weit Standlaut auf einem schneebedeckten, bewaldeten Bergkopf. Diesmal geht es steil bergauf, der Schweiß rinnt, der Atem keucht. Der Standlaut ist schon nahe, aber wir stecken wieder im Hochwald. Endlich sehe ich hinter Zweigen Läufe. Vier, acht Läufe, Elchtier und Kalb. Die Stücke treten vor dem Hund herum. Da gibt der Rüde plötzlich auf und kommt zurück, die Elche sind dahin.

Man kann sich vorstellen, mit welcher Spannung und Erwartung ich am nächsten Tag wieder auszog. Wir sind in einem anderen Revierteil mit einem anderen Hundeführer und mit „Bianca“, einer 12 Jahre alten Hündin. Am Vormittag sehen wir nur eine sehr starke Rehgais, viel heller als unser heimisches Rehwild. Rehwild ist dort oben sehr selten. Zweimal hören wir weitab Standlaut, der aber verstummt, bevor wir auch nur annähernd heran sind. Inzwischen ist es Mittag geworden. Wir schneiden Fichtenzweige ab, auf denen wir lagern werden. Der Führer schlägt mit einem winzigen Beil Späne von Fallholz, im Nu brennt ein Feuer, ein kleiner flacher Wasserkessel wird zum Kaffeekochen mit Moorwasser gefüllt. Ich bin gerade dabei, meine Konservenbüchse zu öffnen, da reißt es meinen Führer zusammen. Er hat Standlaut vernommen. Wir sitzen auf einem locker bewaldeten Hochplateau, das weiter hinten in einem steilen Schlag endet, wo der Schnee von vorgestern liegen geblieben ist. Von dort kommt der Laut. Wir lassen alles liegen und stehen. Als wir am Ende des Waldes am Rande des Schlages ankommen, ist der Standlaut wieder verstummt, aber der Führer läßt sich plötzlich zu Boden fallen: „Elch“! Eine weite Bestandeslücke bietet Ausblick auf den Schlag. Dort steht auf hundertzwanzig Schritt brettelbreit, völlig vertraut, ein Spießer. Sitzend am Stock schieße ich – kein Zeichen, nochmals. Nun macht der Elch drei Schritte nach links, bleibt stehen, ist halbverdeckt. Im dritten Schuß dreht er sich. Dieser Schuß erweist sich später als ein Streifschuß über den Vorschlag. Nun trollt er bergab in den Wald. Am Anschuß kein Schweiß. Inzwischen ist „Bianca“ zurückgekommen, sie nimmt sofort die Fährte auf. Am Waldrand finden wir rechts und links den ersten Schweiß. Während wir noch der Schweißfährte folgen, die im Schnee leicht zu halten ist, gibt weiter unten „Bianca“ schon Standlaut. Der Elch hat sich unter einer Fichte niedergetan, der Hund umkreist ihn lauthals, ich kann keinen Fangschuß anbringen. Wir müssen näher heran. Diese Annäherung vernimmt der Elch, wird hoch, was mir ermöglicht, einen weiteren Schuß anzutragen, der ihn niederwirft. Obwohl es nur ein sehr geringer Hirsch ist, freue ich mich dennoch. Nach der roten Arbeit kehren wir zu unserem Rastplatz zurück.

Das Mahl schmeckt doppelt gut. Wir blicken auf einen tiefblauen See, umrahmt von goldgrünen Höhenzügen, traumhaft schön, weit und breit kein Mensch. Eine gute halbe Stunde schlafen wir herrlich in der Mittagssonne, dann geht es weiter. Aber wir finden kein Wild mehr, so daß ich „Bianca“ anleinen lasse. Wir haben mit dem Auto noch einen weiten Weg zum Jagdhaus. In der Früh hatte mich der Jagdherr ermahnt, auch bei einer Begegnung mit Elchwild auf der Straße zu schießen. Also bleibt das geladene Gewehr zur Hand. Wir biegen um einer Kurve, da steht ein Kalb allein vor uns auf der Straße. Statt seitlich wegzuflüchten, trollt es vor uns auf der Straße weiter. Nun lasse ich halten, springe aus dem Wagen. Weiter vorn macht die Straße eine Biegung, wenn das Kalb dieser folgt, schieße ich halb spitz von hinten. So geschieht es. Allem Anschein nach war es ein mutterloses Kalb. Ich habe in der sandigen Straße seine Fährte leicht verfolgen können.

Da der Jagdherr immer nur Kaliber 7x64 schießt und auf meine Frage, ob ich nicht ein schwereres Kaliber nehmen solle, dies für überflüssig hält, nahm ich meinen Mannlicher-Schönauer 7x64 mit 6-fachem Fernrohr mit H-Mantel-Geschoß (Kupferhohlspitze), 34 mm Geschoßlänge, 11,2 g Geschoßgewicht. Sollte ich päpstlicher sein als der Gastgeber? Die Widerstandsfähigkeit des Elchwildes gegenüber letalen Schüssen im Vergleich selbst zum Karpatenhirsch ist erstaunlich. Für meinen Teil würde ich ein Kaliber von mindestens 8 mm vorziehen, denn ich habe festgestellt, daß es mehrfach keinen Ausschuß gab; das Geschoß blieb im Körper stecken. Natürlich ist es angenehmer, bei acht- bis zehnstündiger Marschleistung ein leichteres Gewehr zu führen.

Nun war der zweite Tag bei weniger Anblick erfolgreicher verlaufen als der erste. Ich hatte alles Wild, das mir vor den Lauf kam, zur Strecke gebracht. Würde der dritte Tag die ersehnte Trophäe bringen?

Die Wettervorhersage nach diesem Prachttag war unerfreulich. Zunächst bedeckt, dann Wind mit Regen und Schnee. Nun, man muß die Dinge nehmen, wie sie kommen. Ich sollte diesmal mit zwei Hunden jagen, der alten „Tsulte" und dem jungen „Tyrk". Wenn zwei Hunde einen Elch stellen, gibt es bessere Chancen.

In der Früh war es tatsächlich völlig grau. Wir fuhren endlos weit mit zwei Autos. Das eine wurde abgestellt, das andere brachte uns zum Ausgangspunkt. Dieser dritte Revierteil schien mir am reizvollsten. Von flachen Granitkuppen sah man immer wieder in gegenüberliegende Lehnen oder unter uns liegende Hochmoore. Einmal erblickten wir weit über dem Tal auf der anderen Seite Tier mit Kalb durch ein Moor trollen, ein eindrucksvoller Anblick. Doch erst um zehn Uhr gab es erstmals Standlaut, wieder im Holz. Wir kamen ganz nahe heran, konnten aber weder Hunde noch Elch sehen, also auch nicht feststellen, was gestellt wurde. Der ersehnte Schaufler? Dann aber bricht im weitgreifenden Troll ein Elchtier heraus, ich könnte schießen, wenn ich wüßte, daß kein Kalb nachkommt. Es kommt keines, aber auch die Chance ist vorbei. Am Vormittag sehe ich nur noch zwei Auerhennen, dann kommt die Mittagsrast mit Feuermachen und Kaffeekochen.

Nachmittags weht es, es fällt Schnee. Einmal noch Standlaut tief unten. Noch bevor wir heran sind, bricht er ab, Wind und Schnee erstikken alles. Es ist 15 Uhr. Die Hunde sind nicht zurückgekehrt. Da ich vom Führer erfahre, daß er auf alle Fälle heute noch auf Hundesuche gehen müsse, breche ich ab. Die launische Diana aber hatte dem anderen Gast vormittags einen Stangenachter beschert, den ich mir gewünscht hätte, aber auch der unter Mühen und Spannung erlegte Spießer wird zur Erinnerung an eine Jagdfahrt seinen Ehrenplatz erhalten.

Als im April 1974 die ordentliche Generalversammlung des internationalen Jagdrates zum Schutz des Wildes in Teheran abgehalten wurde, an der ich als Vorsitzender der österreichischen Delegation teilzunehmen hatte, buchte ich bei einem deutschen Jagdvermittler eine zweitägige Jagdfahrt auf rote Schafe. Im Hinblick auf die um-

Der Steinbock vom Röthelstein

Ein guter Gams aus den Seckauer Alpen

ständlichen Ein- und Ausfuhrmodalitäten für Jagdwaffen wurde mir geraten, mein eigenes Gewehr zuhause zu lassen, zumal mir versichert wurde, daß mir in Teheran geeignete Schußwaffen zur Verfügung ständen. Jagdlicher Erfolg sei absolut sicher.

Nach Beendigung der Tagung holte mich ein Jeep der iranischen Jagdorganisation vom Hotel ab. Der Führer, der sowohl englisch wie französisch sprach, machte einen vorzüglichen Eindruck. Das für mich bestimmte Gewehr steckte in einem Lederfutteral, so daß ich es zunächst nicht zu sehen bekam. Es war ein grundlegender Fehler meiner Vertrauensseligkeit, nicht vor Antritt der Jagd die Waffe zu inspizieren. Außer dem Führer gab es noch einen Träger, der die Tagesverpflegung einschließlich der Getränke zu tragen hatte. Im Revier kam dann noch ein uniformierter staatlicher Jagdaufseher dazu.

In anderthalbstündiger Fahrt erreichten wir die im Südosten Teherans gelegenen Zendan Berge. Sie sind völlig kahl, nahezu vegetations- und daher deckungslos, nur in den Tälern gibt es kärgliche Äsung und spärliche Wasserstellen. Hauptkämme verzweigen sich auf beiden Seiten fächerartig in viele Nebenkämme, es bilden sich so zahlreiche Täler und Kare. Das rote Schaf, eine viel stärkere Wildart als unser Mufflon, ist äußerst heimlich und äugt hervorragend. Diesem Umstand wird die Pirsch angepaßt. In dem Augenblick, wo Wild auftaucht, wird entsprechend dem Gelände Deckung genommen, in der man verharrt, bis die Schafe hinter dem nächsten Rücken verschwunden sind. Danach geht es im Eilschritt zum Rücken, hinter dem man das Wild vermutet und erhofft. Vorsichtig schiebt sich der Führer an den Rand des Kammes und späht in das Kar. Meist ist es leer, weil die Schafe schon weitergezogen sind. Die Suche geht weiter. Das Gehen im Geröll der Hänge ist ermüdend; es gibt keine Steige, nur wenige, von starken Rudeln geschaffene Wechsel.

Endlich haben wir wieder ein Rudel gesichtet. Wieder heißt es in Deckung eines Felsens warten. Diesmal scheint es ein großes Rudel zu sein, dessen letzte Stücke wir entdeckten, bevor sie hinter dem Kamm verschwinden. Das Gewehr ist eine herbe Enttäuschung, eine Winchester 270 ohne Stecher, mit einem eineinhalbfachen Fernrohr. Damit soll man auf Entfernungen von mindestens dreihundert Metern schießen. Eine andere Waffe gibt es nicht.

Nun haben wir den letzten Hang erreicht, der uns vom dahinter liegenden Kar trennt, in dem wir Schafe vermuten. Plötzlich kommt ein Rudel von sieben starken bis kapitalen Widdern in meterhohen Fluchten um die Ecke und ist, bevor wir uns gefaßt haben, verschwunden. Die haben sicher unser Rudel roglig gemacht. Wir hasten den Hang hinauf, kriechen das letzte Stück vor, tatsächlich sind die Tiere in Bewegung gekommen und ziehen eilig am jenseitigen Hang hoch. Grob geschätzt sind es siebzig bis hundert Stück, Widder, Schafe, Lämmer. Ich suche einen guten Widder aus, aber man sieht den Schuß unter ihm stauben, es ist einfach zu weit.

Die achtstündige Pirsch endet erfolglos. Am zweiten Jagdtag wurde ein anderer Revierteil aufgesucht, für den auch ein anderer Wildhüter zuständig war. Hatte sich sein Kollege den Vorschlägen und Maßnahmen meines Führers am Vortage willig gefügt, so dominierte nun der neue, dem sich mein Führer widerspruchslos unterordnete. Statt ruhiger Pirsch begann eine wilde Rennerei; trotz meines Einspruches rannten die beiden hunderte Meter voraus und schlugen meine Warnung, sie würden bestenfalls ein Rudel vertreten, bis ich nachgekommen wäre, in den Wind. Prompt trat der Fall ein. Die beiden prallten hinter einer Felsecke mit einem Rudel auf nahe Distanz zusammen. Das Rudel ging flüchtig ab. Ich protestierte nun sehr scharf gegen die Nichtberücksichtigung meiner Wünsche, mit dem Erfolg, daß meine „Helden“ beleidigt waren. Am frühen Nachmittag erreichten wir eine Höhe mit weitem Ausblick. Am gegenüberliegenden Hang war ein großes Rudel niedergetan, bei dem sich mehrere starke Widder befanden. Wir lagen platt auf dem Bauch und prüften die Lage. Meine Führer wiesen auf einen starken Widder, der etwas abseits vom Rudel eingelagert war, und drängten mich zu schießen. Sie schätzten die Entfernung auf zweihundert Meter. Als altem Gamsjäger kann man mir nichts vormachen. Ich visierte den Widder an, der Schnittpunkt des Fadenkreuzes deckte ihn völlig zu, worauf ich den Schuß ablehnte. Es blieb nichts anderes übrig, als liegen zu bleiben und abzuwarten.

Plötzlich erschien ein herrenloser Hund, worauf das Rudel flüchtig abging und hinter dem nächsten Rücken verschwand. Erstaunlicherweise folgte der Hund nicht dem Rudel, sondern nahm einen anderen Wechsel an. Hinter dem Rücken erhob sich ein zweiter, höherer, in dessen Hänge wir ebenfalls Einsicht hatten. Während wir noch unschlüssig waren, erschien unser Rudel in diesen Hängen.

Während das weibliche Wild langsam gegen den Wind fortzog, lagerten sich achtundzwanzig starke bis kapitale Widder auf einem grünen Fleck ein. Es war klar, daß sie in absehbarer Zeit den Schafen folgen und unerreichbar für uns verschwinden würden. Es gab nur eine, wenn auch sehr geringe Chance. Wenn ich allein auf dem Rücken liegend den Hang herunterrutschte, käme ich auf der anderen Seite gedeckt hoch und hätte vom dortigen Kamm einen sicheren Schuß. Mein Vorschlag fand keine Gegenliebe, man müsse abwarten.

Was geschah nun wirklich? Wie von mir vorausgesagt, wurden die Widder nach einer halben Stunde hoch und zogen dem weiblichen Wild nach. Die Chance war vertan. War mir auch, nicht zuletzt durch die schlechte Führung am zweiten Tag, kein Waidmannsheil beschert, so war diese Expedition, von mildem Frühjahrswetter begleitet, doch ein interessantes, unvergeßliches Erlebnis, was mich allerdings nicht hinderte, beim Jagdvermittler eine geharnischte Beschwerde anzubringen.

Steinböcke am Röthelstein

Wer immer von Bruck a. d. Mur gen Graz fährt, sei es mit der Bahn oder mit dem Auto, dem springt sehr bald am linken Murufer ein nackter, grauer, abweisender Gebirgsstock ins Auge, der sich dräuend von der Umwelt bewaldeter, niedriger Höhenzüge abhebt. Etwa 1300 m hoch sind die Kalksteinwände von roten Adern durchzogen, manchmal gibt es große rötliche Flecken, die bei entsprechender Beleuchtung durch Morgen- oder Abendsonne eine völlig rote Farbe annehmen, der Röthelstein.

Von Erosion zerfressen zeigt er pittoreske Formen, hohe steilabfallende Wände, die immer wieder Opfer unter waghalsigen Kletterern fordern. Unter den Steilwänden fallen die von Buchen und Fichten bewachsenen Hänge noch immer steil ins Tal, durchsetzt von kleineren Felspartien, bis sie sich tief unten im Waldbestand verflachen. Hier hat 1955/56 Baron Franz Mayr-Melnhof in einem etwa 50 ha großen Gatter eine kleine Steinwildkolonie italienischer Herkunft eingesetzt. Längst ist das Gatter mehrfach geöffnet; inzwischen hat sich der Bestand auf etwa 200 Stück erhöht und sich weit über das alte Gatter hinaus verteilt. Auch der Weltrekord-Steinbock von 1971, seither nicht überboten, stammt vom Röthelstein. Von diesem Weltrekordgehörn durfte ich für das Jagdmuseum Hohenbrunn einen Gipsabguß von Hörnern und Schädel machen lassen. Als er dann an der Wand hing, fanden die sachverständigen Betrachter, daß er auf einem ausgestopften Haupt viel besser zur Geltung kommen würde. Woher also das Haupt zum Ausstopfen nehmen? Jeder Erleger eines starken Steinbokkes läßt sich das ganze Haupt ausstopfen. Doch Wildmeister Tasch von Frohnleiten wußte Rat. Sobald es einen abschuß-notwendigen Steinbock gäbe, würde er ihn mir zuschanzen.

Plötzlich war es soweit. Das Steinwild entwickelt seine wuchtigen

Hörner im allgemeinen so normal, daß der Begriff IIb oder Ib kaum Bedeutung hat. Nun aber hatte sich ein fünfjähriger Bock das linke Horn bis auf den Stumpf abgebrochen. Dieser Bock wurde mir zugedacht. Der immer bewährte Präparator Fischer übernahm es, das Haupt, der Trophäe entsprechend, die es tragen sollte, zu verstärken.

Am letzten Tag im Januar erhielt ich einen Anruf. Ich sollte womöglich sofort kommen. Am nächsten Tag konnte ich losfahren. Der Nebel hing in Oberösterreich tief herunter, aber bei Windischgarsten schauten die sonnenbeschienenen Gipfel heraus und am Pyhrn und im Paltental war herrlichstes Wetter.

Ich war in einem neu hergerichteten Gasthof in Frohnleiten untergebracht, wirklich gemütlich mit netten Wirtsleuten. Abends kam noch Förster Koller – Tasch war krank – zur Information. Am nächsten Morgen um sieben Uhr meldete sich ein fescher, junger Revierjäger namens Konrad und wir fuhren in einem sehr einsamen Waldtal, parallel zum Murtal etwa zwanzig Minuten zum Fuß des Röthelsteins. Es hatte an diesem herrlichen, milden Morgen leicht gefroren. Bald leuchteten, während wir durch den Wald aufstiegen, die Wände des Röthelsteins rot durch den dunklen Tann.

Die Schutzfarbe des Steinwildes ist beachtlich. Fahlgelb-grau-weiß gemischt verschmilzt sie geradezu mit den Kalkwänden. Ich hatte Mühe, die erste Steingais mit Kitz zu entdecken.

Wir stiegen langsam und stetig, nicht allzu beschwerlich aufwärts. Wohl durch den Tourismus im Sommer viel scheuer, ist das Steinwild im Winter vertrauter. Bei gutem Wind, ohne verdächtiges Geräusch ist es auf langsame Bewegungen noch viel neugieriger als das Gamswild, ja verwirrend vertraut.

Sehr bald stießen wir auf ein Rudel mit einem starken Bock. Das Rudel trat so neugierig herum, daß ich den Fotoapparat aus der Tasche ziehen, aus dem Etui nehmen und den Bock auf 15 Schritt fotografieren konnte. Dann sprangen sie ein Wandl hinunter und blieben dort wieder stehen.

Wir stiegen 9 Stunden im Berg herum, sahen sehr viel Wild, aber unser Bock war nie dabei. Ein Rudel von 17 Stück beobachteten wir aus einer Entfernung von 60 Schritt eine halbe Stunde lang. Die Kitze erinnerten im Gesichtsausdruck sehr an Gamskitze. Der noch beim Rudel stehende etwa siebenjährige Bock – die ganz alten haben sich nach

Brunftende Anfang Januar bereits abgesondert – schlug einem mißliebigen Fünfjährigen die Hörner auf die Keulen, daß es nur so patschte. Die Kitze sprangen munter herum, während die Gaisen an den aperen Hangstellen ästen. Es war ein herrlicher Anblick.

Am letzten Morgen packten wir es von der anderen Seite an, stiegen auf die Schneid und saßen lange auf einem Standl, das in die Wände Einblick gewährt. Es war direkt aufregend zu beobachten, wo Steinwild noch in der Wand Fuß faßt, wie selbst die Kitze Wände durchspringen, von denen man bezweifelt, daß ein Tier dort Fuß fassen könnte. Doch auch diese Pirsch mit bestem, zum Teil sehr nahem Anblick – immer in der Hoffnung, „Er" könnte dabei sein – verlief ergebnislos. Da ich erfolglos abreisen mußte, vereinbarte ich, daß mir der Bock auf alle Fälle bewahrt bleiben sollte.

Im August endlich startete ich den zweiten Versuch. Als ich ankam, erwartete mich eine herbe Enttäuschung. Der bewußte Steinbock war durch ein Mißverständnis inzwischen von einem Gast geschossen worden. So mußte also ein Abschußbock gesucht werden. Es gab ein großes Rudel von Böcken, bei dem zwei abschußnotwendige stehen sollten. Nun galt es, das Rudel zu finden. Wir stiegen langsam in die Höhe. Mein Führer hoffte, daß oben am Röthelstein in einem Lärchenboden das Rudel stehen würde.

Als wir am Rande dieses Bodens ankommen, fesselt ein gelblicher Fleck unseren Blick. Glas hoch, ein Steinbock! Der ist sicher nicht allein. Wir bleiben stehen und suchen das Vorfeld ab. Da ist noch einer, ein Kapitaler, noch einer, noch einer. Wir haben das Rudel gefunden. 18 Steinböcke, davon 14 Hochjagdbare bis Kapitale äsen friedlich vor uns, treten zwischen den Lärchen herum. Diese kapitalen Steinböcke sind schon eindrucksvolle Lebewesen. Sie sind die personifizierte Wucht mit ihren schweren, mächtigen Hörnern. Die jungen Lärchen im Boden sind alle verschlagen. Jetzt heißt es näher heran, um im Rudel den geeigneten Abschußbock zu finden. Wir müssen uns völlig ungedeckt heranpirschen, nur dann und wann bietet ein Felsblock oder ein Baum etwas Deckung. Der Wind ist gut, wir gehen Schritt für Schritt vor, bleiben immer wieder stehen. Rotwild oder Rehe wären längst flüchtig abgegangen; die Steinböcke ignorieren uns. Sind sie so vertraut? Ich finde keine Antwort auf diese Frage. Schließlich setzen wir uns etwa 80 Schritt vom Rudel entfernt auf einen Stein und betrachten die einzelnen Böcke genau. Immer wieder beeindruckt mich die Stärke der Hörner. Die zwei Geringen haben wir auch entdeckt, nur steht keiner frei, weil das Rudel sich ständig durcheinander schiebt. Es ist ungeheuer spannend. Da wir nicht befürchten, daß das Rudel flüchtig abgehen könnte, ist diese nahe Beobachtung ein Hochgenuß. Hier kämpfen zwei starke Böcke im Scherz, wobei einer dem anderen die Hörner gegen den Leib schlägt, weil ihm irgend etwas nicht paßt, dort tut sich ein anderer nieder. Endlich sondert sich der Gesuchte etwas ab und steht frei seitlich vom Rudel. Schießen's! Der Bock zeichnet schwer, macht einige schwere Fluchten und bricht dann verendend zusammen. Wenn man nun glaubt, das übrige Rudel wäre nach dem Schuß in wilder Flucht davongestürmt, irrt man. Die Böcke haben zwar aufgeworfen, treten unruhig durcheinander, wissen aber nicht recht, was eigentlich los ist, denn wir sitzen wie Statuen auf unserem Stein und rühren uns nicht. Schließlich zieht das Rudel langsam von uns weg. Erst nachdem es hinter einer Bodenwelle verschwunden ist, gehen wir zu unserem Bock. Es ist ein sechsjähriger, der eher enggestellte Hörner hat. Mein Auftrag ist erfüllt.

Da die Trophäe mir verbleibt, weil der Präparator nur die Decke des Hauptes mit Windfang und Lauschern braucht, wird man verstehen, daß mir der Einhörnige mehr Spaß gemacht hätte. Die bequeme Art der Erlegung hat mich nachdenklich gemacht, sie war kaum mit Anstrengung verbunden, nicht mit mühsamer Annäherung oder Kriegslist. Der Abschuß eines kapitalen Bockes wäre unter diesen Umständen in gleicher Weise vor sich gegangen. Gewiß, eine solche Trophäe ist überwältigend. Sie aber so ohne jeden wirklichen Einsatz erbeuten zu können, wäre für mich nicht befriedigend gewesen. Das Erleben dieses mächtigen Wildes in freier Wildbahn war das größere Erlebnis als der Schuß.

Neun glückliche Jahre

Völlig unerwartet wurde mir Anfang der fünfziger Jahre angeboten, als Teilhaber für die nächste Pachtperiode in eine Gasteiner Hochgebirgsjagd einzutreten. Die Bedingungen waren äußerst günstig. Ein heißer Wunsch ging plötzlich in Erfüllung.

Das Revier am linken Ufer der Gasteiner Ache bestand aus drei zusammengepachteten Jagden, die bereits 25 Jahre in der Hand des Jagdherrn waren und eine Fläche von 2100 ha hatten. Die untere Grenze fiel etwa mit dem Lauf der Ache zusammen und lag in etwa achthundert Meter Seehöhe. Die obere Grenze bildete die Schneid zur Rauris. An die Wiesen im unteren Teil schlossen sich dichte Fichtenbestände an, die durch Lawinengänge oder steile mit Erlen bewachsene Gräben, beliebte Einstände des Rotwildes, durchfurcht waren. Doch gab es auch Mischwald mit Buchen und Lärchen, sowie Bergahorn, der im Herbst in leuchtenden Farben prangte. Oberhalb der Baumgrenze zogen sich weite Almböden und Kare hin, begrenzt von teils kaum zugänglichen Gipfeln bis zu zweitausendfünfhundert Meter Höhe. In jeder der Revierhälften gab es eine Jagdhütte. Es wurde eine innere Reviergrenze festgelegt, so daß jeder Partner tatsächlich über ein eigenes Revier verfügte, wobei ich etwa zwei Fünftel der Gesamtfläche bejagen durfte und entsprechende Nettokosten zu tragen hatte. Gleicherweise wurde der Abschußplan aufgeschlüsselt, wobei mein Anteil jährlich 1–2 große und 1–2 kleine Hahnen, 3 Hirsche, davon zwei jagdbare und ein geringer, 3 Tiere, 3 Rehböcke, 1–2 Gams sowie 2 Murmeltiere betrug. Herz, was willst du mehr!!

Natürlich war nicht alles Gold, was glänzte. Es gab vor allem nur einen Revierjäger, Engelbert Katzensteiner, der „Engel“, über dreißig Jahre im Revier, der aber drei Teilhaber betreuen sollte, nämlich den Jagdherrn, seine jüngere Gattin und mich, der ich an die Stelle eines ausgeschiedenen Mitpächters trat. Das bedeutete, daß mir Engel in der Reh- und Hirschbrunft nur tageweise – mehr zur Information, als zu dauernder Begleitung – zur Verfügung stand. Ich war also in der Hauptsache auf mich selbst gestellt. Während Resi, Engel's Frau, für die Jagdherrschaft kochte, mußte ich mich selber verköstigen. Wer mit Milch, Butter und Mehl umzugehen versteht, braucht nicht von Konserven zu leben, wenn diese auch eine angenehme Abwechslung darstellen. Sofern nicht meine Frau oder mein jüngerer Sohn mitkamen, mußte ich alles selbst besorgen.

Hier fällt mir eine lustige Kochgeschichte ein:

Ich hatte meinen Freund Hans J., der sich für einen großen Koch hielt, auf einen Hirsch eingeladen. Am ersten Abend auf der Hütte fragte er: „Was soll ich kochen?" „Knödel", sagte ich, „da können wir mit Corned Beef und Eiern verschiedene geröstete Knödel machen und haben wenig Arbeit". „Willst Du nicht lieber Risotto?" – „Lockt mich wenig". „Oder Reisfleisch?" – „Nein, ich will Knödel!". Nach längeren Versuchen, mich umzustimmen, machte er sich murrend an die Arbeit. Ein Probeknödel zerfiel im kochenden Wasser. „Wir machen besser Serviettenknödel", sagte er daraufhin, packte die ganze Masse in eine Serviette und legte sie ins kochende Wasser. Neuerlicher Mißerfolg, worauf wir aus dem ganzen eine Art Sterz machten. Dann kam es heraus. Er hatte nur eine schwache Ahnung vom Knödelkochen, nahm zu wenig Eier, weshalb die Masse zerfiel. Deshalb hatte er so auf seine Reis-Speisekarte gepocht. Wir haben sehr gelacht.

Vor allem mußte ich mir die genauere Revierkenntnis nach oberflächlicher Einführung selbst erwerben. Nicht nur erlegte Rehböcke und Gams habe ich selbst versorgt, auch meine Hirsche habe ich aufgebrochen, ihnen das Haupt abgeschlagen und nach Hause getragen. Zur Hahnenbalz kamen der Jagdherr und seine Gattin selten, zur Gamsbrunft nie, so daß Engel mir dann allein zur Verfügung stand. Aber im Sommer und zur Hirschbrunft mußte ich sehen, wie ich allein zurecht kam. Engel kannte natürlich das Revier wie seine Hosentasche, und seine Ratschläge waren Gold wert. Sobald ich mein Revier einigermaßen kannte, brauchte ich mich nur an seine Anweisungen halten, um auf jagdbares Wild zu stoßen.

Dieser Engel, der durch eine unglücklich verlaufene Operation früh starb, war ein Original. Mit seinem braunen, faltenreichen Gesicht erinnerte er irgendwie an seinen schon bejahrten Schweißhund Tasso. Eher wortkarg, aber mit einem trockenen Humor begabt, war er ein hervorragender Pirschführer, einer der besten Berufsjäger, die ich kennenlernte. In jungen Jahren war er ein gefürchteter Wildererschreck. Trotz allen Schneids war er nicht frei von Aberglauben. Begegnete er bei Beginn einer Pirsch einem alten Weiberl, spuckte er mit einem gräßlichen Fluch aus. Aber der Schrecken aller Schrecken war der Tazzelwurm. Im Aberglauben unserer Alpenländer spielt dieses drachenartige Ungeheuer, dessen Urbild wahrscheinlich eine Riesenechse ist, eine beachtliche Rolle. Der Tazzelwurm gilt als Unglücksbringer; kommt man ihm zu nahe, tötet sein giftiger Hauch. Er gilt als unverletzlich. Engel erzählte mir einmal unter dem Siegel tiefster Vertraulichkeit, er habe oben in der Saugrube mit eigenen Augen einen Tazzelwurm gesehen. Es sei im August im Morgengrauen gewesen, knapp vor Büchsenlicht, da habe er ein merkwürdig langgestrecktes Tier entdeckt, im Vorderteil höher als hinten, das Hinterteil aus drei gleichen Gliedern bestehend. Das Monstrum sei eilig auf vielen kurzen Füßen durch die Alm gezogen. Es könne nur ein Tazzelwurm gewesen sein. Warum er nicht geschossen hätte? Bei Gott, natürlich nicht, das brächte Unheil übers Haus, und außerdem sei es zu weit und noch zu dunkel gewesen. Ich habe ihm vorgeschlagen, es könne wohl eine Dächsin gewesen sein, die mit ihren Jungen im Gänsemarsch durch den Almboden gewechselt sei. Diese Auslegung ließ er nicht gelten und wollte auch nicht mehr von dieser mysteriösen Begegnung reden. Mein Sohn Alfonso, damals 8 Jahre alt, bergungewohnt und mit einer Abneigung gegen steile Aufstiege bis zur bockigen Weigerung, wobei er das Mitleid seiner Mutter zu erregen verstand, ging mit Engel, wohin dieser immer ihn führte. Fehlte man, sagte er trocken: „Den ham's aber maustot daneben geschossen". Es gab auch noch einen Staatsförster als Aushilfe, dessen jagdliche Qualitäten, wie sich bald zeigte, mittelprächtig waren; bei Anblick jagdbaren Wildes wurde er immer entsetzlich aufgeregt, so daß ich seine Dienste nur in zwingenden Fällen in Anspruch nahm.

Die mir zugewiesene Kokaser Hütte, jahrelang nicht wirklich benützt, sollte instand gesetzt werden, so daß ich mich das erste Jahr auf einer tief gelegenen Alm einquartieren mußte. Diese Hütte bestand aus einem einzigen Raum, der immerhin groß genug war, um zwei Mann bequemen Aufenthalt zu bieten, in dem aber auch drei Personen Platz fanden. An ihrem Herd erprobte ich meine Kochkünste, an ihrem Tisch machte ich meine Eintragungen ins Hüttenbuch. Oft war ich so müde, daß ich mich mit Speck, Brot und Schnaps begnügte, um kein Feuer mehr machen zu müssen. Die Hütte erhielt ein zweites Fenster, einen neuen Herd und einen neuen gemauerten Kamin statt der alten verrosteten Blechröhre. Schließlich wurde sie durch einen ordentlichen Tisch mit Eckbank wohnlicher gemacht. Das seitlich angebaute gewisse stille Örtchen wurde so verlegt, daß das Wasser der nahen Quelle eine Art Wasserspülung bildete. Jetzt ließ sich hier herrlich hausen. Die Hütte stand ursprünglich am Rande einer Aufforstung oberhalb eines Grabens. Inzwischen war die Kultur hochgewachsen und verbarg die Hütte neugierigen Blicken. Allerdings lag sie nun auch völlig im Schatten. Trat man vor die überdachte Tür, sah man zwischen den Fichtenwipfeln auf unseren Hauptberg, den Bärenkogel, in dessen abweisenden Wänden man mit dem Glas die Gams beobachten konnte.

Ich hatte mir schon immer sehnlich gewünscht, an einem Hochgebirgsrevier beteiligt zu sein. Die Jagd hat überall ihre Reize, im Flachland, in den Vorbergen, im Mittelgebirge, aber nichts kommt der Jagd im Hochgebirge gleich. Im Berg kann es nie langweilig sein, im Berg gibt es immer etwas zu beobachten. Es gab keine Pirsch oder keinen Ansitz ohne guten Anblick. Zumindest sah man Kahlwild und Gams, gelegentlich auch das schöne Flugbild eines Adlers. Das Wetter allerdings spielt im Gebirge eine wesentlich bedeutendere Rolle als anderswo. Nebel, Schnee und Wind können jäh völlig geänderte Voraussetzungen schaffen und alle Pläne zunichte machen, was bei zeitlich beschränktem Aufenthalt von vornherein den Erfolg mindert. So begann es gleich Anfang Mai des ersten Pachtjahres, als heftiger Schneefall die Hahnbalz störte und wir in tiefer Winterlandschaft nach zwei Tagen erfolglos wieder abstiegen. Bei einem weiteren Versuch in der zweiten Hälfte des Monats fiel dann ein großer Hahn. Der Anfang war gemacht. In diesen neun Jahren verdarb fünfmal Schneefall die Balz, nur drei große und drei kleine Hahnen erlegte ich. In einem sehr ausführlich gehaltenen, täglich geführten, mit Photos und Zeichnungen meiner Tochter Katharina geschmückten Hüttenbuch habe ich alle Erlebnisse und Ereignisse festgehalten. Es zeigt, wie oft Schlechtwetter, aber auch eigene Fehler und falsche Einschätzung einer Situation zu Mißerfolgen führten, so daß der jährliche Abschuß von meinen Gästen und mir nie erfüllt wurde. Es gab keine Hirschbrunft, in der nicht Schnee fiel. Einmal hatten wir Mitte August tiefste Winterlandschaft!

Nach der Hahnbalz, für die ich meist nur ein verlängertes Wochenende zur Verfügung hatte, kehrte ich im August zur Rehbrunft zurück. In den höheren Lagen trieben die Böcke auch noch in der dritten Augustwoche, was mich in den späteren Jahren mit Rücksicht auf meine oberösterreichischen Böcke veranlaßte, erst Mitte August im Gasteinertal einzutreffen. Doch im ersten Jahr bezogen meine Frau, unsere beiden Buben und ich schon am 1. August das provisorische Quartier auf der Alm. Am 2.8. erlegte ich dann den besten Bock, der in den neun Jahren von mir dort geschossen wurde, einen alten Sechser, 25 cm hoch, 24 cm Rosenumfang, bis oben geperlt. Die Freude war, wie man sich vorstellen kann, riesengroß. In den drei Wochen meines Aufenthaltes erlegte ich nur noch eine Gams und ein Schmaltier. Regen und Nebel verpatzten so manchen Jagdtag.

Am 2. 10. kam ich wieder. Ich war früher nicht abkömmlich, aber im Gebirge sind die ersten Oktobertage meist die besten. Am 3.10. schoß ich ein einsames Schmaltier im letzten Büchsenlicht, nachdem ich es eine Dreiviertelstunde in der Hoffnung beobachtet hatte, es käme ein Hirsch nach. Wieder Regen und Nebel. Am 7.10. endlich fiel im Schneetreiben ein schwacher Sechserhirsch auf der Frühpirsch, nachmittags nach schwierigem Unternehmen im naßen Schnee ein alter Achter. Ich schoß von einem Köpfl hinunter in eine Mulde und konnte beobachten, wie der totwunde Hirsch in seiner Flucht zu wanken begann, gegen einen Baum prasselte und schließlich zusammenbrach, wobei sich der Schnee rot färbte.

Zur ersten Gamsbrunft schrieb mir Engel ab. Es läge fast kein Schnee, weshalb die Gams turmhoch im Bären- und im Ladingkogel stünden. In der ganzen Pachtperiode fielen insgesamt nur 9 Gams: 5 Sommergams, zwei in der Hirschbrunft und nur zwei in der Brunft. Lag im November kein oder wenig Schnee, standen die Gams unerreichbar in den steilen Kögeln. Lag viel Schnee, konnte man meist wegen Lawinengefahr nicht in die Kare, oder die Gams zogen über die Schneid in die nachbarlichen Südhänge der Rauris. Überdies verursachten Schafsucher viel Beunruhigung.

Die Erlegung eines Brunftbockes verdanke ich der bekannten Neugier des Gamswildes. Engel und ich waren bei tiefem Schnee in die Saugrube gestapft, in der Hoffnung, in dem großen Kar auf Gams zu stoßen. Sie war völlig leer. Keine Fährte zerschnitt die schneebedeckte Fläche der Alm. Während wir noch spekulierten, was wir nun machen sollten, wechselte ein Bock über die Schneid ins Kar, stellte sich aber sehr bald außer Reichweite in ein Wandl ein und zeigte keine Lust, tiefer herunterzusteigen. Man mußte also versuchen, näher zu kommen. Er hatte unsere dunklen Gestalten bereits entdeckt und äugte mit schiefem Haupt auf uns herunter. Der Plan war rasch gemacht. Ich würde mein Schneehemd anlegen und hinaufsteigen, während Engel in seine Pelerine gehüllt zurückbleiben und allerhand Bewegungen vollführen würde, um den neugierigen Gams an seinem Platz zu halten. Ich stieg in hüfthohem Schnee mühsam aufwärts. Hielt der Gams aus, bis ich zu einer großen Latschengruppe heran war, an deren Rand ein Felsblock Anlehnung und Auflage bieten würde, könnte es klappen. Kurz bevor ich nach einer Dreiviertelstunde diese Gruppe erreichte, verließ der Gams seinen Standort und strebte nach links ins Kar. Mit wahrlich letzter Kraft schaffte ich die letzten notwendigen Gänge.

Aber erschöpft, wie ich war, ging der eilige weite Schuß daneben. Ich war gebrochen. Hätte der Gams noch wenige Minuten am alten Platz ausgehalten, wäre ich aus sicherer Stellung mit guter Auflage zu einem ruhigen Schuß gekommen. Nun stand ich da oben, erschöpft, verschwitzt, enttäuscht und verärgert. Langsam komme ich wieder zu Atem, zünde mir eine Zigarette an und will noch ein bißchen rasten, bevor ich in der Aufstiegspur hinunterwate. Springen da nicht um die Ecke des Köpfls vier Gams herein, Kitzgais, ein Stück Scharwild und – ein ganz braver Bock, wie mir das Glas zeigt. Beim nächsten Haberl wirft ihn mein diesmal in aller Ruhe abgegebener Schuß aus der Wand, und er rollt fast bis zu meinen Füßen.

Die Qualität der Rehböcke war erstaunlich. Einen guten Bock verdanke ich einem jener Ratschläge Engels, die fast immer zum Erfolg führten. So sagte er eines Tages: „Unten in der Krippling steht ein sehr guter Bock. Warten Sie auf den Aufwind, dann setzen Sie sich auf das Köpfl am oberen Ende der Rinne. Dort muß er Ihnen springen“. Gesagt, getan. Auf den dritten Fieper kam der Bock von unten herangepescht. Ich ließ ihn auf fünfzig Schritt auflaufen, pfiff ihn an, der Schuß auf den Stich ließ ihn am Fleck zusammenbrechen. Es war nicht allzuweit von meiner Hütte; so trug ich ihn heim und röstete mir die frische Leber.

Ein anderer sehr guter Bock kam auf eine außergewöhnliche Art zur Strecke. Ich hatte mit meinem Sohn Alfonso ein steil abfallendes Grasskopferl gewählt, um dort zu blatten. Ich beobachtete nach oben, Alfonso neben mir nach unten. Nach einer Reihe von Fiepserien ertönte anhaltendes Schrecken von unten. Am Bestandsrand, halbverdeckt hinter einem Baum, stand ein guter Bock und konnte sich nicht beruhigen. Meine Kugel machte dem Schrecken ein Ende. Was aber war vorausgegangen? Der Bock war von rechts durch den Steilhang unseres Köpferls zunächst überriegelt herangekommen. Alfonso hatte plötzlich das Haupt des Bockes vor sich und konnte sich natürlich nicht rühren. Da er gerade eine Zigarette rauchte, blies er den Rauch kurzentschlossen dem Bock in den Windfang, was dieser mit wilder Flucht quittierte, um dann in seiner Verwirrung am Bestandsrand schreckend zu verhoffen.

Die Hirsche fielen fast ausschließlich in der Brunft, im Schnitt zwei pro Jahr anstatt der bewilligten drei. Die großen deckungslosen Kare erschwerten die Annäherung, allzuoft vereitelte Schlechtwettereinbruch die Jagd. Vor allem mußte ich die Hirsche erst bestätigen und kennen, bevor man versuchen konnte, sie zu erlegen. Ia-Hirsche gab es kaum, abgesehen davon, daß keiner freigegeben war. Alte Achter- und Sechserhirsche herrschten vor. Ein ungerader, einseitiger Kronenzehner sowie ein Eissproßzehner, die ich erlegte, waren das Höchste der Gefühle. Es waren typische Gebirgshirsche, deren meist schwierige Erlegung viel Freude bereitete, wie der alte Kokaserhirsch, ein ungerader Achter mit langen Stangen, auf den schon mein Vorgänger zwei Jahre vergeblich gepirscht hatte. Er fiel durch einen weiten Schuß meines Freundes Hans J. über einen Graben hinüber; die einzige Chance, ihm beizukommen. Beim Anmarsch zum Vorpaß rutschte ich aus und setzte mich mitten in einen frischen Kuhfladen. Unter großem Gelächter mußte Hansl meinen Spiegel mit dem Knicker abkratzen, und wir nahmen es als gutes Vorzeichen. Einmal gab es eine kilometerlange Nachsuche. Meine Kugel hatte dem Hirsch beide Hinterläufe zerschmettert, er rutschte in einem Graben hinunter und wurde von „Alma“, einer Rauhhaarbracke, im Bachbett gestellt und gehalten, bis ich zum Fangschuß heran war. Der älteste und interessanteste Hirsch fiel jedoch in der Feistzeit. Die Almerleut hatten mir berichtet, daß in den Erlen unterm Katzinger, die sich dort in latschenartigen Feldern ausbreiteten und in denen gerne Hochwild steckte, ein Hirsch stünde, dessen enorme Augsprossen mit freiem Auge weithin erkennbar wären. Darauf setzte ich mich im Gegenhang an und begann die gegenüberliegenden Erleninseln abzusuchen. Zunächst entdeckte ich nichts. Aber in solchen Fällen muß man unter Umständen stundenlang hokken bleiben.

Im Laufe des Vormittags wird ein Hirsch hoch. Im Spektiv sind die langen Augsprossen deutlich zu erkennen. Die Stangen sind kurz, im Mißverhältnis zu den Augenden, keine Sechserenden, die Spitzen der Stangen wirkten wie abgebrochen. Nun beginnt eine schwierige Pirsch, denn ich muß weit über den deckungslosen Almboden. Nach langem Warten kann ich ihm endlich die Kugel aufs Blatt setzen. Mit viel Mühe ziehen die mich begleitenden, zunächst abgelegten und nun herangeholten Buben, Sohn Alfonso und sein englischer Freund, mit mir den Hirsch aus den Erlen. Bei 63 cm Stangenlänge messen die Augsprossen 36 cm, rechts ist eine winzige brandige Gabelandeutung, links eine ebensolche Krone, wie beobachtet, fehlen die Sechserenden. Das Geweih ist federleicht und porös. Keine Grandln. Die Backenzähne sind bis auf Wannen heruntergemahlen, die Schneidezähne völlig abgeschliffen. Ein uralter, im Wildpret erstaunlich starker Hirsch. Sein interessantes Geweih hängt heute als Demonstrationsobjekt im Oberösterreichischen Jagdmuseum Hohenbrunn bei St. Florian.

Dort oben im Berg habe ich auch mein erstes Murmeltier geschossen, einen starken Bären, und dann noch einmal eine sehr starke Katze. Damit ließ ich es bewenden.

Im Küh-Kar gab es unzählige Baue, in deren Mitte ein riesiger flacher Stein lag. Auf dem konnte ich, den Mantel als Unterlage, regungslos auf dem Bauche liegend, stundenlang dem Treiben der arglosen Mankei aus nächster Nähe zusehen, dem Wächter, auf dessen Pfiff hin alles in die Baue fuhr, dem zärtlichen Gebaren von Bär und Katze. Besonders unterhaltend war das „Rollspiel". Zwei Affen umarmten sich und ließen sich in der Umarmung einen kleinen Hang herunterrollen. Unten lösten sie sich voneinander, liefen wieder hinauf, um das Spiel zu wiederholen.

Mit Ablauf der Pachtperiode ging diese Jagd für mich wieder verloren. Im letzten Jahr schoß ich noch zwei gute Rehböcke und zwei sehr brave Hirsche, einen ungeraden Kronenzehner und einen alten Eissproßzehner, der mir auf den Ruf zustand. Mein Sohn Alfonso schoß seinen ersten Hirsch. Die Hahnbalz hatte wieder der Schnee beeinträchtigt, mit Gams klappte es weder im Sommer noch in der Brunft. Nun hieß es Abschied nehmen von diesem wundervollen Revier. Es war ein milder Novembertag, als ich mich zum letzten Abstieg rüstete. Es lag ein wenig Schnee, die Sonne zauberte ihren Glanz auf die goldgelben Lärchen zwischen den dunklen Fichten, eine letzte Farbensymphonie. Am Gsenn, einem meiner Lieblingsplätze, der mir manches Waidmannsheil brachte, stand in der Mittagssonne ein Zukunftshirsch, ein Vierzehnender. Es war wie ein letzter Gruß.

Das oberösterreichische Jagdmuseum Schloß Hohenbrunn

Schloß Steinitz / Südmähren

Patzerei und Pech

Im allgemeinen verschweigt der Jäger gerne die Patzerei, vielleicht erzählt er sie gelegentlich im kleinsten Kreis. Vom Pech berichtet er schon eher. Es gibt eine Art Jagd-Philosophie, die durch Erleben erhärtet, in zwei Sätzen gipfelt: „Er – der Bock, der Hirsch, der Hahn – war mir nicht bestimmt“ und „Seine Zeit war noch nicht um“.

Was ist eigentlich Patzerei? Was ist Pech im jagdlichen Geschehen? Patzerei ist eigenes unachtsames, fehlerhaftes Verhalten, das den Jäger sehr oft nach langer Plage im entscheidenden Moment um den Erfolg bringt. Ein klassisches Beispiel: Endlich ist man in der Lage, einen sicheren Schuß abzugeben. Man hat das Wild im Fadenkreuz des Fernrohrs, man hat gestochen, man drückt im Bewußtsein ab, demnächst vor der Beute zu stehen. Klick! abgestochen. Man hatte vergessen, zu entsichern. Der ungewohnte metallische Laut des Abstechens läßt das Stück sofort flüchtig abgehen. Aus der Traum!

Und Pech? Im Endergebnis bedeutet es auch den Mißerfolg, aber den unverschuldeten, der von unvorhersehbaren, unbeeinflußbaren Faktoren ausgelöst wird. Er ist nicht minder bitter, nur frei von beißenden Selbstvorwürfen wie bei der Patzerei. Man ist beispielsweise hinter einem bestimmten Rehbock her. Man kennt ihn, man sieht ihn, aber nie kommt man zu Schuß. Einmal ist er zu weit, einmal ist er verdeckt und tritt nicht ins Freie, dann bleibt er überhaupt unsichtbar, immer klappt etwas nicht. Die Urlaubstage verstreichen, sie sind gezählt; heute ist der letzte Abend. Mit heißem Begehren, nahezu unerträglicher Spannung sitzt man auf der Leiter am Waldrand, wo er austreten soll. Es wird allmählich dunkler. Da zieht er aus, noch zu weit, aber er äst vertraut längs des Waldrandes gegen die Leiter, immer spitz von vorn. Nur Ruhe, Zeit lassen, er läuft ja ins Rohr, diesmal ist seine Zeit um. Plötzlich verhofft er, ist in jäher Flucht im schützenden Wald untergetaucht. Da haben wir die Bescherung, Kinder laufen über die Wiese, verpatzen die letzte Chance. Das ist Pech.

Von solchen Erlebnissen, von Enttäuschungen und Erfolgen will ich berichten.

In einer Hirschbrunft war Anfang Oktober, wie so oft im Hochgebirge, Schnee gefallen. Die Nebelfetzen fuhren auf und ab, der Wind hielt nicht, die Hirsche verschwiegen. So hatten wir denn, der Förster und ich, zunächst einmal lange geschlafen. Inzwischen war es Vormittag geworden, ich begann zum Zeitvertreib meinen zwei Tage alten Bart zu kratzen, während der Förster zum Fenster hinaussah.

Die Almhütte, die wir anstatt der tiefergelegenen Jagdhütte aus strategischen Gründen bezogen hatten, lag oberhalb eines Grabens, der sich auf der jenseitigen Seite verbreiterte und mit einer Schütt und einer hohen Felswand, dem sogenannten Kitzpalfen, abschloß.

Plötzlich sagt der Förster: „Unterhalb vom Kitzpalfen auf der Schütt steht ein Gamsbock". Noch mit Schaum im Gesicht ergreife ich das Spektiv, ein ganz braver Bock für hiesige Verhältnisse. In wenigen Minuten bin ich marschfertig, ziehe das Schneehemd über, das ich in dieser Jahreszeit immer mitführe, überquere eiligst den Graben und versuche, mich in der spärlichen Deckung an den Bock heranzupirschen. Da spüre ich den kalten Wind im Nacken, und schon wird der Gams flüchtig. Ein rascher Schuß geht daneben.

Der Förster hatte vom Fenster aus alles beobachtet. Als ich zurückkehre, sagte er, der Bock sei ein Dreiläufer gewesen. Ich hatte nichts bemerkt, glaubte ihm auch nicht recht, weil seine jagdlichen Fähigkeiten eher bescheiden waren.

Der Tag verging mit Kochen, Schlafen, Lesen von Jagdgeschichten. Am nächsten Morgen herrschte noch immer dasselbe Sauwetter. Ich rasierte mich gerade wieder, der Förster starrte wieder zum Fenster hinaus und sagte: „Jetzt steht der Gams oben auf dem Kitzpalfen".

Ich packe mein Schneehemd und ziehe los. Diesmal muß ich eine weite Umgehung machen, um hinaufzukommen. Der Schnee ist weich, die Latschen geben, wenn man sich duckt, genügend Deckung. So komme ich auf sechzig Schritt an den Gams heran, der ahnungslos vor sich hin brockt. Jetzt sehe ich deutlich, daß der Förster recht hatte. Die Büchse am Stock angelegt, trage ich dem Gams die Kugel an, deren Knall er nicht mehr hört. Dem Gams fehlte der linke Vorderlauf unterm Kniegelenk, der Knochen stand aus der Decke heraus, schwarz und rund poliert. Das Stück war völlig unbekannt.

Es war Mitte August. Ich saß auf einem Felsköpfl und blattete. Ein guter Bock sprang und wurde von mir „maustot danebengeschossen", wie unser Jäger Engel zu sagen pflegte. Na schön, versuchen wir es woanders. Ich stieg hinauf zu einem heimlichen Mahder, wo am Rande des Bestandes eine Kanzel stand. Distanz vom Felsköpfel etwa zwanzig Gehminuten. Kaum sitze ich oben, zieht der gefehlte Bock über die Wiese und wird neuerlich von mir vorbeigeschossen, was mir die Mißachtung meines mich begleitenden jüngeren Sohnes einträgt. Nackte Patzerei! Probeschüsse auf die Scheibe zeigen, daß dem Gewehr keine Schuld zugeschoben werden durfte. Der Bock blieb ab dem Tage verschwunden.

Am 25. August stieg ich auf der rechten Seite desselben Grabens hoch. Da blendete mich drüben ein roter Fleck. Stand doch dort mein Bock wie ein Monument auf einem Felsköpfl und äugte in die Gegend. Ich dachte zuerst, es sei ein Gams. Rucksack herunter, Mantel darauf, liegend aufgelegt schieße ich hinüber, der Bock hat die Kugel. Seine Zeit war eben um.

Rehbrunft in meiner kleinen oberösterreichischen Pachtjagd. In der Brunft halte ich dort nur dann etwas von der Frühpirsch, wenn am frühen Morgen die Bauern noch nicht auf dem Feld sind. Später läßt die Unruhe zwischen den Höfen ein Blatten nahezu aussichtslos erscheinen. Da stand also ganz früh auf einem Wieserl nahe an einem Gehöft ein Paar: Bock und Gais. Als ich mir die beiden im Glas näher ansah, setzte ich mich buchstäblich hin. Ein völlig unbekannter Sechser mit einem Gehörn von gut acht Fingern über Lauscher. Ein Herankommen auf bequeme Schußdistanz war mangels Deckung völlig unmöglich. Ein paar Gänge konnte ich mich noch vorwagen, aber dann mußte es sitzend über die Knie mit dem Bergstock gehen.

Schuß! Nichts! Der Bock steht unbeirrt wie eine Scheibe. Schuß! Wieder nichts. Der Bock rührt sich nicht. Aber der Gais wird es zu dumm, sie zieht eilig in die Büsche, der Bock folgt. So eine Patzerei! Habe ich die Entfernung doch überschätzt? Kaum, denn ich kann sie nach der Größe des Ziels im Fadenkreuz einigermaßen ausrechnen. Verärgert verlasse ich den Schauplatz meiner Schmach und gehe in den Wald, wo ich blatten will. Am Steig im raumen Holz, wo mir schon oft

Böcke sprangen und fielen, will ich es versuchen. Im Unterholz steht alles voll von gelbem Fuchskreuzkraut. Zuerst einige zarte, leise Fieper, Pause, dann lauter. Mein Rauhhaardackel, der neben mir sitzt, windet nach links. Da ist ein roter Fleck, ein Reh, das Haupt ist gesenkt und verdeckt, der Figur nach ein Schmalreh. Da fegt das Schmalreh plötzlich an einer Dolde und entpuppt sich als ein Knöpfler! Nach dem Schuß rasende Fluchten, plötzlich sehe ich den Bock zwischen zwei Stämmen stehen, mit tiefem Haupt und hochgezogenem Vorderlauf wie ein Vorstehhund, dann ist er weg.

Eine zweistündige Nachsuche mit dem herbeigeholten Oberförster und dessen ausgezeichnetem Griffon bleibt ergebnislos. Kein Schweiß, kein Knochensplitter, kein Schnitthaar. Nichts!

Jetzt wird es mir aber ungemütlich. Das liegt doch sicher an der Büchse. Beim Büchsenmacher zeigen sich später anderthalb Handbreiten Tiefschuß. Damit ist alles klar. Die Fernrohreinstellung war aus unerfindlichen Gründen verstellt. Also Pech, nicht Patzerei! Diese Erkenntnis hebt die Moral, ändert aber nichts am Mißerfolg. Aber es kommt noch besser. Bevor ich die Büchse wiederbekomme, muß ich den Mannlicher 7x64 nehmen, der mir für Rehwild eigentlich zu grob ist. Mit diesem hatte ich in der Zwischenzeit zwei Böcke geschossen, allerdings auf nahe Distanz.

Immer wieder hatte ich ohne Erfolg rund um den Einstand des gefehlten Unbekannten geblattet. Entweder stand er mit seiner Gais irgendwo im Getreide, oder er war weitergezogen. Acht Tage nach der ersten Begegnung setzte ich mich in ein verwildertes Bauerngärtchen zwischen Fuchsien, Malven und Phlox, am Rande einer Wiese etwa achtzig Schritt von einem dichtbebuschten Graben. Nach einer Stunde schlich ich weg und probierte es woanders. Nichts. Kurz vor 19 Uhr trieb mich eine innere Stimme wieder ins Gärtchen. Schon nach den ersten Fiepern schiebt sich sichernd das Haupt des gesuchten Kapitalen und sein Vorschlag aus den Büschen. Dann zieht er ganz vorsichtig in Deckung am Grabenrand entlang. Ich bin sachte aufgestanden, denn sitzend habe ich ihn nicht frei. Einmal steht er breit, dann knallt es. Im Schuß ist der Bock verschwunden, ich sehe kein Zeichen und habe ein ungutes Gefühl. Am Anschuß nichts, nur der Ausriß. Lange, ergebnislose Suche im Graben. Wieder verpatzt, wieder vorbei! Vielleicht wäre er auf weiteres zartes Fiepen mehr in die Wiese herausgetreten. Fazit:

Auch diese Büchse schoß plötzlich nicht präzise, hatte einen handbreiten Rechtshochschuß.

Ich bin noch ungezählte Male dort gesessen und herumgeschlichen. Der Bock blieb verschwunden. Patzerei? Doch wohl mehr Pech. Man kontrolliert seine Büchse, die man täglich führt, eben nicht täglich, zumal, wenn sie sich gerade erst als verläßlich erwiesen hatte. Der Bock war mir nicht bestimmt und ließ sich nie mehr sehen.

Ich war wieder zur Hirschbrunft im Gasteinertal. Die Hirsche hatten zeitig verschwiegen, nun war kein Ton mehr zu hören. Es herrschte grimmige Kälte an diesem Morgen, ich hatte deshalb meine Wollhandschuhe angezogen. Der Jäger Engel und ich pirschten einen Steig entlang, um ein großes Kar, die Saugrube, zu beobachten. Hierbei mußten wir über eine kleine Waldwiese, die zum Teil durch eine Fichtenkulisse verdeckt war. Als wir um die Ecke kamen, prallten wir auf ein Rudel mit einem starken, alten Achterhirsch, das gerade einzog. Beide Parteien waren überrascht. Beim Einstechen des hastig von der Schulter gerissenen Gewehrs ging mir der Schuß vorzeitig los. Das Rudel war die nächsten zwei Tage unauffindbar. Nach einer Frühpirsch setzte ich mich auf ein Köpfl, von wo man das ganze Kar einsehen und in jede Latschengruppe mit dem Glas hineinleuchten konnte. Schau, schau! In den Erlen unterm Wetterkreuz steht Hochwild, und ein Hirsch ist auch dabei. Her mit dem Spektiv! Also dort steckst du mit deinem Harem! Der Hirsch mit seinem linken abgebrochenen Augenende ist unverkennbar. Das Rudel würde aller Wahrscheinlichkeit dort über Tag verbleiben und erst am Nachmittag in Bewegung kommen. Darauf baue ich meinen Plan. Wenn ich mich gedeckt gegenüber dem Hang ansetzte und der Wind bergab weht, könnte ich den Hirsch erreichen. Zu Mittag baue ich mich vorsichtig in einer Buschgruppe mit gutem Ausblick ein. Immer wieder sieht man ein Stück Wild, einmal auch das wackelnde Geweih meines Achters. Am frühen Nachmittag wird der Hirsch munter und beginnt in der lückigen Latschengruppe ein Tier zu treiben. Jetzt heißt es aufpassen. Und da steht er plötzlich völlig frei in einer Lücke und röhrt. Dann bricht der Schuß. Der Hirsch flüchtet todwund durch die Erlen und bricht am Almweg zusammen. Seine Zeit war um.

Ein Freund hatte mir für ein Jahr den Abschuß in seinem niederösterreichischen Revier im Raume Gutenstein-Pernitz überlassen.

Eine heimliche Jagdhütte lag im Revier, die in der Hirschbrunft mein Standort war. In der Früh hatten die Hirsche vorzeitig verschwiegen. Dafür erlegte ich mit weitem Schuß einen braven Gamsbock, mit dem wir zur Hütte zurückkehrten. Der Revierjäger wollte gleich mit dem Gams zu Tal, während ich das Frühstück bereitete. Ich wollte gerade zwei Eier in die Pfanne schlagen, als plötzlich der Jäger atemlos zurückkam. Er hatte eine frische Fährte gefunden, die nach Brunfthirsch roch. Sicher war der Hirsch in den stillen Schlag gezogen.

Ich also ließ die Eier Eier sein, ergriff meine Büchse und rannte los. Im stillen Schlag war aber nichts zu sehen. So stieg ich vorsichtig den Kamm entlang, um auf die andere Seite zu schauen. Da leuchtet ein roter Fleck herauf. Ein Rehbock! Einen hatte ich ja noch frei! Vorsichtig schob ich mich im angrenzenden Hochwald von Stamm zu Stamm, bis ich aus guter Entfernung den Schuß anbringen konnte. Den aufgebrochenen Bock hängte ich an einen Baum, um ihn später holen zu lassen, und stieg wieder zurück Richtung Hütte. Inzwischen war es Mittag geworden. Im Hochholz am Rande einer löchrigen Deckung zog ich bergauf. Wieder ist da ein roter Fleck, aber diesmal handelt es sich um ein Tier. Schon war ich neben einem Stamm zusammengesunken, denn in der Brunft muß man auf alles gefaßt sein. Da tauchte auch schon ein Geweih aus den Büschen auf, ein braver Achterhirsch trieb das Tier weg.

In der Hütte nahmen meine Frau und ich schnell einen Imbiß, und um zwei Uhr nachmittags bezogen wir Stellung im Hochwald mit gutem Ausblick auf die Dickung. Wir saßen noch gar nicht lange, als das Tier wieder erschien, hinter ihm der Hirsch, das Tier nahm einen mir bekannten Wechsel an, der in einen Schlag hinausführte. Ich lag hinter einem Baumstumpf, der Mannlicher war weich gebettet, ich hatte den Wechsel im Fadenkreuz. Das Tier! Jetzt sollte der Hirsch folgen. Nichts. Da sagte meine Frau: „Warum schießt du denn nicht?“ Verwundert setzte ich die Waffe ab und entdeckte mit unangenehmem Erstaunen, daß der Hirsch viel weiter oben ausgezogen war und nun halbspitz von mir wegzog. Im Schuß knickte der Hirsch vorne ein und ging flüchtig ab. Am Anschuß lag Wildpretschweiß, der bald aufhört.

Der herbeigeholte Schweißhund gab nach einer Weile auf. Der Hirsch kam nicht zustande, im Winter wurde er gesund wiedergesehen. Streifschuß. Meine Frau konnte gar nicht fassen, daß ich nicht rechtzeitig gemerkt hatte, daß der Hirsch weiter oben auszog, und hatte daher nichts gesagt. Wer aber erwartet nicht den Hirsch hinter seinem Tier, an dessen Feuchtblatt er gerade noch hing? Seine Zeit war eben nicht um, mir war es nicht vergönnt, an einem Tage Gams, Rehbock und Hirsch zu erlegen.

Wie ein Jagdmuseum entstand

Es war einmal ..., ich muß mit dieser altvertrauten Einleitung zu Märchen beginnen, denn die Geschichte, die ich hier erzählen will, hört sich an wie ein Märchen, ein modernes zwar, aber eben doch ein Märchen.

Also, es war einmal ein halbzerfallenes Barockschloß, das dem Augustiner-Chorherrenstift St. Florian in Oberösterreich gehörte. Es war vom berühmten österreichischen Barockmeister Jakob Prandtauer, dem Erbauer der Stifte Melk a. d. Donau und Herzogenburg, anläßlich der von ihm durchgeführten barocken Umgestaltung des Stiftes St. Florian als Erholungsstätte für den Probst Johann Baptist Födermayr und seine Chorherren inmitten eines Fasanengartens, eineinhalb Kilometer westlich des Stiftes, geplant und 1722 begonnen worden. Nach dem Tode des Baumeisters 1726 übernahm der Stiftpolier Jakob Steinhueber die Arbeiten und vollendete das Schloß samt Torstöckl 1732.

Das Schloß, ein zweigeschossiger Vierkanter von 35 Metern im Geviert, samt Innenhof, mit einer Süd- und einer Nordloggia, hat deshalb hohe kulturhistorische Bedeutung, weil es der einzig urkundlich nachweisbare Schloßbau Prandtauers ist und als barocke Idealisierung des oberösterreichischen Vierkanthofes gilt. Gerade in der fruchtbaren und reichen Florianer Gegend, die den Blick auf die ganze Kette der Voralpen vom Traunstein bis zum Pyhrn und Pyrgas im Süden frei gibt, sind es diese monumentalen auf Hügeln thronenden Großbauernhöfe, die, kleinen Edelspitzen gleich, das Landschaftsbild prägen. Diese Landschaft, von Wiesen und Feldern beherrscht, wird von kleinen und größeren Hölzern häufig unterbrochen; Schacherln nennt man die Kleineren; daß da starkes Rehwild gedeiht, nimmt nicht wunder.

Im Jahre der Vollendung stirbt der prunkliebende Prälat. Er hatte sein Schloß nicht mehr betreten, die nachfolgenden Pröbste benutzten es nicht. Der Bau mit seinen prachtvollen Stuckdecken und Wandmalereien, eingelegten Türen und geschnitzten Fensterstöcken wurde nie seiner gedachten Verwendung zugeführt und links liegengelassen. Was im ausgehenden 18. Jahrhundert mit ihm geschah, wissen wir nicht.

Der Turm in der Mitte der Südfront, der seinerzeit das Pumpwerk für die Wasserversorgung des Stiftes beherbergte, wurde, nachdem man im Laufe der Zeit eine bessere Lösung gefunden hatte, im ersten Viertel des 19. Jahrhunderts abgetragen. Der Name Hohenbrunn, ursprünglich „Hochbrünn", leitet sich davon ab, eine alte Inschrift über dem Tor des Stöckls erinnert heute noch daran.

Von 1878 bis 1926 diente ein Großteil der Räume als Orgelwerkstätte, im Erdgeschoß war bis zuletzt eine Mostpresse untergebracht. Das Gebäude enthielt, so wie das Torstöckl, auch Landarbeiterwohnungen. Schon 1912 befand sich das Schloß in einem so desolaten Zustand, daß die k.u.k. Zentralkommission für Denkmalpflege, welche unter dem Protektorat des Erzherzog-Thronfolgers Franz Ferdinand stand, entsprechende Baurestaurierungsarbeiten bewilligte. Diese wurden aber wegen Ausbruchs des ersten Weltkrieges nicht mehr in Angriff genommen. Der Verfall ging weiter. Zwischen den beiden Kriegen geschah aus Geldmangel wieder nichts. Nur die Orgelwerkstätte wurde als gebäudeschädigend ausgesiedelt. Am Ende des zweiten Weltkrieges war schließlich das Dach zusammengebrochen, die prachtvollen Stuckdecken zum größeren Teil heruntergefallen, die Wandmalereien schwer, zum Teil irreparabel, beschädigt.

Mit Hilfe des Bundesdenkmalamtes, das die Aufgaben der kaiserlichen Zentralkommission übernahm und mit einer letzten finanziellen Kraftanstrengung des Stiftes wurde in den Jahren 1949–1957 ein echtes Lärchenschindeldach auf die durchfeuchteten Mauern aufgesetzt. Darunter herrschte Verwüstung. Es war wie das letzte Aufbäumen eines vom Tode Gezeichneten. Die Kräfte waren erschöpft, sowohl das Stift als auch die oberösterreichische Landesregierung resignierten und machten sich mit dem Gedanken vertraut, das Bauwerk dem Schicksal des Verfalles zu überlassen. Ohne dieses Dach aber wäre die später einsetzende Restaurierung nicht mehr möglich gewesen.

Es gab aber Menschen und Institutionen im Lande, die bereit waren, nicht aufzugeben. Es waren dies der inzwischen verstorbene Bezirkshauptmann (Landrat) von Linz-Land, Hofrat Dr. Hofinger, der Landeskonservator von Oberösterreich Dr. Wibiral (Bundesdenkmalamt) und der Verein für Denkmalpflege in Oberösterreich. Die Schwierigkeit einer Rettung bestand darin, einen Verwendungszweck zu finden, der gleichzeitig die notwendigen finanziellen Quellen für die Restaurierung öffnen würde. Zusammen mit Probst Hager und dem Kapitel wurden Ideen geboren und wieder verworfen. Die Zeit verrann. Da entschloß man sich, auf alle Fälle einmal mit den ersten Rettungsarbeiten zu beginnen; später würde man weitersehen. Als Träger dieser Arbeiten wurde 1961 der „Verein zur Rettung und Erhaltung des Schlosses Hohenbrunn" gegründet. Die Wahl des ersten Präsidenten fiel auf mich, und ich bin es heute, 1979, immer noch.

Man hatte also einen Verein mit einigen Gründungsmitgliedern, war aber völlig mittellos. So wurde zunächst einmal ein Spendenaufruf konzipiert und versandt. Papier, Druckkosten und Klischee wurden gespendet, das Porto trug die Bezirkshauptmannschaft (Landratsamt). Angesprochen wurden als erste die denkmalpflegerisch Gesinnten, deren Zahl durchaus nicht gering war, empfand man doch weithin im Lande den drohenden Verfall von Hohenbrunn als Kulturschande.

Kampf der Feuchtigkeit hieß die erste Parole. Mit freiwilligen Helfern begannen wir rund um das Schloß Drainagegräben anzulegen. Es hatte nie Dachtraufen besessen. Das Wasser war vom Dach in die Erde gesickert und von dort in die Mauern aufgestiegen. Unterkellert war der Bau auch nicht.

Mit dem Erlös der ersten Spendenaktion wurden kupferne Dachrinnen angeschafft. Ein Anfang war gemacht. Die erste herbe Enttäuschung stand jedoch bevor. Der Landeshauptmann (Regierungspräsident) Gleissner lehnte eine finanzielle Hilfe ab, solange er nicht sähe, daß Privatinitiative etwas zustande brächte. Da ich damals sowohl in der Industriellenvereinigung als auch in der oberösterreichischen Handelskammer in maßgeblichen Funktionen tätig war, wurde die gewerbliche Wirtschaft des Landes eingeladen, einen Holzschnitt eines heimischen Künstlers käuflich zu erwerben. Dieser Holzschnitt zeigte das wiedererstandene Hohenbrunn. Die Aktion wurde ein beachtlicher Erfolg. Von zehn ausgesandten Blättern kam meist nur eines als nicht angenommen zurück. Daß die Presse werbend und aufklärend eingeschaltet wurde, versteht sich von selbst. Dennoch waren wir über die Politik der kleinen Schritte noch lange nicht hinaus. Zunächst hatte der Verein das Schloß nur gepachtet. Da das Pachtverhältnis sich für die eingeleitete Rettungsaktion als hinderlich erwies, erwarb der Verein auf Grund des Ergebnisses der Holzschnittaktion das Schloß gegen einen geringen Kaufschilling vom Stift und konnte nun als Eigentümer anders auftreten.

Im Jahre 1963 fiel endlich die vitale Entscheidung hinsichtlich der Zweckwidmung, sie hieß: Oberösterreichisches Jagdmuseum. Im niederösterreichischen Schloß Marchegg und im Grazer Schloß Eggenberg bestanden schon solche gut besuchten Einrichtungen.

Nun mußte also die oberösterreichische Jägerschaft für die Idee gewonnen werden. Wohl standen der Landesjägermeister Bruckner, aber besonders und entscheidend sein Nachfolger Tröls hinter der Idee, spenden aber mußten die oberösterreichischen Jäger selbst.

Bedenkt man, daß die überwiegende Mehrzahl von etwa 13000 oberösterreichischen Jägern aus Landwirten und Unselbständigen besteht, so erkennt man die Schwierigkeit, einen solchen Personenkreis für die Idee zu gewinnen, in einem noch zu restaurierenden Barockschloß ein Jagdmuseum einzurichten.

Jährlich im Spätwinter finden in den 15 Bezirken Oberösterreichs die Bezirksjägertage mit Trophäenschau statt. Auf diesen Jägertagen trat ich nun unter dem Schutze des Landesjägermeisters als Volksredner auf und warb um freiwillige Spende für unser Ziel. Der Betrag war gemessen an dem, was nach einer Herbsttreibjagd pro Kopf versoffen wird, wahrlich bescheiden. Die Bezirkshauptleute hatten sich ihrerseits bereit erklärt, die beschlossene Spende bei der Ausgabe der Jahresjagdscheine einzuheben. In vierzehn Bezirken ging alles glatt. Die Werbung im fünfzehnten stand unter schlechten Vorzeichen. Der Landesjägermeister fiel im letzten Moment aus, die angesetzte Neuwahl des Bezirksjägermeisters wurde zu einer Kampfabstimmung. Es herrschte also dicke Luft. Als völlig Fremder stand ich mit meinem Anliegen vor über 200 unmutigen Jagdgenossen.

Der Abstimmungsmodus war aus psychologischen Gründen immer der gewesen, daß es hieß: „Wer dagegen ist, steht auf". Das tun die Leute im allgemeinen ungern.

Nach meinem Referat gab es eine bereits Übles ahnen lassende Debatte, die von einem angesehenen, sichtlich negativ eingestellten Agrarier beherrscht wurde. Unter Hinweis auf die Beschlüsse der vorangehenden 14 Bezirksjägertage bat ich schließlich um Abstimmung nach dem bisher geübten Modus. Rumms. Wie einexerziert standen alle Teilnehmer schlagartig auf. Ich konnte „als guter Demokrat" die Entscheidung nur bedauernd zur Kenntnis nehmen, meinen Hut nehmen und gehen. Per Saldo war die Aktion dennoch ein großer Erfolg. 1964 bekamen wir das neue Jagdgesetz mit der Pflichtmitgliedschaft. Der neue Verbandsvorstand stellte sich voll hinter das Projekt und beschloß zunächst für sechs Jahre beträchtliche Subventionen.

Jetzt war der Moment gekommen, den Landeshauptmann an seine Worte zu erinnern. In Anerkennung der erbrachten Vorleistungen beschloß die oberösterreichische Landesregierung nunmehr gleichartige Subventionen wie die Jägerschaft. Gelang jetzt noch eine Vorfinanzierung aufgrund der Subventionszusagen, so konnte die Restaurierung, die sich bisher auf Sicherungsmaßnahmen, im Besonderen auf ein elektro-osmotisches Trocknungsverfahren hatte beschränken müssen, und die anschließende Einrichtung des Museums voll anlaufen. In großzügigem Entgegenkommen und denkmalpflegerischem Verständnis stellte die Allgemeine Sparkasse in Linz die notwendigen Millionenbeträge zur Verfügung. Ab 1. Jänner 1965 wurden die Arbeiten in vollem Umfange mit Hochdruck aufgenommen. Sie nahmen etwa 18 Monate in Anspruch. Glücklicherweise waren die Originalzeichnungen der Stuckdecken im Stiftsarchiv vorhanden, so daß diese zeichnungsgetreu restauriert werden konnten.

Nun war das zweite Problem in Angriff zu nehmen, die Gestaltung und Einrichtung des Museums selbst. Kunstgeschichtlich einigermaßen vorbelastet, damals immerhin schon an die 40 Jahre Jäger, übernahm ich es, selbst das notwendige Konzept zu erstellen und die Exponate zusammenzutragen.

Die meisten heute existierenden Jagdmuseen sind aus kaiserlichen, landesfürstlichen oder standesherrlichen Jagdkammern hervorgegangen und haben primo loco mehr oder weniger kulturhistorische Bedeutung ohne jagdwissenschaftliche Komponente. Linz war nie eine landesfürstliche Residenz mit prunkvoller Hofhaltung und entsprechender Ausstrahlung auf den eingesessenen Hochadel, wie etwa Innsbruck, Salzburg oder Graz. Das bedeutet, daß die großen Familien des Landes bescheidener lebten als andere, wobei noch zwischen den beiden Kriegen manch wertvolles Stück nach Wien oder ins Ausland verkauft wurde.

Es war also weder möglich noch sinnvoll, den bestehenden Typ von Jagdmuseen nachzuahmen.

Demnach waren neue Wege zu beschreiten. Ich entschloß mich, eine Synthese zweier Komponenten, nämlich der historisch-kulturhistorischen einerseits mit einer naturkundlich-jagdwissenschaftlichen andererseits anzustreben.

Die historisch-kulturhistorische Komponente umfaßte vor allem die Darstellung der Entwicklung der jagdlichen Schußwaffe von der frühen Armbrust über alle Vorderladersysteme bis zum modernen Repetiergewehr, der jagdlichen Kleidung vom Höhlenbärenjäger durch die Jahrhunderte bis in unsere Tage mittels künstlerischer Figurinen, der Entwicklung der Gesellschaftsjagd von der heutigen Niederwildjagd in kleinen Zinnfiguren-Dioramen, der Falknerei und der Beziehung von Kunst und Jagd in Gemälden, Tapisserien, Glas, Silber, Porzellan und Fayence.

Die naturkundlich-jagdwissenschaftliche sollte Auskunft geben über Wildkunde, Jagdbetrieb, Brauchtum, Hunderassen und in Großdioramen das heimische Haar- und Federwild zeigen.

Auf die historisch-kulturhistorische Komponente durfte begreiflicherweise nicht verzichtet werden, wenn sie auch bescheidener ausfallen würde, die naturkundlich-jagdwissenschaftliche hingegen würde sinnvoll Wissensgut an Jäger und Nichtjäger heranbringen, das museal zur Weckung des Verständnisses für die Jagd in breiten Bevölkerungsschichten bei gleichzeitigem Anschauungsunterricht für den Jungjäger nicht vermittelt wird.

Schon bei den Jagdwaffen begannen die Probleme. Das oberösterreichische Landesmuseum verfügte über interessante Waffen, aber keineswegs über Bestände internationaler Klasse. Studienreisen zu den bekanntesten europäischen Jagdmuseen und Waffensammlungen hatten gezeigt, daß es nirgends eine systematische Darstellung der Entwicklung der jagdlichen Schußwaffen in allen ihren Stufen gab. Hier bot sich also eine allgemein interessante einmalige Lösung an. Doch auch hierzu bedurfte es entsprechender Exponate. Zunächst mußte eine Armbrust gefunden werden.

Ich hatte erfahren, daß bei einem Privatsammler eine Armbrust zum

Verkauf stünde. Ich ging hin, aber sie gefiel mir nicht so recht. Es gab dort jedoch einen Vorderladerdrilling. Mir war sofort klar, daß dies eine ganz große Rarität war, die ich gerne erworben hätte. Doch der Eigentümer wollte sich von dem Stück nicht trennen, sorgte sich jedoch andererseits, seine Sammlung könnte nach seinem Tode verschleudert werden. Hier konnte man nun mit dem Argument einhaken, dieser Drilling würde ein Glanzstück in Hohenbrunn sein. Zwei Tage später beugte sich der Besitzer dem Argument und nannte einen fünfstelligen, absolut angemessenen Betrag, der sofort akzeptiert wurde. Tags darauf, bei der Übernahme in Wien, zeigte sich der Eigentümer jedoch etwas betreten; er hätte bewußt mit dem Preis abschrecken wollen. Ich ließ das nicht gelten, sondern blätterte die Tausender auf den Tisch. Da ging der Sammler hin, nahm die Armbrust, den Anlaß der Bekanntschaft, und sagte: „Und das ist die Draufgabe".

Wie sich dann zeigte, handelte es sich zwar um ein einfaches, aber repräsentatives Stück aus dem frühen 15. Jahrhundert.

In hintersten Winkeln oberösterreichischer Schlösser fanden sich dann noch ein paar gute Stücke der verschiedenen Entwicklungsstufen vom Luntenschloß-, Radschloß-, Steinschloß- zum Perkussionsgewehr, während Steyr-Daimler-Puch wieder die Darstellung der Entwicklung der Repetiergewehre vom Mannlicher 1898 bis zum Mannlicher-Schönauer 1972 ermöglichte. So entstand eine repräsentable Schau der Prototypen, untermalt von Konstruktionszeichnungen der Schloßmechanismen. Überhaupt wurde auf Demonstration und Erklärung großer Wert gelegt.

Hierher gehört die Geschichte von den Jagdlappen. Der nicht fachkundige Leser wird sich jetzt fragen, was ist denn das wieder. Sie kennen doch sicher den Ausdruck „Mir ist etwas durch die Lappen gegangen"? Für Hof- und Staatsjagden hat man vom 16. bis ins 20. Jahrhundert bestimmte Revierteile „verlappt", Revierteile, die am nächsten Tag bejagt werden sollten und bei denen verhindert werden mußte, daß das eingetriebene oder dort vorhandene Wild vorzeitig auswechselt. Deshalb wurden hunderte aufgetrommelte und bemalte Leinenlappen nächtens an die Bäume gehängt. Das Wild mied dieses bunte im leisen Wind sich bewegende Zeug und ging nur unter Beschuß, also in höchster Not „durch die Lappen". Heute noch werden in Polen und Rußland Wölfe und Luchse so bejagt.

Mit dem Aufkommen anderer Jagdmethoden verschwanden die Lappen im allgemeinen, in Österreich wohl sehr früh, da Maria Theresia und Josef II. nicht nur keine Jäger waren, sondern auch den barokken Jagdbetrieb ablehnten. Daher finden wir keine kaiserlichen Lappen. Im Jagdschloß Kranichstein, der Landgrafen bzw. späteren Großherzöge von Hessen, bei Darmstadt, gibt es solche Lappen zu hunderten. Als ich bei einem Besuch dort diese Tatsache feststellte, ließ ich mich beim Kustos, dem Architekten Hofmann, mit dem mich seither eine enge museale Freundschaft verbindet, melden, erzählte ihm von meinem Vorhaben und bat, einen solchen Lappen kaufen zu dürfen. Verkaufen könne und dürfe er mir nichts, aber sichtlich von der Schilderung des entstehenden Museums beeindruckt, versprach er, die Stiftung Hessischer Jägerhof, die heute Kranichstein behütet, zu einem Geschenk zu veranlassen.

Wenige Wochen später kam ein Paket mit vier(!) Lappen, von 1700 bis 1737, je ein Paar, damit man Vorder- und Rückseite zeigen kann. Es ist militär- und lokalhistorisch nicht uninteressant, daß das Linzer Hausregiment, „die Hessen", d.h. das k.u.k. Infanterieregiment No. 14 „Großherzog Ludwig von Hessen und bei Rhein", jenen Fürsten zum Inhaber hatte, dessen Familie Kranichstein gehörte.

Die Anwendung von Lappen wurde durch einen Ridingerstich, einen englischen Stich des frühen 19. Jahrhunderts und durch ein Farbfoto des berühmten Bildes „Durch die Lappen" von Prof. Kröner illustriert.

Von Hofmann, diesem hochgebildeten genialen Mann, der auch das großherzögliche Museum in Darmstadt wieder aufgebaut hat, konnte ich unendlich viel lernen. Darmstadt besitzt im Prinz-Georg-Palais eine weltberühmte Porzellansammlung. Dort befindet sich u.a. auch eine echte alte Parforcejagd-Gruppe, „Die Cürée", der kurfürstlich-bayerischen Manufaktur Frankenthal (1755). Dahinter ist die Originalradierung von Johann Elias Ridinger (1698–1767) aufgestellt, welche Vorlage zum Modell war, nach dem die Nachfolger-Manufaktur München-Nymphenburg heute noch brennt.

Die gleiche Gruppe, allerdings moderner Brand in weiß, stand schon in Hohenbrunn. Meine große Sehnsucht war, den sehr seltenen Ridingerstich zu finden und eine gleiche Dokumentation wie Darmstadt zu bieten. Eines Tages fand sich der Stich beim Kramen in einem bedeutenden Wiener Antiquariat in dessen Ridingermappe. Seither stehen Stich und Porzellangruppe in einer Sondervitrine.

Auch der Zufall spielte eine Rolle. Die Grafen St. Julien waren, obwohl in Oberösterreich begütert, bis zum Ende der Monarchie Obersterblandfalkenmeister im Erzherzogtum unter der Enns. Warum und wieso würde den Rahmen dieser Erzählung sprengen. Eines der ersten Geschenke für Hohenbrunn war ein ausgestopfter Falke mit Prunkhaube, den ein St. Julien bei der Erbhuldigung der niederösterreichischen Stände und Erbämterinhaber für Kaiser Ferdinand I. 1835 als Zeichen seines Amtes trug. Vor nicht allzu langer Zeit entdeckte ich in der Auslage eines Antiquars in der Nähe des Judenplatzes eine Lithographie dieser Erbhuldigung. Da müssen die Erbamtsträger ja auch dabei sein! Richtig, ganz deutlich sichtbar steht der Obersterblandfalkenmeister mit dem Falken auf der Faust zur Seite seines kaiserlichen Herrn.

Das Bild illustriert jetzt in Hohenbrunn die Geschichte des Falken, den die Gräfin St. Julien-Neuwartenberg so großzügig gestiftet hat.

Speziell auf dem Gebiet der Jagdkunde wurde eine Schau geboten, wie es bisher kein Jagdmuseum vorgestellt hat, das einerseits dem Jungjäger breites Anschauungsmaterial bringt, andererseits auch den Laien interessieren kann.

Die etwa 1200 Exponate gliedern sich in drei Gruppen: Leihgaben des oberösterreichischen Landesmuseums, Leihgaben der Familien des Hochadels, wie Schwarzenberg, Starhemberg, Revertera, Springenstein, Windisch-Graetz u. a., und den vom Verein zur Komplettierung getätigten Anschaffungen, besonders der Dioramen, Modelle und Graphiken.

Am 2. September 1967 wurde unter dem Klang der Jagdhörner, nach Einsegnung durch den Probst, vom Landeshauptmann Dr. Gleissner im Rahmen einer festlichen Versammlung das Museum im Flaggenschmuck der Öffentlichkeit als Bildungs- und Traditionsstätte der oberösterreichischen Jägerschaft übergeben. Die Kommission „Kunst in der Jagd und Jagdmuseen“ des internationalen Jagdrates zum Schutz des Wildes hat Hohenbrunn als das derzeit modernste Jagdmuseum bezeichnet.

Inzwischen haben mehr als 260000 Besucher aus aller Herren Länder und allen Erdteilen das Haus besucht. Die oberösterreichischen Jäger, selbst jene, die seinerzeit dagegen waren, sind heute stolz auf *ihr* Museum. So scheint ein bedeutendes barockes Baudenkmal für die Nachwelt gerettet und sein Fortbestand gesichert.

Allen, die dabei mitgeholfen haben, sei hier in Dankbarkeit gedacht.

Die Jagd in der Zukunft

Wenn hier über die Jagd in der Zukunft gesprochen werden soll, so ist in erster Linie an die Jagd in Österreich gedacht.

In den über fünfzig Jahren, die ich jage, haben sich grundlegende Veränderungen in Wissen, Forschung und Jagdbetrieb ergeben. Ich habe gewissermaßen drei Perioden erlebt, die ich sehr summarisch betrachten möchte. In meiner Jugend jene der klassischen Tradition, wie ich sie nennen möchte, die jagdwissenschaftlich durch die berühmten Namen eines Diezel, eines Karl v. Dombrowski und eines Ferdinand v. Raesfeld, jagdliterarisch von Friedrich v. Gagern und Rudolf Hans Bartsch geprägt ist. In Österreich wurde die Periode durch die Person Kaiser Franz Josephs I. und den hochadeligen Grundbesitz repräsentiert.

Das Hauptinteresse galt dem guten Trophäenträger, wenn auch vererbungsunwürdige Stücke – meist von Berufsjägern – abgeschossen wurden. Man sprach auch vom Geschlechterverhältnis, ohne dessen Regulierung, d.h. dem Abschuß von weiblichem Wild, von Kitzen und Kälbern, wesentliche Bedeutung beizumessen. Der Schrotschuß auf Rehwild war besonders bei den herbstlichen Waldjagden durchaus üblich. Die Strecken von Hase und Rebhuhn waren bei den damaligen landwirtschaftlichen Methoden und entsprechender Hege beachtlich, der Fasan erst im Kommen und mehr Aufputz einer Herbstjagd.

Dann trat mit dem Reichsjagdgesetz von 1934 die zweite Periode ein mit ihren Abschußplänen, ihrer Klasseneinteilung des männlichen Schalenwildes, der Abschußverpflichtung für weibliches Wild, dem Verbot des Schrotschusses auf Schalenwild, der Verpflichtung zur Hege, was zu einem ungeahnten Aufschwung der Jagd in deutschen Landen führte.

Nachdem Österreich seine Selbständigkeit wieder erlangt hatte, schufen sich die Bundesländer wie einst die Kronländer länderweise ihre eigenen Jagdgesetze, wobei erfreulicherweise viel Erbgut vom Reichsjagdgesetz übernommen wurde. Auf Grund seither gewonnener, neuer jagdbiologischer und jagdökologischer Erkenntnisse hat in den letzten Jahren eine neue Geisteshaltung an Boden gewonnen. Es ist die dritte Periode, die sich angesichts der Bedrohung gewisser Wildarten, wie der Waldhühner, des Rebhuhns, des Hasen und der Großtrappe durch Biotopveränderung, für eine Revision der bisher gültigen Vorstellungen einsetzt. In dieser Periode sind auch die durch Überbestände von Rot- und Rehwild entstandenen Mißverhältnisse von Population und Lebensraum zum Gegenstand lebhafter Diskussionen geworden. Die sattsam bekannten, aus durchsichtigen politischen Gründen von willigen Experten hochgespielten Schälschäden beim Rotwild gehören hierher. Daß die „heilige" Fichtenmonokultur in erster Linie mit Schuld trägt, wollen die modernen Forstwirte nur ungern gelten lassen. Diese Fichtenmonokultur, die den Mischwald ablöste, der mit seinem Unterwuchs, den Stauden und Büschen das vielfältige, natürliche Äsungsangebot sicherte, in dem Beerensträucher Licht und Sonne hatten, verminderte die Äsungsflächen und das Äsungsangebot. Auch die Waldhühner wanderten ab. Gleichzeitig begannen sich aber die Wildpopulationen beträchtlich zu vermehren, gefördert von Revierinhabern, die gerne größere Strecken erzielen wollten.

Der bedeutende Zuwachs der Rotwildbestände soll nicht verharmlost werden. Das Verbreitungsgebiet des Rotwildes in Österreich z. B. hat sich seit 1945 von 800000 ha auf die heutige Verbreitungsfläche von 4,4 Mio. ha erweitert. Wurden 1935 in ganz Österreich 14390 Stück Rotwild erlegt, so betrug 1977 die Strecke 46614 Stück. Diese Zahlen sprechen für sich und drängen zur Regulierung.

Es geht also um die Synthese Wirtschaftswald-Schalenwildbiotop, um ein Verlassen des rein ökonomischen Denkens der Bodenreinertragslehre, die das Rotwild am liebsten ausrotten würde. Ein gemeinsames Grundverständnis der Naturerhaltung, über Naturschutz und Landschaftspflege ist angesichts des geringen Wissens der Bevölkerung nötig, besonders der großstädtischen, die sich durch tendenziöse Berichte leicht beeinflussen läßt. Die Jagd der Zukunft wird mehr denn je Naturschutz sein. Der deutsche Wildbiologe Dr. Kalchreuter zeigt auf, wie Jäger und Naturschützer im Ausland, vor allem in den USA, auf Grund wissenschaftlicher Forschung erfolgreich zusammenarbeiten und so zur Erhaltung der Natur bei gleichzeitig verbesserten Jagdbedingungen gemeinsam beitragen. Der paradoxe Konflikt zwischen Jagd und Naturschutz scheine vor allem auf Deutschland beschränkt zu sein, meint Kalchreuter. Doch ist auch Frankreich von einer heftigen Anti-Chasse-Bewegung erfaßt.

Die Hauptaufgabe aller Jäger in der Zukunft wird also angewandter Natur- bzw. Biotopschutz sein. Das bedeutet die Erhaltung eines den natürlichen Äsungsbedingungen auf jagdwissenschaftlichen Grundlagen angepaßten, natürlich gegliederten Wildstandes bei gleichzeitiger Auslese schwacher Stücke, weitgehende Rücksichtnahme auf die Belange der Land- und Forstwirtschaft, die Erhaltung des Lebensraumes des Wildes bzw. die Wiederherstellung zerstörter Umwelt. Weitere Forderungen: weniger, aber starkes Schalenwild, Bescheidung des Einzelnen im Abschuß der Trophäenträger, Vermehrung des Niederwildes durch Verbesserung seines Biotops und seiner Lebensbedingungen. Ferner: Verzicht auf überflüssige Zerstörung von Hecken und Rainen, die Deckung bieten, Verzicht auf das sinnlose Abbrennen der Stoppelfelder mit der Zerstörung von Millionen Insekten, Nahrung von Huhn und Fasan, Anlage von Wildäckern usw. Jagen wollen, heißt hegen müssen!

Diese Forderungen stoßen sich an begreiflichen, aber in der Zukunft wohl unerfüllbaren Wünschen großer Teile der Jägerschaft. Ich denke hier besonders an den Rehbockabschuß. Jedes Mitglied einer bäuerlichen Konsortialjagd will verständlicherweise einen Rehbock, womöglich einen guten, schießen. Sicher hat auch dieser Wunsch vielfach zur Überhege geführt. Ob dies in der Zukunft möglich sein wird, bleibe dahingestellt. Der städtische Jungjäger, der seine Jagdprüfung abgelegt hat, fiebert, irgendwann einmal auch einen Rehbock zu erlegen. Aber er hat keine Einladung zu erwarten, kann sich selbst keinen Abschuß pachten, weil das über seine finanziellen Kräfte ginge. Hier sollten Revierinhaber begeisterten jungen Menschen mit einem Knöpflerabschuß zu jagdlicher Glückseligkeit verhelfen. Ich spreche aus Erfahrung! Einst war ich selbst in dieser trostlosen Lage. Nur habe ich daraus gelernt und später jungen Jägern wiederholt zu einer solchen Freude verholfen. Wer unter Rehböcken oder gar Hirschen aufwächst, vergißt leicht die ungestillte Sehnsucht derer, die weniger glücklich sind.

Dem Landschafts- und damit Biotopverlust durch den Straßenbau – ich sehe in den Technokraten des Straßenbaus die größte Gefahr für Natur und Umwelt, steht der Jagddruck wachsender Jägerschaft gegenüber. In Österreich hat sich die Zahl der Jäger in den letzten dreißig Jahren mehr als verdoppelt. „Jäger sein“ wird zum Statussymbol. Man jagt, man hat ein Revier um jeden Preis, sehr oft allerdings, ohne die ethische Grundlage eines echten Jägers mitzubringen; auch ein Ausfluß der Wohlstandsgesellschaft. Nicht die Brieftasche sollte entscheiden, wer ein Jäger wird, sondern die Geisteshaltung! Höchste Anforderungen bei der Jagdprüfung müssen dafür sorgen, daß wirklich nur Berufene bestehen. Warum nur eine Auslese beim Wild?

Die Jagd hat ihre Zukunft im Rahmen der neuen wildbiologischen und wildökologischen Erkenntnisse und damit ihre Berechtigung. Eines muß dabei besonders unterstrichen werden. Unsere Jagd muß wie bisher aus jeder Parteipolitik, und es gibt bedauerliche Ansätze, sie mit dieser in Verbindung zu bringen, herausgehalten werden. Der grüne Rock verbindet die Jäger aller Stände. Das jagdliche Brauchtum, das waidgerechte Tun und Lassen eint alle ohne Unterschied, und nur in dieser Einheit kann die Jägerschaft die Probleme und Aufgaben lösen, vor die sie gestellt ist.

Nur müssen auch wir Jäger umlernen, uns freimachen von heute nicht mehr haltbaren Vorstellungen. Von der Urjagd als Lebensunterhalt führt der Weg über das ausschließliche Jagdvergnügen zur naturschützerischen Berufung. Die Jagd wird sich in ihrer Ausübung mehr als bisher auf die neuen wissenschaftlichen Erkenntnisse stützen müssen, wie dies zum Teil schon geschieht, aber sie wird nie ihren Reiz einbüßen, den sie für den Jäger hat, denn alle ihre Tätigkeiten ändern sich nicht. Jäger und Naturschützer werden zur Erreichung eines eindeutig gemeinsamen Zieles enger und aufrichtiger zusammenrücken müssen, denn die moderne Jagd wird mehr denn je Teil des Naturschutzes. Ohne Jagd ist Naturschutz nur eine halbe Sache!

Die großen internationalen Organisationen, wie der Internationale Jagdrat zum Schutz des Wildes (CIC) mit seiner Stiftung für besondere Schutzprojekte, der World Wildlife Fund (WWF) u. a., setzen sich maßgeblich für die Wilderhaltung ein, schaffen Reservate, man denke an die Marchegger Auen, den Neusiedlersee, den Oberrhein, sie geben den Regierungen Empfehlungen zum Schutze bedrohter Arten.

Gäbe es keine Jäger, würde das Wild in ungeahntem Maße zunehmen und der Land- und Forstwirtschaft unerträglichen Schaden zufügen, denn den Regulator Großraubwild von einst haben wir ausgerottet, keineswegs mutwillig, sondern den Vorstellungen der Zivilisation folgend. Regulieren müssen wir nun selber.

Überlegt man, wer diese neuen Aufgaben zu erfüllen haben wird, so kommt man zur Erkenntnis, daß neben Jagdherr bzw. Jagdpächter, Jagdleiter und Revierverwalter in erster Linie unsere bewährten Berufsjäger berufen sind. Sie waren immer das Rückgrat der Jagdwirtschaft und werden es immer sein. Darum seien die letzten Zeilen dieses Buches ihnen gewidmet, diesen prächtigen Menschen, ohne die auch in Zukunft ein sachgemäßer Jagdbetrieb undenkbar ist. Wer von den „Herrenjägern", heute sagt man neuerdings „Freizeitjäger", hat heute noch Zeit, sein Wild zu bestätigen? Wer würde das Wild füttern, Pirschsteige und Hochsitze anlegen, wer erfüllt den Kahlwildabschuß, wer führt den Schweißhund, wer bringt das erlegte Wild? Einen Rehbock aufzubrechen und nach Hause zu tragen, das schafft wohl jeder, beim Gams, besonders in der Brunft, sieht die Sache schon ganz anders aus, vom Hochwild ganz zu schweigen. Und wir alle, die oft nur für wenige Tage zu Brunft oder Balz ins Revier kommen können, wissen, wie wertvoll für uns das Können unserer Berufsjäger ist.

Ich habe viel allein gepirscht, allein pirschen müssen, ja, das Alleinpirschenkönnen gab mir manche zusätzliche Jagdmöglichkeit, weil man die Berufsjäger für andere Jagdgäste einsetzen konnte. Aber es macht mir stets eine besondere Freude, mit einem guten Berufsjäger, ich denke dabei speziell an unsere österreichischen Gebirgsjäger, zu waidwerken. Traditionsgebunden, vorbildlich geschult, stellen unsere Berufsjäger aus den großen Privatrevieren und zum Teil auch aus jenen der Bundesforste einen Menschenschlag dar, den ich als einmalig bezeichnen möchte. Mit welcher Liebe und Aufopferung gehen diese Männer in ihrem Beruf auf. Aber nicht nur in den Bergen, sondern überall in deutschen Landen finden wir den tatkräftigen, erfahrenen Berufsjäger. Mit solchen Männern zu jagen, gemeinsam auf einer Hütte zu hausen, den nächsten Pischgang zu planen, am Hüttentisch neben dem Ofen Erfahrungen austauschen, ist ein Erlebnis.

Mit einem herzlichen Waidmannsdank an diese prachtvollen Menschen möge dieses Buch ausklingen.

Wie es Diana gefällt

Aus eines Jägers hellen und dunklen Stunden. Von Friedrich Karl von Eggeling. 1978. 149 Seiten. 45 Zeichnungen von Irene von der Lancken. Leinen 32,– DM

Von starken Keilern, treuen Hunden und pfeilschnellem Federwild

Von Friedrich Karl von Eggeling. 2. Auflage. 1980. 194 Seiten. Leinen 32,– DM

Ein Jagdhaus im Schwarzwald

Von Karl Hillenbrand. 1979. 190 Seiten. Linson gebunden 32,– DM

Unbändige Jagdpassion

Ganz Ungarn war mein Revier. Von László Studinka. 1979. 158 Seiten, 16 Bildtafeln mit 29 Abbildungen. Linson gebunden 34,– DM

Mit heißem Jägerherzen

Ein Leben der Jagd in Ungarn. Von László Studinka. 1977. 252 Seiten, 33 Bildtafeln mit 51 Abbildungen. Leinen 34,– DM

Glückliches Jagen

Auf Hoch- und Niederwild in Mitteleuropa. Von Friedrich Wilhelm Frhr. von Buchholtz. 1978. 205 Seiten, 8 Tafeln mit 15 Abbildungen. Linson gebunden 32,– DM

Mein buntbewegtes Jägerleben

Jagdliche Erinnerungen aus heimischen und fremden Revieren. Von Friedrich-Wilhelm v. Notz. 1977. 202 Seiten, 33 Zeichnungen des Verfassers. Linson gebunden 36,– DM

Pürschzeichen auf meiner Fährte

Begegnungen und Bekenntnisse eines Jägers. Von Walther Niedl. 1978. 152 Seiten, 22 Zeichnungen des Verfassers. Linson gebunden 32,– DM

Von Hunden, Schweiß und roten Hirschen

Waidwerk auf der roten Fährte. Von Hans Lux. 1977. 171 Seiten, 4 Bildtafeln mit 7 Abbildungen. Leinen 36,– DM

Das magische Gespann

Nachsuchen mit Wachtelhunden und Skizzen zur Jagd unserer Tage. Von Paul-Joachim Hopp. 1973. 167 Seiten, 1 Revierkarte, 8 Bildtafeln mit 17 Abbildungen. Leinen 28,– DM

Und könnt' es Herbst im ganzen Jahre bleiben

Jagdliche und andere Erinnerungen. Von Walter Frevert. 7. Auflage. 1977. 227 Seiten, 19 Bildtafeln mit 25 Abbildungen. Leinen 28,– DM

Das Jägerleben ist voll Lust und alle Tage neu

Jagdliche und andere Erinnerungen. Von Walter Frevert. 5. Auflage. 1979. 193 Seiten, 15 Bildtafeln mit 25 Abbildungen. Leinen 22,– DM

Abends bracht' ich reiche Beute

Der jagdlichen Erinnerungen letzter Teil. Von Walter Frevert. 5. Auflage. 1977. 166 Seiten, 1 Zeichnung und 15 Bildtafeln mit 27 Abbildungen. Leinen 26,– DM

Das große Revier

Erlebnisse und Erfahrungen eines Hochwildjägers. Von Franz Schleiff. 2. Auflage. 1978. 185 Seiten, 4 Tafeln mit 8 Abbildungen. Leinen 32,– DM

Im Paradies der Hirsche

Rotwilderfahrungen und Jagderinnerungen des letzten Wildmeisters beim Fürsten Pleß. Von Willy Benzel. 3. Auflage. 1975. 228 Seiten, 40 Abbildungen im Text und auf 10 Bildtafeln. Leinen 28,– DM

Preisstand vom Frühjahr 1980. Spätere Änderungen vorbehalten.

VERLAG PAUL PAREY · HAMBURG UND BERLIN